U0742889

"十四五"职业教育国家规划教材

"十三五"职业教育国家规划教材

工厂供电设备安装与维护

主　编　陈儒章
副主编　陈银妆
参　编　李　洋

机械工业出版社
CHINA MACHINE PRESS

本书依据中等职业学校机电技术应用专业教学标准，参照国家职业技能鉴定规范，结合工厂供电设备安装与维护工作的岗位能力编写而成。本书以任务为引领，通过相关的教学项目培养学生的专业技能。

本书主要介绍工厂供电相关的基本理论知识和基本技能训练，具体包括学习电工安全作业技术、工厂高压电气设备的安装与使用、工厂低压电气设备的安装与使用、高低压开关柜的安装与调试四个项目。每个项目包含了3~4个任务，每个任务的设计都密切结合企业生产实际，同时体现了“做中学、做中教”的职业教育特色。

本书适合作为中等职业学校机电技术应用和电气运行与控制专业的教材，也可作为相关专业的技能培训用书。本书采用双色印刷。

为方便教学，本书配有电子课件等教学资源，选择本书作为教材的教师可来电（010-88379195）索取，或登录 www. cmpedu. com 网站，注册后免费下载。

图书在版编目（CIP）数据

工厂供电设备安装与维护/陈儒章主编. —北京：机械工业出版社，2018. 4（2025. 8 重印）
“十三五”职业教育国家规划教材
ISBN 978-7-111-59199-3

Ⅰ. ①工… Ⅱ. ①陈… Ⅲ. ①工厂-供电-电气设备-设备安装-中等专业学校-教材②工厂-供电-电气设备-维修-中等专业学校-教材 Ⅳ. ①TM727. 3

中国版本图书馆 CIP 数据核字（2018）第 032566 号

机械工业出版社（北京市百万庄大街 22 号 邮政编码 100037）
策划编辑：赵红梅 责任编辑：赵红梅 韩 静
责任校对：佟瑞鑫 封面设计：张 静
责任印制：任维东
北京科信印刷有限公司印刷
2025 年 8 月第 1 版第 11 次印刷
184mm×260mm · 10 印张 · 239 千字
标准书号：ISBN 978-7-111-59199-3
定价：33. 00 元

电话服务
客服电话：010-88361066
010-88379833
010-68326294

网络服务
机 工 官 网：www. cmpbook. com
机 工 官 博：weibo. com/cmp1952
金 书 网：www. golden-book. com
机工教育服务网：www. cmpedu. com

封底无防伪标均为盗版

关于“十四五”职业教育
国家规划教材的出版说明

为贯彻落实《中共中央关于认真学习宣传贯彻党的二十大精神的决定》《习近平新时代中国特色社会主义思想进课程教材指南》《职业院校教材管理办法》等文件精神，机械工业出版社与教材编写团队一道，认真执行思政内容进教材、进课堂、进头脑要求，尊重教育规律，遵循学科特点，对教材内容进行了更新，着力落实以下要求：

1. 提升教材铸魂育人功能，培育、践行社会主义核心价值观，教育引导学生树立共产主义远大理想和中国特色社会主义共同理想，坚定“四个自信”，厚植爱国主义情怀，把爱国情、强国志、报国行自觉融入建设社会主义现代化强国、实现中华民族伟大复兴的奋斗之中。同时，弘扬中华优秀传统文化，深入开展宪法法治教育。

2. 注重科学思维方法训练和科学伦理教育，培养学生探索未知、追求真理、勇攀科学高峰的责任感和使命感；强化学生工程伦理教育，培养学生精益求精的大国工匠精神，激发学生科技报国的家国情怀和使命担当。加快构建中国特色哲学社会科学学科体系、学术体系、话语体系。帮助学生了解相关专业和行业领域的国家战略、法律法规和相关政策，引导学生深入社会实践、关注现实问题，培育学生经世济民、诚信服务、德法兼修的职业素养。

3. 教育引导学生深刻理解并自觉实践各行业的职业精神、职业规范，增强职业责任感，培养遵纪守法、爱岗敬业、无私奉献、诚实守信、公道办事、开拓创新的职业品格和行为习惯。

在此基础上，及时更新教材知识内容，体现产业发展的新技术、新工艺、新规范、新标准。加强教材数字化建设，丰富配套资源，形成可听、可视、可练、可互动的融媒体教材。

教材建设需要各方的共同努力，也欢迎相关教材使用院校的师生及时反馈意见和建议，我们将认真组织力量进行研究，在后续重印及再版时吸纳改进，不断推动高质量教材出版。

机械工业出版社

前言

本书主要介绍工厂供电设备安装与维护方面的基本技能训练，适用于中等职业学校机电技术应用专业和电气运行与控制专业的教学，同时也适用于相关专业的技能培训。在本书编写过程中力求体现理论与实践一体化的边讲、边学、边练的特色，强调培养学生的岗位就业能力。

本书具有以下特点：

（1）以中职电气类及相关专业学生的职业岗位能力为依据，满足“岗位赛证”和中职学生学习规律的要求，精选教学内容，开展理实一体化教学。

（2）密切联系生产实际，书中引用的实例多为机电行业中具有典型性、普遍性以及前沿性的电气设备，以达到举一反三的目的。通过完成电气设备安装、调试与维护等典型教学项目，培养学生从事工厂供电设备安装与维护工作应具有的专业技能。

（3）按照学生认知规律，结合工厂实际生产过程，本书每一个教学项目中都编排了学习目标、知识链接、思考与练习、任务实施等栏目，体现“做中学、做中教”的职业教育特色。

（4）本书参考学时数为90学时，各项目学时分配如下表。

项　　目	教学内容	参考学时
项目一	学习电工安全作业技术	20
项目二	工厂高压电气设备的安装与使用	22
项目三	工厂低压电气设备的安装与使用	26
项目四	高低压开关柜的安装与调试	22
合　　计		90

本书由锦州市机电工程学校陈儒章任主编，陈银妆任副主编。其中，项目一、二、四由陈儒章编写，项目三由陈银妆编写，李洋负责书中图表的整理。

由于编者水平有限，书中难免存在疏漏和不妥之处，恳切希望广大读者批评指正，以期进一步完善。

编　者

目　录

项目一

学习电工安全作业技术

任务一 触电急救演练

学习目标

1）了解安全用电常识，掌握触电施救的一般方法。

2）强化电气施工人员掌握电气安全技术的重要性。

3）养成安全规范操作的意识和习惯。

知识链接

一、电流对人体的伤害

电流通过人体时会破坏人体内细胞的正常工作，电流作用于人体还会产生热效应、化学效应和机械效应，这些都是电流对人体的伤害。

1. 通过人体的电流值

1）感知电流：能够引起人们感觉的、通过人体的最小电流。此感知电流值因人而异，一般成年男子约为1mA，成年女子约为0.7mA。

2）摆脱电流：触电后，能够自动摆脱的最大电流，一般为10mA。

3）安全电流：通过人体且不发生心室颤动的最大电流。一般此电流值为30mA，即认为30mA是人体可以忍受而又无致命危险的最大电流。

2. 触电对人体伤害的种类

1）电击：电击是由于电流通过人体时造成内部器官的生理上的反应和病变。随着电流的大小不同，人体的反应也不同，如针刺感、击痛感、昏迷、心室颤动、呼吸困难或呼吸停止等现象。电击后对人体的伤害程度与通过人体电流的强度、电流持续的时间、电流的频率、电流通过人体的路径以及触电者的身体健康状况有关。电击致伤主要表现在人体内部。

2）电伤：电伤是由电流的热效应、化学效应、机械效应等对人体造成的伤害，造成电伤的电流都比较大。电伤会在人体表面留下明显的伤痕，电伤包括电烧伤、电烙印、皮肤金属化、机械损伤、电光眼等多种。

二、触电的种类

1. 单相触电

人体的某一部分与一相带电体及大地之间构成回路，这种触电称为单相触电，图 1-1-1 为单相触电示意图。在低压供电系统中发生的单相触电，人体所承受的电压几乎就是电源的相电压。

2. 两相触电

人体某一部分介于同一电源两相带电体之间并构成回路所引起的触电，称为两相触电，示意图如图 1-1-2 所示。人体触及两根相线，则人体承受的电压为线电压，因此两相触电对人体的危害更大。

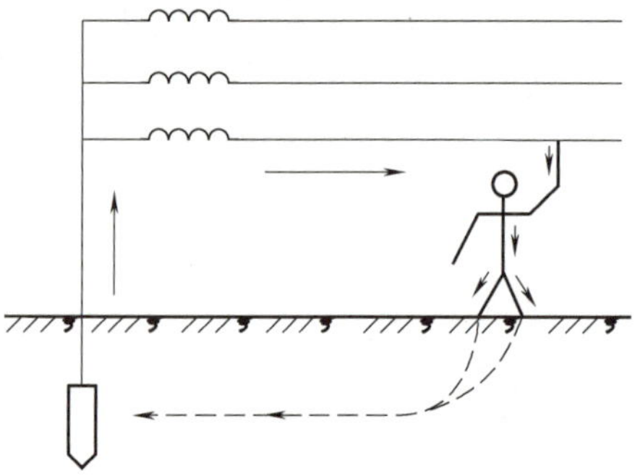

图 1-1-1　单相触电示意图

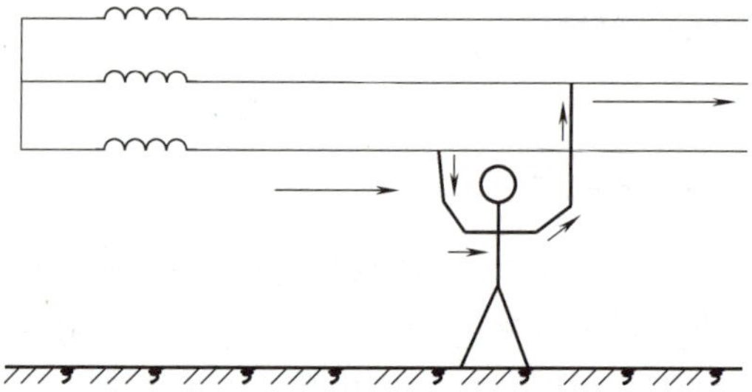

图 1-1-2　两相触电示意图

3. 跨步电压触电

当带电体接地时，电流将以接地点为圆心向外以圆周扩散，在不同位置上就会形成电位差。若人站在这个区域内，则两脚之间就存在电压，该电压称为跨步电压，由此所引起的触电称为跨步电压触电。图 1-1-3 所示为跨步电压触电示意图。

图 1-1-3　跨步电压触电示意图

4. 感应电压触电

当人触及带有感应电压的设备和线路时，造成的触电事故称为感应电压触电。例如，停电后一些可能感应电压的设备和线路在未接临时地线的状态下，会产生感应电荷。一些不带电的线路由于大气变化（如雷电活动），也有可能感应出电荷，则这些设备和线路对地均存在感应电压。输变电工程中的高压电电荷会形成一个电场，这个电场与输电线路和地面的距离、空气潮湿度及污染情况有关。因此，国家标准规定，非居民区 110kV 的高压线的对地最小距离是 6m。

5. 剩余电荷触电

当人体触及带有剩余电荷的设备时，带有电荷的设备对人体放电所造成的触电称为剩余电荷触电。例如，电容器、电力电缆、电力变压器、大容量电动机等设备停电后仍有剩余电荷存在，当人员接触这些设备时，就会造成剩余电荷触电。

三、触电急救处理

1. 脱离电源的方法

1）脱离低压电源的方法：切断电源线，挑开导线，拉拽触电者的衣服使其脱离电源，在触电者身体的下方垫上绝缘物质。

2）脱离高压电源的方法：立即告知供电部门拉闸停电；现场可以拉开断路器停电，或用绝缘棒拉开跌落式熔断器断电；在非常情况下可以采用短路法使高压线路短路被迫停电（非专业电工不可操作）。

3）对于跨步电压触电，触电者可以做“雀跃”逃离现场。

2. 诊断与处理方法

1）如果触电人的神志尚清醒，只是有些心慌、全身无力、四肢发麻，或者虽一度昏迷，但未失去知觉，都要使之平躺安静休息，不要走路，并密切观察其病变。

2）对于有心跳而呼吸停止的触电者，应采取口对口人工呼吸急救；对于有呼吸而心跳停止的触电者，应该采取人工胸外按压法进行施救；对于心脏和呼吸均已停止，完全失去知觉的严重触电者，则需采取口对口人工呼吸和人工胸外按压心脏两种方法交替进行。

3）人工呼吸和胸外按压心脏，应尽可能就地进行，只有在现场危及安全时，才可将触电者抬到安全地方进行急救。在运送触电者去医院的途中，也要进行人工呼吸或心脏按压进行抢救。

3. 口对口人工呼吸急救

1）迅速解开触电者的衣服、腰带，松除其上身的紧身衣、胸罩和围巾等，使其胸部能自由扩张，不致妨碍呼吸。

2）使病人仰卧并将其头偏向一侧，用手指清除口中的假牙、血块、呕吐物等异物。

3）保持气道通畅，使触电者头部后仰至鼻孔朝上，以利呼吸道畅通（不要用枕头）。仰头姿势如图 1-1-4 所示，其中图 a 为气道畅通示意图，图 b 为气道堵塞示意图，图 c 为保持气道畅通操作示意图。

a)　　b)　　c)

图 1-1-4　畅通气道操作图

a）气道畅通示意图　b）气道堵塞示意图　c）保持气道畅通操作示意图

4）施救者先深吸一口气，捏紧触电者的鼻孔，大口向触电者口中吹气，同时观察伤者的胸部是否隆起，以确定吹气是否有效和适度。图 1-1-5 为人工呼吸姿势图。

5）施救者头稍偏转，放松捏紧伤者鼻孔的手，让气体从伤者的肺部自然排出。此时应注意胸部复原的情况，倾听呼气的声音，观察有无呼吸道梗阻。

6）如此反复进行，每分钟吹气 10~12 次，即每 5s 吹一次（对于触电儿童每 3s 吹一次），吹气持续时间为 1s。

7）如遇触电者牙关紧闭，可采用口对鼻人工呼吸法，方法与口对口基本相同。此时可将触电者嘴唇捂紧，施救者对准触电者的鼻孔吹气，吹气时压力应稍大一些，时间也应稍长，以利气体进入肺内。

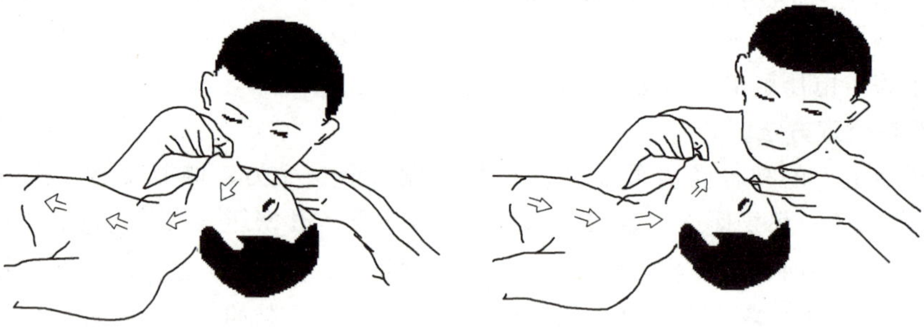

a)　　b)

图 1-1-5　人工呼吸姿势图

a）口对口人工呼吸　b）口对鼻人工呼吸

4. 胸外按压急救

1）将伤者仰卧在硬板上，施救者站立或跪在触电者的一侧。

2）施救者双手叠加，用手掌的根部用力垂直进行按压，按压的深度为 3~5cm，按压的频率为 60~80 次/min，图 1-1-6 为按压位置与姿势图。

3）注意事项：挤压位置要在胸骨与肋骨连接处；用力一定要垂直，要有节奏，有冲击性；对小儿施救用一只手手掌根部即可；挤压的时间应与放松的时间基本相同。

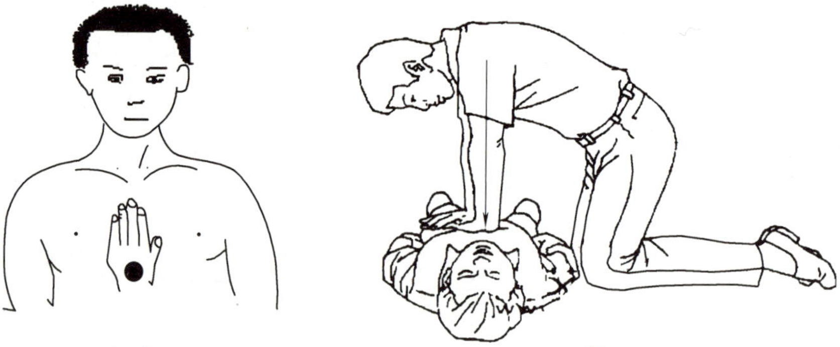

a)　　b)

图 1-1-6　按压位置与姿势图

a）按压位置图　b）按压姿势图

5. 人工呼吸与胸外按压交替进行的急救

1）单人施救时的交替频率是人工呼吸 2 次，胸外按压 15 次。

2）双人施救时每 5s 吹 1 次气，每 1s 按压 1 次，两人同时进行。

思考与练习

一、填空题

1. 电伤会在人体__________留下明显的伤痕。电伤包括电烧伤、电烙印、皮肤金属化、机械损伤、电光眼等多种。

2. 触电后，能够自动摆脱的最大电流，称为__________，一般为10mA。安全电流一般为__________。

3. 在低压供电系统中发生的单相触电，人体所承受的电压几乎就是电源的__________电压。

4. 当带电体接地时，电流向大地扩散，其电位分布以接地点为圆心向外以圆周扩散，在不同位置上形成__________。若人站在这个区域内，则两脚之间就存在__________，该电压称为__________，由此所引起的触电称为__________触电。

5. 如果触电者的神志尚清醒，只是有些心慌、全身无力、四肢发麻，或者虽一度昏迷，但未失去知觉，都要使之__________，不要走路，并密切观察其病变。

6. 胸外按压施救者双手叠加，用手掌的根部用力垂直进行按压，按压的深度为__________，按压的频率为__________次/min。

7. 人体的某一部分与一相带电体及大地之间__________，这种触电称为单相触电。

8. 对于触电后已经失去知觉的触电者，如果虽有呼吸，但心脏已经停止跳动的，应该采取__________法进行施救。如果停止呼吸，但心脏微有跳动的，应该采取__________法进行施救。

9. 当人体触及带有剩余电荷的设备时，带有电荷的设备对人体放电所造成的触电称为__________触电。

10. 国家标准规定，非居民区110kV的高压线的对地最小距离是__________m。

二、思考题

1. 试述触电的种类与危害。
2. 简要叙述人工呼吸急救操作步骤。
3. 简要叙述胸外按压急救操作步骤。

任务实施

触电施救模拟演练

一、任务目的

1）理解触电的危害与种类。
2）掌握人工呼吸施救与胸外按压施救的操作方法。

二、材料与工具

心肺复苏模拟人、消毒纱布面巾（可用湿巾代替）、脱脂棉球、酒精、镊子等。

三、任务内容

1）观看人工呼吸急救教学视频，分析施救要领。
2）教师对模拟人进行人工呼吸施救。
3）学生对模拟人进行人工呼吸施救。
4）观看胸外按压教学视频，分析施救要领。
5）教师对模拟人进行胸外按压施救。
6）学生对模拟人进行胸外按压施救。

四、任务评价

根据表 1-1-1 对学生完成本次工作任务的表现进行评价。

表 1-1-1　任务评价表

任务	评价标准	配分	得分
使触电者脱离电源	(1)使触电者脱离电源方法有误　扣 1~10 分 (2)不能使触电者脱离电源　扣 1~5 分	15	
诊断触电者	(1)诊断方法不正确　扣 1~5 分 (2)诊断结果错误　扣 1~10 分	15	
口对口人工呼吸急救	(1)施救准备工作不合理　扣 1~10 分 (2)操作步骤丢失或不准确　扣 1~10 分 (3)操作质量不良　扣 1~10 分	30	
胸外按压急救	(1)施救准备工作不合理　扣 1~10 分 (2)操作步骤丢失或不准确　扣 1~10 分 (3)操作质量不良　扣 1~10 分	30	
安全文明生产	(1)不能及时整理现场和器具　扣 1~5 分 (2)不能与周围同学密切合作　扣 1~5 分	10	
合　计		100	

学生自评：

学生签字：　　　　年　月　日

教师评价：

教师签字：　　　　年　月　日

任务二 分析工厂供配电系统的接地、接零保护

学习目标

1）会分析工厂低压配电系统中性点的运行方式。
2）会分析保护接地、重复接地、工作接地的作用，掌握电力系统装设接地线的一般规定。
3）提升安全文明生产能力，培养遵纪守法、爱岗敬业意识。

知识链接

一、工厂低压配电系统中性点运行方式

低压配电系统按保护接地形式分为 TN 系统、TT 系统和 IT 系统。这三种配电系统文字符号表达的含义如下：

第一个字母说明电源的中性点与大地的关系，T 表示电源中性点与大地直接连接，I 表示电源与大地隔离或经高阻抗与大地连接。第二个字母说明电气设备的外露导电部分与大地的关系，T 表示外露导电部分直接与大地相接，N 表示外露导电部分与电源中性点的连接线相接。

1. TN 系统

我国 220V/380V 低压配电系统，广泛采用中性点直接接地的 TN 系统，该系统包括 TN-C、TN-S、TN-C-S 三种形式。中性线 N 有三种功能，一是用于连接额定电压为系统相电压的单相用电设备，二是用于传导三相电力系统的不平衡电流和单相电流，三是减小电力系统中性点的电位偏移。

（1）TN-C 系统

图 1-2-1 为 TN-C 系统，俗称“三相四线制”系统，在该系统中所有设备外露可导电部分均接 PEN 线（中性线），但是当用电设备不平衡时，PEN 线有可能有电流流过，有一定的危险性。我国早期的低压配电系统应用较广，但是现在的住宅建筑、办公大楼、宾馆和一些对电磁干扰要求较高的场所已经不使用了。

（2）TN-S 系统

图 1-2-2 为 TN-S 系统，俗称“三相五线制”供电系统，该系统 PE 线与 N 线是分开的，在该系统中所有设备外露可导电部分均接 PE 线，因此 PE 线中无电流流过，系统中基本不存在电磁干扰问题。由于 PE 线与 N 线是分开的，与 TN-C 系统比较增加了导线材料，但是由于其安全性较高，该供电系统得到了广泛应用。

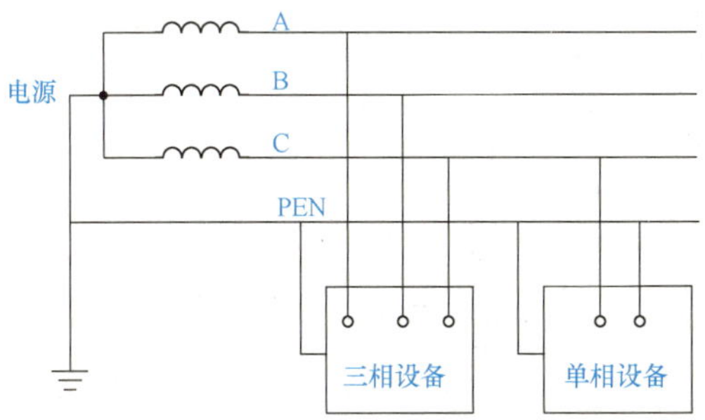

图 1-2-1 TN-C 系统

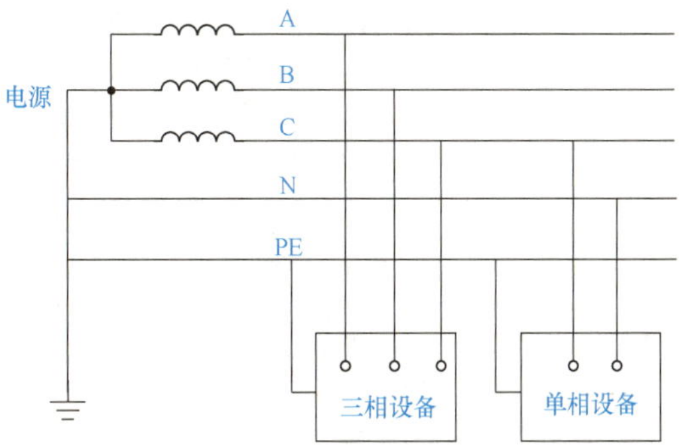

图 1-2-2 TN-S 系统

（3） TN-C-S 系统

图 1-2-3 为 TN-C-S 系统，该系统一部分为 TN-C 系统，另一部分为 TN-S 系统。此供电系统较灵活，对于要求较高的供电场所采用 TN-S 系统，其他场所采用 TN-C 系统，此系统也可用于 TN-C 系统的改造。

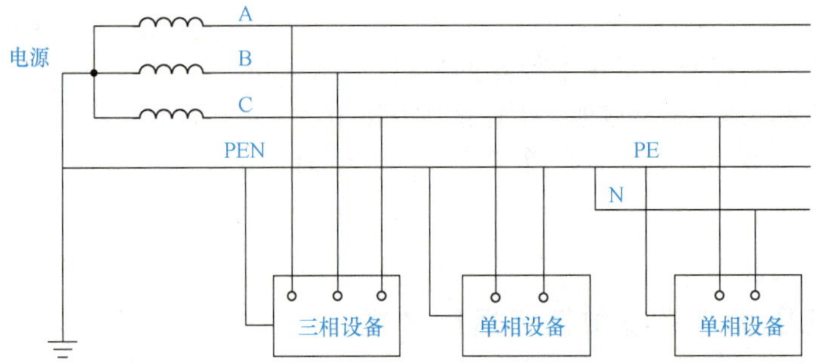

图 1-2-3　TN-C-S 系统

2. TT 系统

TT 系统的特点是电源中性点直接接地，设备外壳可导电部分经各自的 PE 线单独接地，如图 1-2-4 所示。由于设备的接地线是分开的，所以该系统不会产生电磁干扰问题。当系统发生单相接地故障时，则形成单相短路，线路的保护设备动作进行短路保护。该系统的漏电保护相对较差，因此需要采用漏电保护性能较高的装置。

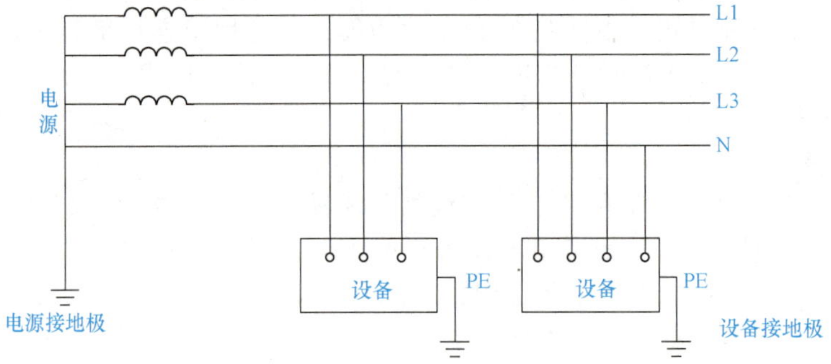

图 1-2-4　TT 系统

3. IT 系统

IT 系统的特点是电源中性点不接地或经高阻抗电阻（约 1000Ω）接地，系统内设备外壳可导电部分经各自的 PE 线分别接地，该系统没有 N 线。该系统不适合接额定电压为相电压的单相设备，只适合接额定电压为线电压的单相设备，如图 1-2-5 所示。IT 系统主要用于

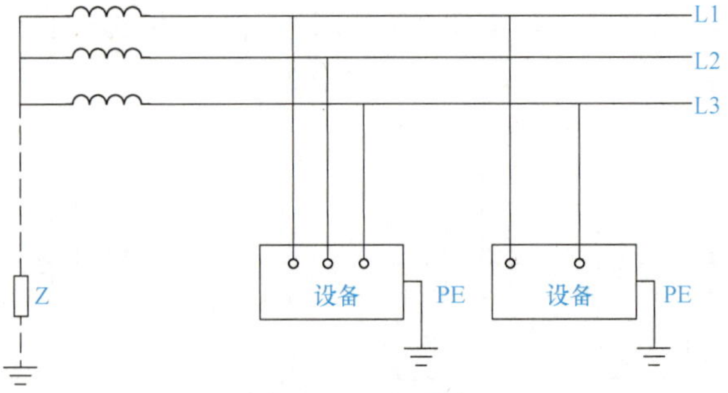

图 1-2-5　IT 系统

连续性要求较高及易燃、易爆的场所。

二、保护接地与保护接零

1. TT 系统和 IT 系统中的保护接地

所谓保护接地主要指在 10kV 以下的供电系统中，当电气设备的绝缘出现损坏时，有可能使设备的金属外壳带电，为防止这种电压危及人身安全，人为地将电气设备的金属外壳与大地进行金属性连接。如 TT 系统和 IT 系统中设备的外露可导电部分经各自的接地线（PE 线）直接接地，保护接地的说明如图 1-2-6 所示。在这些系统中的电气设备若没有采取保护接地，当电气设备漏电使金属外壳带电时，若操作人员触及漏电设备的外壳，故障电流将通过人体和线路对地绝缘阻抗构成回路，如图 1-2-6a 所示，造成触电事故。若漏电设备已采取保护接地措施，故障电流将会通过接地体流散，流过人体的电流仅是全部接地电流中的一部分，如图 1-2-6b 所示，从图中可以看出，接地电阻 R_c 越小，流过人体的电流 I_t 也越小。因此，只要控制接地电阻值在一定范围内，就不至于造成人身触电事故。

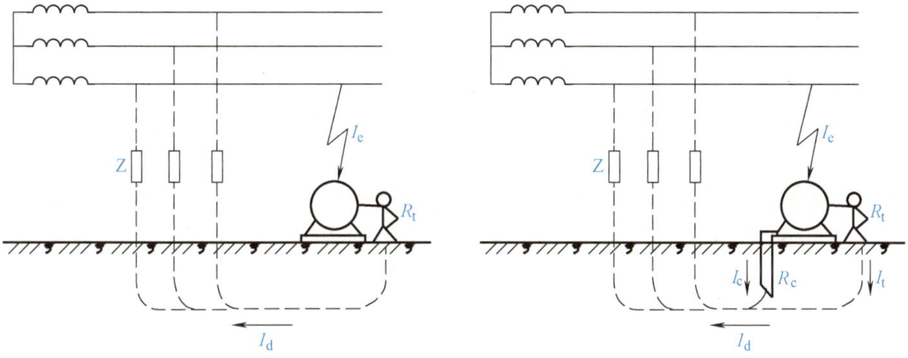

图 1-2-6　保护接地作用说明图

2. TN-C 系统中的保护接零

TN-C 系统中设备的外露可导电部分经公共的 PE 线或经 PEN 线接地，这种接地形式通常称为保护接零。保护接零的说明如图 1-2-7 所示。其保护原理与保护接地类似，读者可自己分析。注意：同一低压配电系统中保护接地与保护接零不能同时使用，否则当保护接地的设备发生接地故障时，采取保护接零的设备外壳将带电。

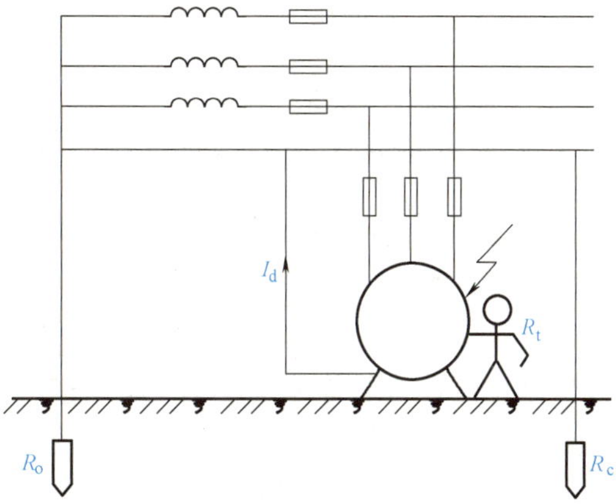

图 1-2-7　保护接零作用说明图

三、重复接地保护

1. 重复接地的含义

在 TN 系统中，将零线上的一处或多处通过接地装置与大地再次连接，称为重复接地。在架空线的终端及沿线每 1km 处，电缆或架空线引入建筑物处都要重复接地。

2. 重复接地的作用

图 1-2-8 为重复接地作用说明图，图 a 中没有重复接地，中性线断线后，断点后面两台

设备的接地保护作用就会消失，一旦设备相线触及其金属壳体，设备外壳就会带电，将有可能发生触电事故。图 b 中有重复接地，中性线断线后，断点后面两台设备的接地保护作用仍然存在，即使设备相线触及其金属壳体，设备外壳也不会带电，不会发生触电事故。

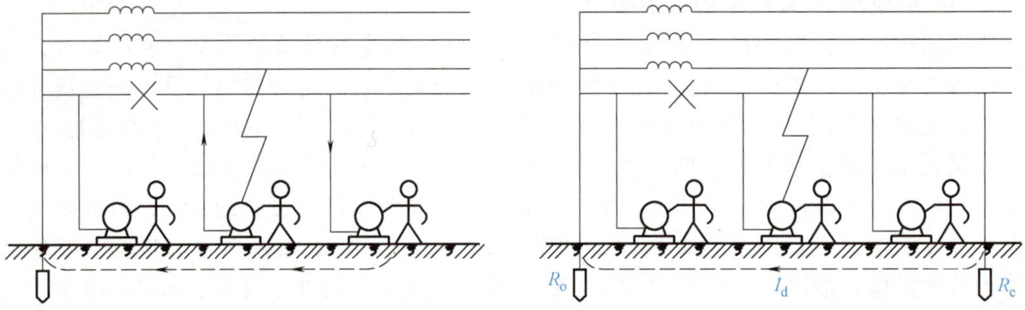

图 1-2-8　重复接地作用说明图
a）无重复接地　b）有重复接地

四、工作接地保护

1. 工作接地的含义

根据电力系统运行的需要，人为地将电力系统的中性点或电气设备的某一部分直接与大地进行金属性连接，或者通过消弧线圈、电阻、保护间隙等特殊装置与大地间接相连。其目的是使电力系统在正常工作或事故情况下，保证系统和电气设备可靠地运行，降低人体的接触电压以及有利于快速切断故障设备等。

2. 工作接地的作用

1）减少电网发生单相接地故障时的危险性。

2）减少电网发生高压窜入低压故障时的危险性。

3）变压器中性点采用工作接地后，为相电压提供了一个明显可靠的参考点，不仅为稳定电网的电位起到重要的作用，而且还能为两相和单相设备提供电源。

五、电力生产中装设接地线的一般规定

1）用电设备装设地线前，验明无电后将三相电源短路。

2）装设接地线应先接导线的接地端，后接导线的设备端，接地线应接触良好，连接可靠。拆接地线的顺序与此相反。装、拆接地线应在监护下进行，使用绝缘棒或专用的绝缘绳，人体不得触碰接地线或未经接地的导线。

3）同杆架设的多层电力线路装接地线时，应先低压、后高压，先下层、后上层，先近侧、后远侧。拆除时次序相反。

4）成套装置接地线应用有透明护套的多股软铜线，其截面积不得小于 $25mm^2$，同时应满足装设地点短路电流的要求。接地线应使用专用的线夹固定在导线上，严禁用缠绕的方法进行接地或短路。禁止使用其他导线作为接地线或短路线。

5）利用铁塔接地或与杆塔接地装置直接相连的横担接地时，允许每相分别接地，但杆塔接地电阻和接地通道应良好。杆塔与接地线连接部分应清除油漆，保证接触良好。

6）电缆及电容器接地前应逐相充分放电，星形接线电容器的中性点应接地，串联的电容器及与整组电容器脱离的电容器应逐个放电，装在绝缘支架上的电容器外壳也应放电。

7）禁止工作人员擅自变更工作票中指定的接地线位置。如需变更，应由工作负责人征得工作票签发人同意。

思考与练习

一、填空题

1. 我国 220V/380V 低压配电系统，广泛采用中性点直接接地的__________系统，该系统包括 TN-C、TN-S、TN-C-S 三种形式。

2. TN-S 系统，俗称__________供电系统，该系统 PE 线与 N 线是分开的，在该系统中所有设备外露可导电部分均接__________线，因此 PE 线中无电流流过，系统中基本不存在电磁干扰问题。

3. TT 系统的特点是电源中性点__________，设备外壳可导电部分经各自的__________线单独接地。

4. IT 系统的特点是电源中性点__________或经高阻抗电阻（约 1000Ω）接地，系统内设备外壳可导电部分经各自的__________线分别接地，该系统没有 N 线。

5. 在 TN 系统中，将零线上的一处或多处通过接地装置与__________再次连接，称为重复接地。

6. 装设接地线应先接__________，后接__________，接地线应接触良好，连接可靠。拆接地线的顺序与此相反。装、拆接地线应在__________下进行，使用绝缘棒或专用的绝缘绳，人体不得触碰接地线或未经接地的导线。

二、思考题

1. 说明 TN 系统、TT 系统和 IT 系统文字符号表达的含义。
2. 说明重复接地的意义。
3. 简要叙述工作接地的意义。

任务实施

观看某车间变电所视频

一、任务目的

1）了解变电所的基本情况，认识各种低压电气设备。

2）掌握变电所电气设备接地保护线路的安装特点。

二、任务内容

首先听取变电所技术人员介绍变电所的基本情况，讲解相关的规章制度、操作规程、安全注意事项；然后逐项观看变电所的配电系统的工作过程，观看过程中学生们要做好相应的记录，并将有关内容填入表 1-2-1 中。

表 1-2-1　学生观看变电所视频记录表

项目	描述	内容
变电所进线与出线	(1)进线、出线电压等级 (2)进线、出线接线方式	语言描述：
主要设备接地情况	(1)变压器中性点接地	相关照片：
	(2)主要仪表接地	相关照片：
	(3)隔离开关接地	相关照片：
	(4)断路器接地	相关照片：
	(5)电流互感器接地	相关照片：
变电所常用安全用具	名称、型号与作用	语言描述：
变电所检修工具与仪表	名称、型号与作用	语言描述：
工作人员分工与职责	(1)分工方式 (2)主要职责	语言描述：

三、任务评价

根据表 1-2-2 对学生们完成本次工作任务的表现进行评价。

表 1-2-2　任务评价表

任务	评价标准		配分	得分
变电所进线与出线	(1)电压等级描述不清楚 (2)接线方式描述不清楚	扣 1~10 分 扣 1~10 分	20	
变压器中性点接地	(1)接地点不正确 (2)接地点正确，但是不清楚	扣 1~5 分 扣 1~5 分	10	
主要仪表接地	(1)接地点不正确 (2)接地点正确，但是不清楚	扣 1~5 分 扣 1~5 分	10	
隔离开关接地	(1)接地点不正确 (2)接地点正确，但是不清楚	扣 1~5 分 扣 1~5 分	10	
断路器接地	(1)接地点不正确 (2)接地点正确，但是不清楚	扣 1~5 分 扣 1~5 分	10	
电流互感器接地	(1)接地点不正确 (2)接地点正确，但是不清楚	扣 1~5 分 扣 1~5 分	10	
变电所常用安全用具	(1)型号、名称不正确 (2)作用描述不清楚	扣 1~5 分 扣 1~5 分	10	
变电所检修工具与仪表	(1)型号、名称不正确 (2)作用描述不清楚	扣 1~5 分 扣 1~5 分	10	
工作人员分工与职责	(1)职责描述不清楚 (2)分工描述不清楚	扣 1~5 分 扣 1~5 分	10	
合　计			100	
学生自评： 学生签字：　年　月　日				
教师评价： 教师签字：　年　月　日				

任务三　电气安全用具的使用

学习目标

1）掌握电气安全用具的使用方法。

2）养成安全文明生产习惯，提升操作能力。

知识链接

电气安全用具是指防止触电、弧光灼伤和高空摔跌等伤害时必不可少的电工用具，一般分为绝缘安全用具和一般防护安全用具两大类。一般防护安全用具有安全帽、安全带、标示牌和临时遮栏等；绝缘安全用具有绝缘棒、绝缘靴、绝缘手套、验电器、携带型接地线、绝缘垫等。

一、常用一般安全防护用具的使用

1. 安全帽

安全帽是电气施工中防止物体打击头部的防护用品，由帽壳、帽衬、下颊带等组成。帽壳呈半球形，坚固、光滑并有一定弹性，由ABS、玻璃钢、塑料等绝缘、阻燃性材质制成，其作用主要是承受冲击物的冲击。图1-3-1为安全帽实物图。安全帽使用时应注意以下事项。

1）选用与自己头形合适的安全帽，帽衬顶端与帽壳内顶应有20~50mm的空间，可缓冲、分散瞬时冲击力，减轻对头部的伤害。

2）佩戴安全帽前，应检查各配件有无损坏，装配是否牢固，绳带是否系紧等，防止帽子滑落或碰掉。

3）塑料安全帽使用期限一般为三年，需存放在干燥通风、远离热源、不受日光直射的地方。

a)

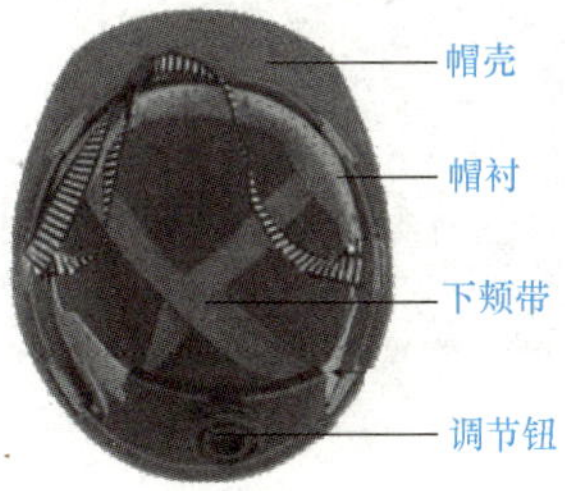

b)

图1-3-1　安全帽实物图

a）正面　b）背面

2. 安全带

安全带的作用是预防作业人员从高处坠落。图1-3-2为安全带实物图。安全带使用时应注意以下事项。

1）在使用安全带时，应检查安全带的部件是否完整，有无损伤，金属配件的各种环边缘光滑，产品上应有“安检证”。

2）使用围杆安全带时，围杆绳上的保护套不允许在地面上随意拖着走，以免损伤套，影响主绳。

3）悬挂安全带不得低挂高用，因为低挂高用在坠落时受到的冲击力大，对人体伤害也大。

a)　　b)

图 1-3-2　安全带实物图

a）全身悬挂双背安全带　b）简易悬挂安全带

3. 临时遮栏、围栏绳和标示牌

临时遮栏、围栏绳和标示牌是用来防止工作人员无意中碰到带电设备，经常使用的安全用具。图 1-3-3 为临时遮栏和围栏绳实物图。

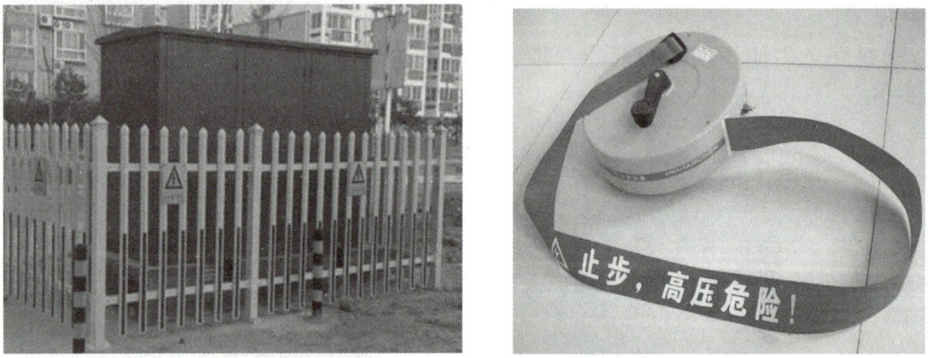

图 1-3-3　临时遮栏和围栏绳实物图

临时遮栏是用干燥的木材、环氧树脂纤维板、橡胶或其他坚韧的绝缘材料制成的。临时遮栏的高度不得低于 1.7m，下部边缘离地不应超过 0.1m，遮栏必须安置牢固。在过道和隔离入口等处，可采用网状遮栏，其高度在室外不应低于 1.5m，在室内不应低于 1.2m。临时遮栏上应悬挂“止步，高压危险！”的标示牌，以提醒工作人员注意。

围栏绳可采用绝缘良好的尼龙绳或其他绝缘绳。绳距地面 1m 左右，绳上挂适当数量的小红旗和“止步，高压危险！”标示牌。

标示牌是提醒工作人员不得接近设备的带电部分，工作地点应采取安全措施，表明禁止向某设备合闸送电等，一般由负责安全的值班人员进行悬挂和拆除。所有标示牌的文字含义必须清楚，安全色、几何图形和图形符号应当规范。

工作人员在工作中严禁移动或拆除临时遮栏和标示牌；若有必要移开临时遮栏时，必须有监护人在场，并应移到符合设备不停电时的安全距离。

二、常用绝缘安全用具的使用

1. 绝缘手套和绝缘鞋（靴）的使用

绝缘手套和绝缘鞋（靴）是在电气设备或线路上实际操作时的辅助安全用具。图 1-3-4 为绝缘手套和绝缘鞋的实物图。使用时应注意以下事项。

1）使用前需要检查绝缘手套试验标签是否在有效期内，再检查绝缘手套是否漏气，具体方法是：先向手套内部吹口气，再将手套从口部向上卷，稍用力将空气压至手掌及手指部分，观察有无漏气点。

2）戴绝缘手套时应将外衣袖口放入手套的伸长部分，使用时防止尖锐物体刺破手套。

3）手套使用后必须擦干净，注意存放在干燥处，并不得接触油类及腐蚀性药品等。

4）应根据作业场所电压等级选用绝缘鞋，低压绝缘鞋禁止在高压电气设备上作为安全辅助用具使用，高压绝缘鞋（靴）可以在高压和低压电气设备上作为辅助安全用具使用。

5）穿用绝缘靴时，应将裤管套入靴筒内。购买绝缘鞋（靴）时，应查验鞋上是否有红色闪电符号绝缘标记、耐压等级标志等信息。

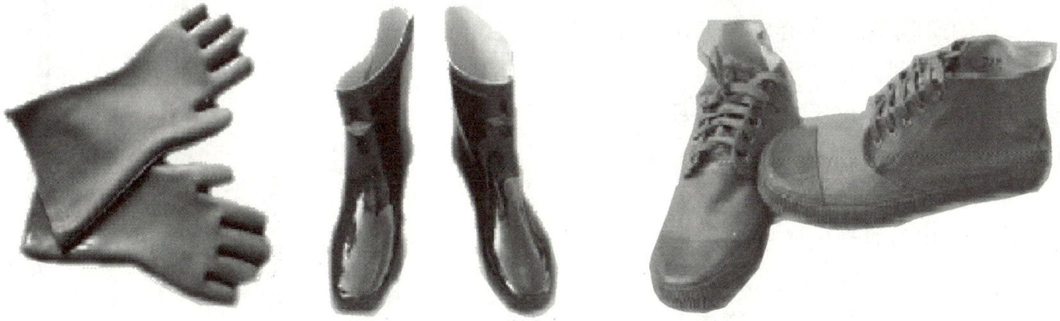

图 1-3-4 绝缘手套和绝缘鞋（靴）实物图

2. 高压验电器的使用

验电器是检验电气设备是否带电的一种安全用具。图 1-3-5 为几种常见不同规格验电器的实物图。使用验电器必须注意以下事项。

1）使用验电器前，检查验电器的额定电压，必须高于被验设备的额定电压等级，并检查验电器结构是否完好，表面是否有污物，验电器是否在有效期内。

2）对于高压声光型验电器，在操作前应对指示器进行自检试验，首先将指示器旋转固定在操作杆上，然后将操作杆拉伸至规定长度。注意，高压验电器不能检测直流电压。

3）验电前先将验电器在已知带电的设备上验电，证实验电器良好后再对待测设备或线路进行验电。对设备验电应主要检验进出线两侧是否有电，对线路的验电要逐相进行。

4）使用验电器时，操作者应手握罩护环以下的部分进行检验。验电器的工作部分应视为带电，不得同时触及相邻相或接地部分。

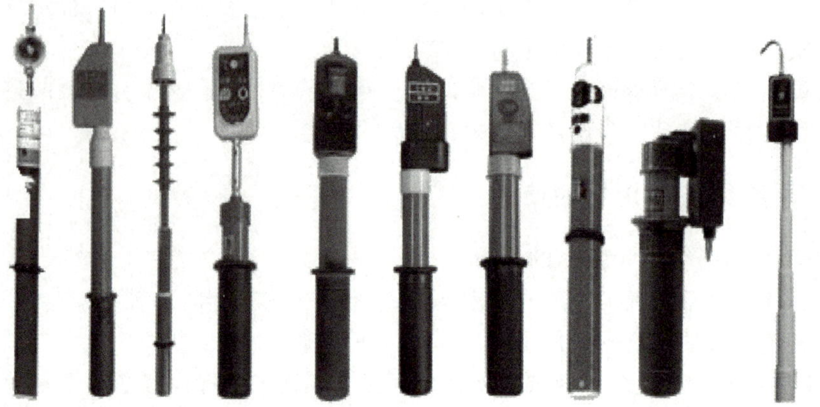

图 1-3-5　几种常见不同规格验电器实物图

5）在高压设备上验电，必须认真执行操作监护制，一人操作，另一人监护。操作人员必须戴绝缘手套，穿绝缘靴。

6）验电器每半年要定期进行一次试验。

3. 绝缘棒的使用

绝缘棒又称令克棒、绝缘拉杆、操作杆等。用于闭合或拉开高压隔离开关，装拆携带式接地线，以及进行测量和试验电气设备。绝缘棒由工作部分、绝缘部分、握手部分三部分组成。工作部分安装在绝缘部分的上端，起到完成特定操作功能的作用；绝缘部分起绝缘隔离作用，位于杆的中间部分；握手部分位于棒的下端，绝缘部分和握手部分之间用罩护环或划红线明显分开。图 1-3-6 为几种常见绝缘棒的实物图。绝缘棒的使用与管理应注意以下几点。

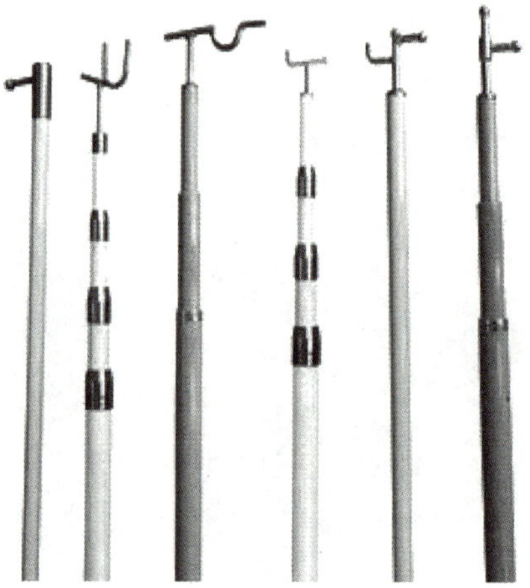

图 1-3-6　几种常见绝缘棒实物图

1）使用前，应检查是否超过有效期，检验绝缘棒表面是否完好，各部分连接是否可靠。并将绝缘棒表面用干布擦拭干净，使棒表面干燥、清洁。

2）操作前的手握部位不得越过护环，在使用绝缘棒操作时，必须戴绝缘手套。

3）绝缘棒的规格必须符合被操作设备的电压等级。

4）雨天户外使用绝缘棒时，应在绝缘棒上安装防雨罩，戴绝缘手套，穿绝缘鞋。

5）绝缘棒必须放在干燥通风处，并宜悬挂或垂直插放在专用的木架上。绝缘棒应统一编号，定期检查，每年至少进行一次电气试验。

4. 携带型短路接地线的使用

携带型短路接地线又称三相短路接地线，用于设备或线路停电检修时的临时性短路接地，目的是防止设备或线路意外来电，确保施工人员的人身安全。携带型短路接地线主要由导线端线夹、接地操作棒、多股软铜线、接地端线夹组成。图 1-3-7 为常见携带型短路接地线的实物图。使用接地线必须注意以下事项。

1）接地线应采用截面积大于 $25mm^2$ 的多股软铜线，规格选择应根据电压等级和短路容量来确定。

2）每次使用前应仔细检查软铜线有无断股、损坏，各连接处是否牢固，严禁用缠绕方法进行接地或短路。

3）操作时必须两人同时进行，一人操作，另一人监护，操作人员必须戴绝缘手套，穿绝缘鞋。

4）挂接地线前必须先验电，防止带电挂接地线。安装时应先接接地端，后接设备端，拆除时顺序相反。

5）要加强对接地线的管理，要专门定人定点保管、维修，并编号造册，定期检查接地线的外表有无腐蚀、磨损和老化等现象。

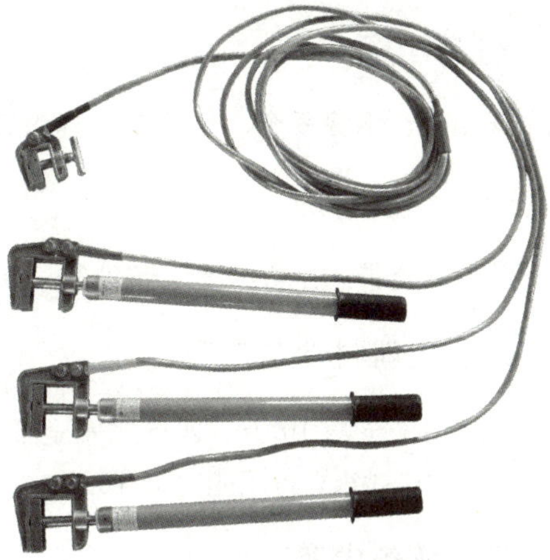

图 1-3-7　常见携带型短路接地线实物图

思考与练习

一、填空题

1. 在高压设备上验电，必须认真执行操作__________，一人操作，另一人监护。操作人员必须戴__________，穿__________。

2. 选用与自己头形合适的安全帽，帽衬顶端与帽壳内顶应有__________的空间，可缓冲、分散瞬时冲击力，减轻对头部的伤害。

3. 戴绝缘手套时应将外衣袖口放入手套的__________，使用时防止尖锐物体刺破手套。

4. 购买绝缘鞋时，应查验鞋上是否有__________闪电符号绝缘标记、耐压等级标志等信息。

5. 使用验电器时，操作者应手握罩护环__________的部分进行检验。验电器的工作部分应视为__________，不得同时触及相邻相或接地部分。

6. 验电过程中，对设备验电应主要检验__________两侧是否有电，对线路的验电要__________进行。

7. 绝缘棒必须放在干燥通风处，并宜悬挂或垂直插放在专用的__________。绝缘棒应统一编号，定期检查，__________至少进行一次电气试验。

8. 挂接地线前必须先验电，防止带电挂接地线。安装时应先接__________，后接__________，拆除时顺序相反。

9. 使用验电器前，检查验电器的额定电压必须__________被验设备的额定电压等级。

10. 电气安全用具一般分为__________用具和一般__________用具两大类。

二、思考题

1. 绝缘棒使用时应注意哪些事项？

2. 安全帽使用时应注意哪些事项？

任务实施

安全带、绝缘手套、绝缘鞋、标识牌、验电器的使用

一、任务目的

掌握安全带、绝缘手套、绝缘鞋、标识牌、验电器的使用方法。

二、实训材料与工具

电工用安全帽 10 个、四点式安全带 10 副，12kV 绝缘手套和绝缘鞋各 10 双，常用标识牌 10 个；ML-10kV 高压验电器 10 个。

三、任务内容

1）安全帽和安全带使用训练。

2）绝缘手套和绝缘鞋使用训练。

3）标识牌使用与选择训练。

4）高压验电器使用训练。

5）绝缘棒使用训练。

四、任务评价

根据表 1-3-1 对学生们在完成任务过程中的表现进行评价。

表 1-3-1　任务评价表

任务	评价标准	配分	得分
安全帽与安全带的使用	(1)佩戴不正确　扣 1~10 分 (2)检查不正确　扣 1~10 分	20	
绝缘手套和绝缘鞋的使用	(1)使用不正确　扣 1~10 分 (2)检查不正确　扣 1~10 分	20	
标识牌的使用与选择训练	(1)悬挂不正确　扣 1~10 分 (2)选择不正确　扣 1~10 分	20	
高压验电器的使用训练	(1)使用不正确　扣 1~10 分 (2)检查不正确　扣 1~10 分	20	
绝缘棒的使用训练	(1)使用不正确　扣 1~10 分 (2)检查不正确　扣 1~10 分	20	
合　计		100	

学生自评：

学生签字：　　年　月　日

教师评价：

教师签字：　　年　月　日

任务四　导线的连接与敷设

学习目标

1）掌握导线的连接方法和绝缘层的恢复方法。

2）培养学生们安全文明生产意识，发扬爱岗敬业的精神。

知识链接

导线连接是电工作业人员必须会操作的一项基本技能，导线连接的基本要求是：连接牢固可靠、接头电阻小、机械强度高、耐腐蚀耐氧化、电气绝缘性能好。

一、常用导线型号与用途

1. 导线型号含义

（1）橡皮绝缘导线

这种导线是在裸导线外先包一层橡皮，再包一层编织层，然后再以石蜡混合防潮剂浸渍而成。橡皮绝缘导线按结构划分为单芯、双芯、三芯三类；按导电材料划分为铜芯、铝芯两类。橡皮绝缘导线型号中，字母 B 表示布线；X 表示橡皮绝缘；L 表示铝芯导线（铜芯不用标注）；S 表示双芯；H 表示花线；G 表示适于穿管内敷设。如规格型号为 BX-0.5kV/4mm^2，表示额定电压为 500V，截面积为 4mm^2 的铜芯橡皮绝缘线。

（2）聚氯乙烯绝缘导线

这种导线用聚氯乙烯作绝缘材料，简称塑料线。聚氯乙烯绝缘导线型号中，L 表示铝芯（铜芯不用标注）；V 表示塑料绝缘；R 表示软线；VV 表示塑料绝缘、塑料护套；R 表示软线；S 表示双绞。如规格型号为 BV-0.5kV/2.5mm^2，表示额定电压为 500V，截面积为 2.5mm^2 铜芯塑料绝缘线。BVV-0.5kV/2×2.5mm^2 表示额定电压为 500V，截面积为 2.5mm^2 双股铜芯塑料护套绝缘线。

2. 常用导线型号、含义及用途

常用导线型号、含义及用途见表 1-4-1。

表 1-4-1　常用导线型号、含义及用途

型号	含义	外形	用途
BV(BLV)	聚氯乙烯绝缘硬线	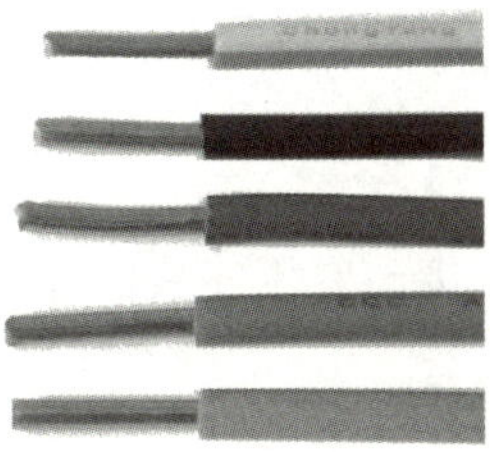	电压等级 450V/750V、300V/500V；固定敷设于室内或室外，明敷、暗敷或穿管，用于耐湿性和耐气候性较好的场合

（续）

型号	含义	外形	用途
BVR	铜芯聚氯乙烯绝缘软线	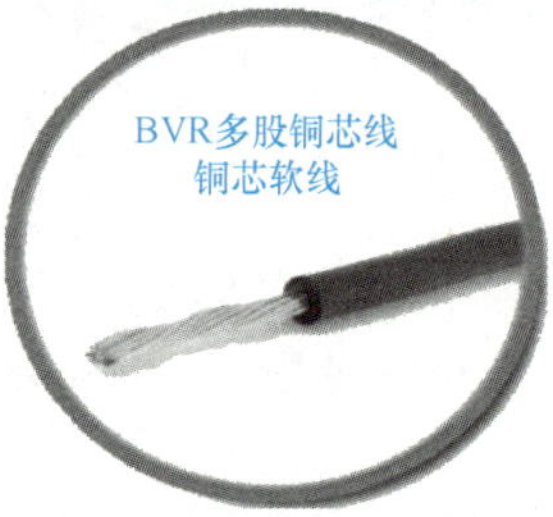	电压等级 450V/750V；用于安装电动机、配电柜等要求柔软的场所。与 RV 导线相比绝缘性更高一些，导体更粗些，根数少些
RV	铜芯氯乙烯绝缘软线		电压等级 450V/750V；300V/500V 用于中轻型移动电器、仪器仪表、家用电器、动力照明等要求柔软连接线的地方
BVV（BLVV）	聚氯乙烯绝缘护套电线	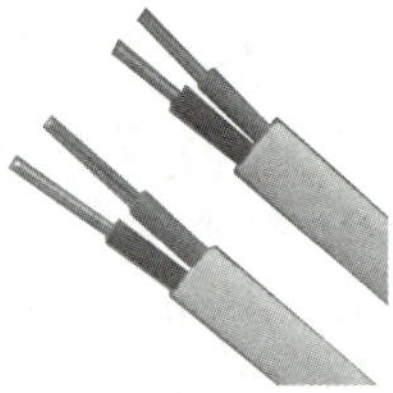	电压等级 300V/500V；用于固定敷设要求机械防护较高、潮湿等场合，可明敷或暗敷
RVS	两芯铜芯聚氯乙烯绞型连接软线		用于中轻型移动电器、仪器仪表、家用电器、动力照明等要求柔软连接线的地方
BX（BLX）	橡胶绝缘电线	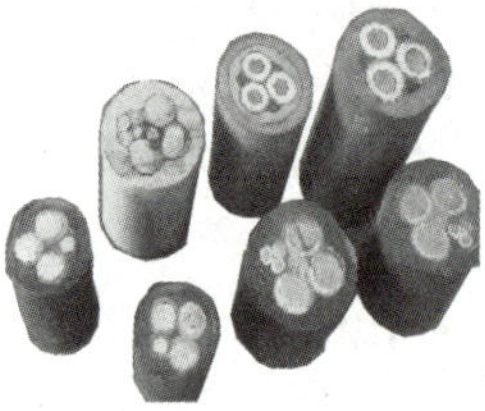	固定敷设于室内或室外，明敷、暗敷或穿管，作为设备安装用线
RVV	铜芯聚氯乙烯绝缘护套圆形连接软线	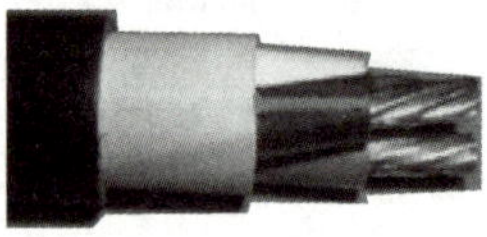	用于潮湿和机械防护要求较高及经常移动、弯曲的场所。用于中轻型移动电器、仪器仪表、家用电器、动力照明等要求柔软连接线的地方

二、导线的连接

导线常用的连接方法有绞合连接、紧压连接、焊接等。连接前应小心地剥除导线连接部位的绝缘层，注意不可损伤其芯线。

1. 绞合连接

绞合连接是指将导线的芯线直接紧密绞合在一起，这种连接特别适合于铜导线的连接。

（1）等径单股铜导线的直线连接

图 1-4-1 所示为单股铜导线直线连接示意图，连接时，首先去掉导线的绝缘层，并将芯线作 X 形交叉连接，再将它们相互缠绕 2～3 圈后扳直两线头，然后用钳子在另一芯线上紧贴密绕 5～6 圈，剪去多余线头即可。

图 1-4-1　等径单股铜导线直线连接示意图

（2）不同截面单股铜导线直线连接

图 1-4-2 所示为不同截面单股铜导线直线连接示意图。连接时，先将细导线的芯线在粗导线的芯线上紧密缠绕 5～6 圈，然后将粗导线芯线的线头用钳子折回并紧压在缠绕层上，再用细导线芯线在其上继续缠绕 3～4 圈后剪去多余线头即可。

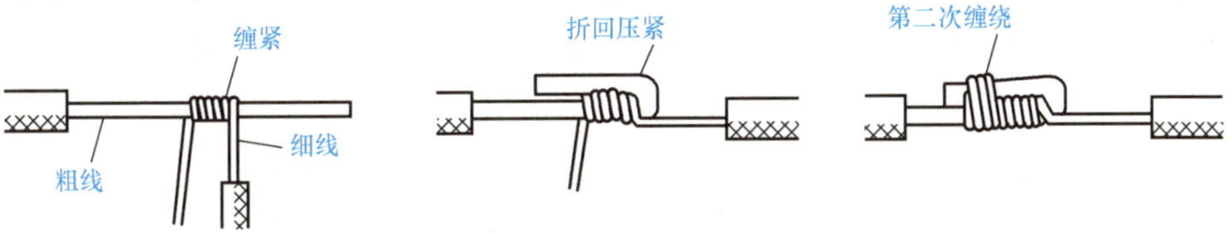

图 1-4-2　不同截面单股铜导线直线连接示意图

（3）单股铜导线的 T 字形连接

如图 1-4-3 所示为单股铜导线 T 字形连接示意图。连接时，将支路芯线的线头用钳子紧密缠绕在干路芯线上 5～8 圈后剪去多余线头，如图 1-4-3a 所示。对于较小截面的芯线，可先将支路芯线的线头在干路芯线上打一个环绕结，再用钳子紧密缠绕 5～8 圈后剪去多余线头即可，如图 1-4-3b 所示。

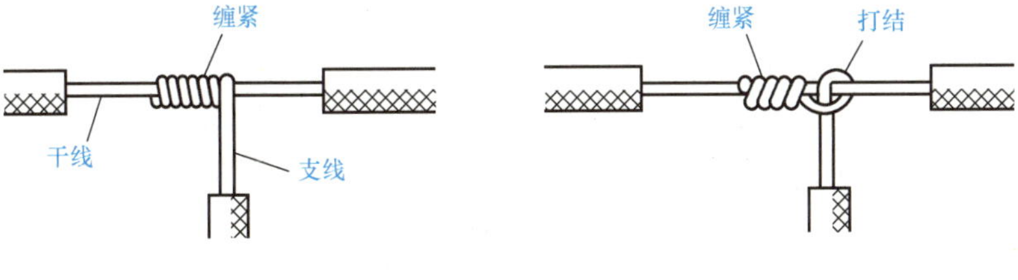

a)　　b)

图 1-4-3　单股铜导线 T 字形连接示意图

a）较大截面积芯线的 T 字形连接　b）较小截面积芯线的 T 字形连接

硬导线 T 字连接

（4）单股铜导线的十字形连接

图 1-4-4 为单股铜导线的十字形连接示意图。连接时，将上下支路芯线的线头紧密缠绕在干路芯线上 5～8 圈后剪去多余线头即可。可以将上下支路芯线的线头向一个方向缠绕（见图 1-4-4a），也可以向左右两个方向缠绕（见图 1-4-4b）。

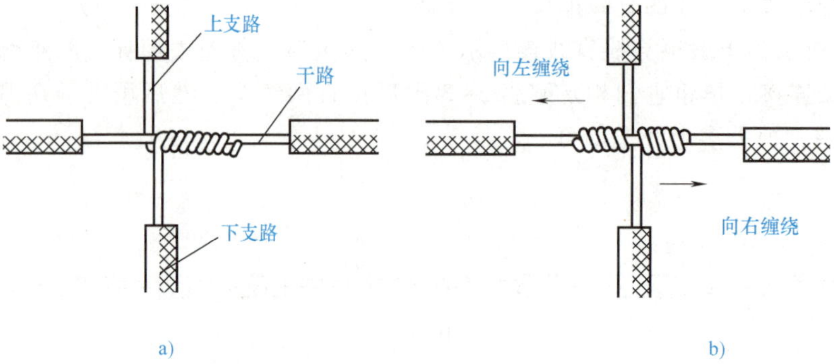

图 1-4-4　单股铜导线的十字形连接示意图

a）芯线线头向一个方向缠绕　b）芯线线头向左右两个方向缠绕

（5）多股铜导线的 T 字形连接

图 1-4-5 为多股铜导线的 T 字形连接示意图。连接时，首先将支路导线一端绝缘层剖削出约 150mm，干线导线需要连接处绝缘层也剖削出约 150mm。将支路导线靠近绝缘层约 1/8 段的芯线绞紧，其余 7/8 芯线分为 V 字形，如图 1-4-5a 所示。将 V 字形支路芯线插入干路芯线当中，根部靠紧后再用钳子将两组支路芯线分别向左右缠绕 4～5 圈，如图 1-4-5b、c 所示。

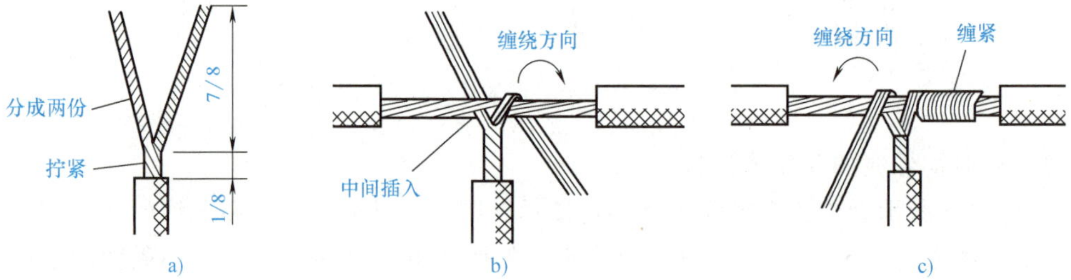

图 1-4-5　多股铜导线的 T 字形连接方法示意图

a）⅛段芯线绞紧　b）⅞段芯线缠绕方向 1　c）⅞段芯线缠绕方向 2

（6）同一方向的导线的连接

连接来自同一方向的导线时，可以采用图 1-4-6 所示的方法。对于单股导线，可将一根导线的芯线拧紧在其他导线的芯线上，再将其他芯线的线头折回压紧，如图 1-4-6 中 a 所示。对于单股导线与多股导线的连接，可将多股导线的芯线拧紧在单股导线的芯线上，再将单股芯线的线头折回压紧，如图 1-4-6 中 b 所示。对于多股导线，可将两根导线的芯线互相交叉，然后绞合拧紧，如图 1-4-6 中 c 所示。

（7）单股铜导线与多股铜导线的直线连接

图 1-4-7 为单股铜导线与多股铜导线的直线连接示意图。连接时，先将多股导线的芯线绞合拧紧成单股状，如图 1-4-7a 所示，再将其紧密缠绕在单股导线的芯线上缠绕 5～8 圈，最后将单股芯线线头折回并压紧，如图 1-4-7b 所示。

（8）多芯电缆的连接

多芯电缆在连接时，应注意尽可能将各芯线的连接点互相错开位置，可以更好地防止线间漏电或短路。图 1-4-8 为多芯电缆连接示意图。

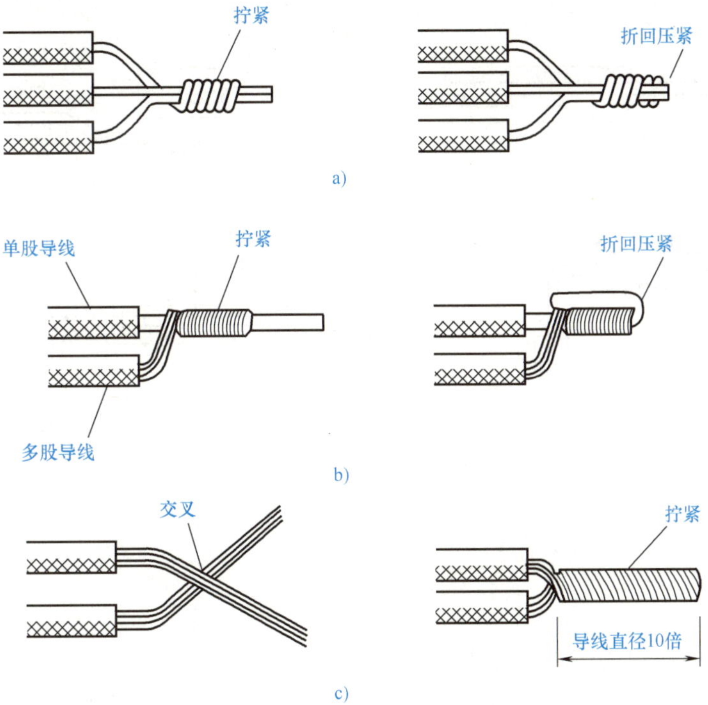

图 1-4-6　同一方向的导线的连接示意图

a）单股导线同一方向连接　b）单股与多股导线同一方向连接　c）多股导线同一方向连接

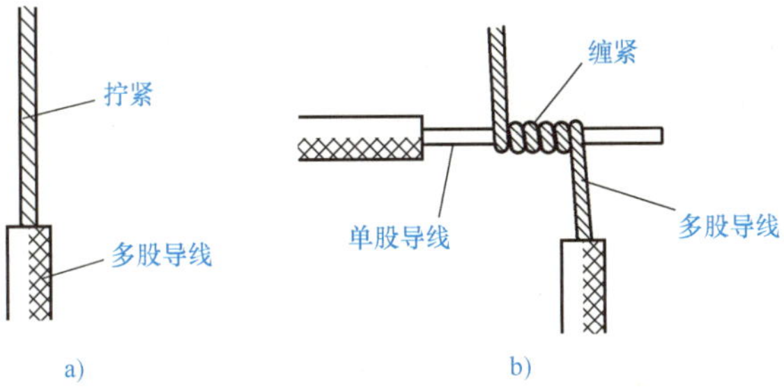

图 1-4-7　单股铜导线与多股铜导线直线连接示意图

a）将多股导线拧紧成单股状　b）在单股导线上缠绕 5~8 圈

软硬导线连接

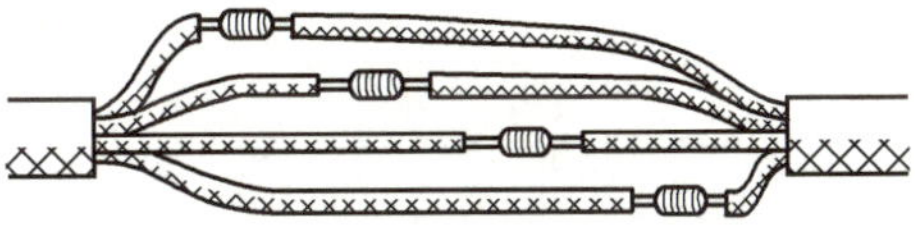

图 1-4-8　多芯电缆连接示意图

2. 紧压连接

紧压连接是指用铜或铝套管套在被连接的芯线上，再用压接钳或压接模具压紧套管使芯线进行连接。由于铝芯线的表面极易氧化，日久将造成线路故障，因此铝导线不适合绞合连接，通常采用紧压连接。紧压连接前应先清除导线芯线表面和压接套管内壁上的氧化层和污物，以确保接触良好。

压紧连接时，将需要连接的两根导线的芯线分别从左右两端插入套管，然后用压接钳或压接模具压紧套管，一般情况下只要在每端压一个坑即可满足接触电阻的要求。在对机械强度有要求的场合，可在每端压两个坑，对于较粗的导线或对机械强度要求较高的场合，可适当增加压坑的数目。如图 1-4-9 所示，图 a 为直线连接，图 b 为同一方向连接，图 c 为 T 字形连接，图 d 为十字形连接。

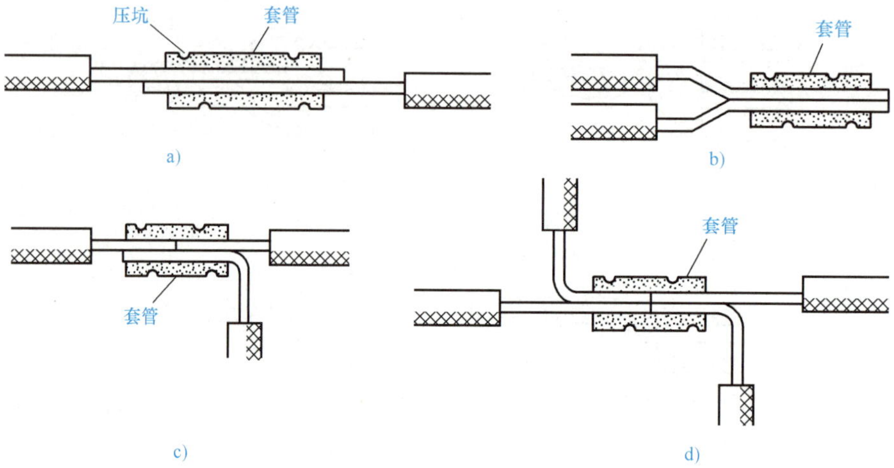

图 1-4-9　导线紧压连接示意图

a）直线连接　b）同一方向连接　c）T 字形连接　d）十字形连接

3. 焊接

导线焊接是指将焊锡熔化融合而使导线连接。在现代电工施工中，对于绞合连接后的铜导线，在很多场合还要进行焊接，焊接通常采用电烙铁焊接和浇焊两种方法。

（1）铜导线接头的电烙铁焊接

较细的铜导线接头可用大功率（如 150W）电烙铁进行焊接。为增加连接可靠性和机械强度，焊接前应先清除铜芯线接头部位的氧化层和污物，然后将待连接的两根芯线拧紧，再涂上焊锡膏，用电烙铁蘸焊锡进行焊接，如图 1-4-10 所示。焊接过程中应使焊锡充分熔融渗入到导线接头缝隙中，保证焊接点牢固光滑。

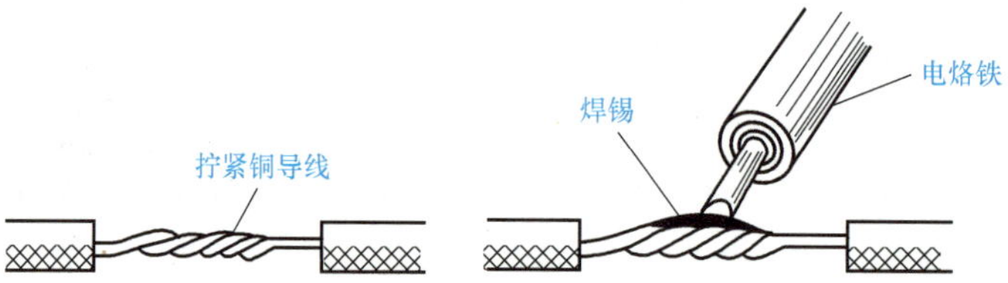

图 1-4-10　电烙铁焊接示意图

（2）铜导线接头的浇焊连接

截面积较大的铜导线接头可用浇焊法连接。浇焊前的准备工作与电烙铁焊接方法相同，焊接时，将焊锡放在化锡锅内加热熔化，当熔化的焊锡表面呈磷黄色时，说明锡液温度已符合要求，即可进行浇焊。浇焊时将导线接头置于化锡锅上方，用耐高温勺子盛上锡液从导线接头上面浇下，如图 1-4-11 所示。注意，开始浇焊时因导线接头温度较低，锡液渗入不会很好，应反复浇焊使接头表面光洁平滑。

图 1-4-11　浇焊连接示意图

三、导线绝缘层的恢复

导线绝缘层恢复

1. 直线连接时绝缘层的恢复方法

1）用黄蜡带从导线左侧的完好绝缘层上开始顺时针包缠，包裹长度约为黄蜡带宽度的 2 倍，如图 1-4-12a 所示。

2）包扎黄蜡带时，黄蜡带与导线应保持一定角度（45°）并用力拉紧，使得黄蜡带半幅相叠压紧，要求包至右端的长度应与左端相等，如图 1-4-12b 所示。

3）包缠第一层黄蜡带后，要用黑胶带接黄蜡带尾端再反方向包缠一层，其方法与前相同，以保证绝缘层恢复后的绝缘性能，如图 1-4-12c 所示。

4）结束后应用双手的拇指和食指紧捏黑胶带两端口，按一正一反方向拧紧，利用黑胶带的黏性，将两端口充分密封起来，如图 1-4-12d 所示。

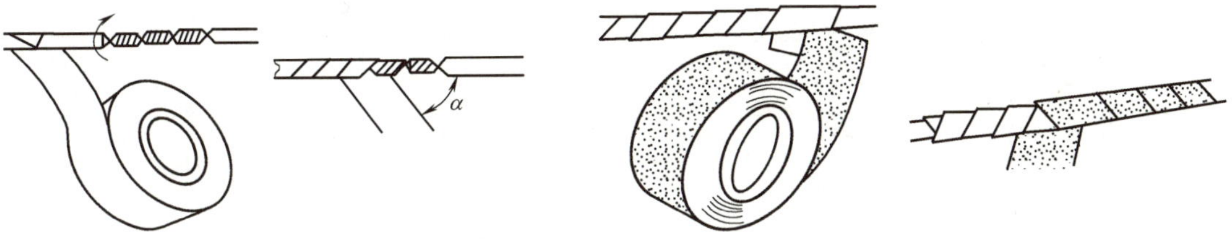

a)　b)　c)　d)

图 1-4-12　直线连接时绝缘层恢复方法示意图

a）用黄蜡带顺时针包缠　b）黄蜡带半幅压紧　c）用黑胶带反方向包缠　d）正反方向拧紧胶带

2. T 字形连接时绝缘层的恢复方法

导线 T 字形连接时绝缘层的恢复方法与直线连接时的要求基本相同，包缠时按图 1-4-13 中 a→b→c→d→e→f 的顺序进行工作即可。

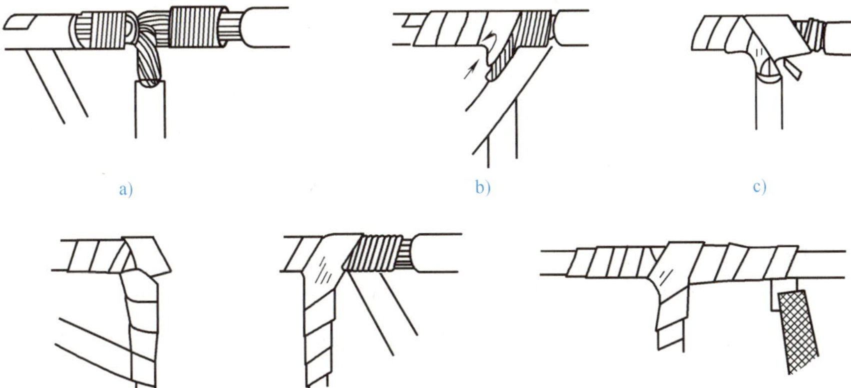

a)　b)　c)　d)　e)　f)

图 1-4-13　导线 T 字形连接时绝缘层恢复方法示意图

四、导线载流量选择

绝缘电压为 500V 的铜芯绝缘导线在空气中敷设，长期连续运行时的允许载流量按

表 1-4-2的要求进行选择。导线在线槽中、或呈束状走线、或在防护等级较高的场所使用时应适当增加裕量。

表 1-4-2 导线在空气中敷设长期连续运行时的允许载流量

导线截面积/mm^2	线芯结构			导线明敷设/A					
	股数	单芯直径/mm	成品直径/mm	30℃		35℃		40℃	
				橡皮	塑料	橡皮	塑料	橡皮	塑料
1.0	1	1.13	4.4	19	18	18	16	16	15
1.5	1	1.37	4.6	25	22	23	21	21	19
2.5	1	1.75	5.0	33	30	30	27	27	25
4	1	2.24	5.5	42	39	39	36	35	33
6	1	2.73	6.2	54	51	50	47	46	43
10	7	1.33	7.8	79	70	73	65	67	59
16	7	1.68	8.8	103	98	95	91	87	83
25	19	1.28	10.6	135	129	125	119	114	109
35	19	1.51	11.8	168	159	156	147	142	134
50	19	1.81	13.8	215	201	199	186	182	170
70	49	1.33	17.3	266	248	246	229	225	209
95	84	1.20	20.8	322	304	298	281	272	257
120	133	1.08	21.7	374	350	346	324	316	296
150	137	2.24	22.0	439	402	406	372	372	340
185	—	—	—	505	458	467	424	426	387

五、导线的明线敷设

明线敷设是指将导线沿墙壁或顶棚表面敷设，常见敷设的形式有塑料线卡固定、钢精扎头固定、塑料槽板固定、塑料线管固定等。

1. 塑料线卡固定

（1）塑料线卡的形状与规格

塑料线卡有半圆形和方形两种，使用时需要根据护套线截面形状进行选择，线卡的槽口宽度具有若干规格，以适用于不同形状的护套线。图 1-4-14 为线卡外形示意图。

a)　　b)

图 1-4-14 线卡外形示意图

a）半圆形线卡 b）方形线卡

（2）塑料线卡直线固定

一般情况下，护套线直线敷设时可每间隔 20cm 左右固定一个塑料线卡，并保持各线卡间距一致。敷设时，首先划线定位，然后将护套线从一端向另一端逐步固定。固定时，按图 1-4-15 所示将塑料线卡卡在需固定的护套线上后，再钉牢固定钢钉即可。

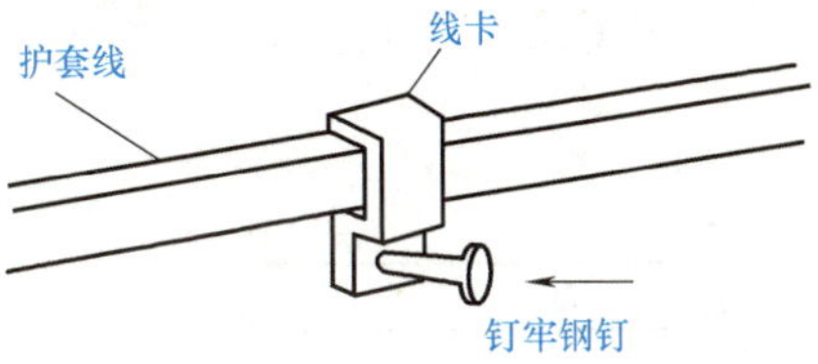

图 1-4-15 线卡固定护套线示意图

（3）护套线转角处及进入开关盒、插座盒时的固定

护套线敷设应尽量沿墙角、墙壁与顶棚夹角、墙壁与壁橱夹角敷设，尽可能避免重叠交叉，并且在距折弯处或进入线盒处 5~10cm 的位置固定一个塑料线卡，如图 1-4-16 所示。图 a 为护套线转平面直角弯时的示意图，图 b 为护套线沿墙角转直角弯时的示意图，图 c 为护套线进入插座盒时的示意图，图 d 为护套线进入灯具盒时的示意图。

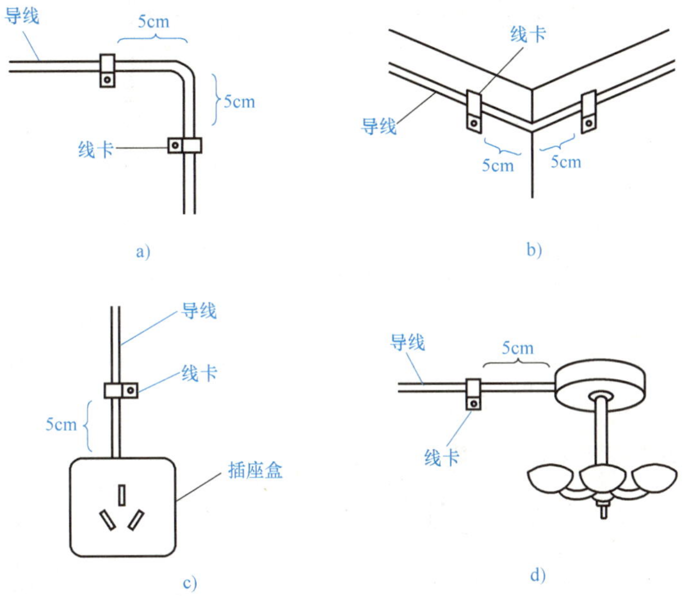

图 1-4-16 导线转角处及进入开关盒、灯具盒时的固定示意图

（4）护套线穿墙固定

护套线在布线过程中如需穿越墙壁，应加保护套管。保护套管可用硬塑料管，也可用金属管，使用时都需要将其端口打磨圆滑。

2. 钢精扎头固定

（1）钢精扎头的形状

钢精扎头由薄铝片冲轧制成，形状如图 1-4-17 所示。用钢精扎头固定护套线的固定点、转角、与开关盒或插座盒间距等工艺要求，均与塑料线卡固定方式相同。

（2）钢精扎头固定

采用钢精扎头固定时，应先将钢精扎头固定到墙上，方法如图 1-4-18 所示，沿确定的布线走向，用小钢钉将钢精扎头钉牢在墙上，各钢精扎头间的距离一般为 20cm 左右，然后将护套线从一端向另一端逐步固定。

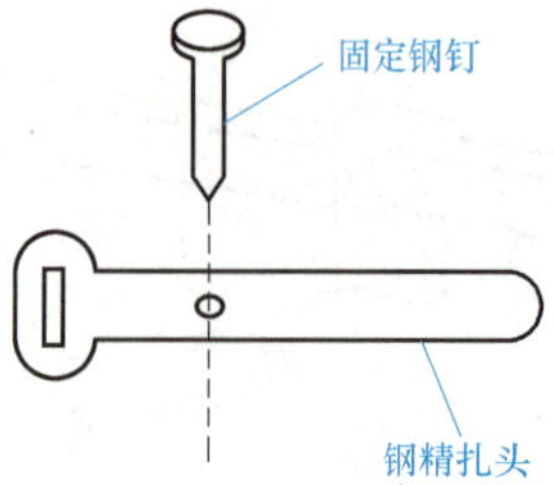

图 1-4-17 钢精扎头形状示意图

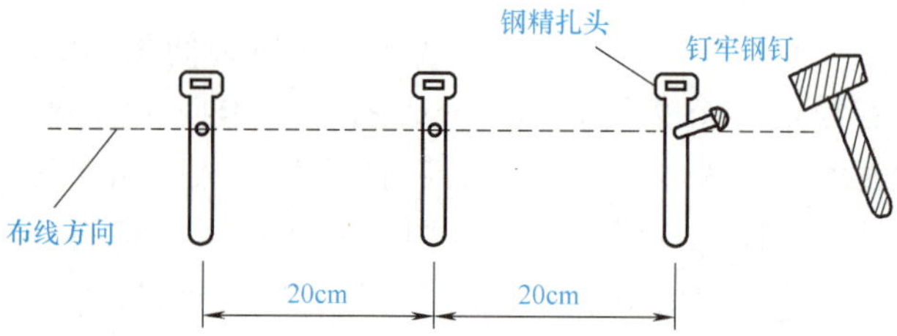

图 1-4-18 钢精扎头固定示意图

（3）固定顺序

固定时，按图 1-4-19 中 a→b→c→d 的顺序进行施工。

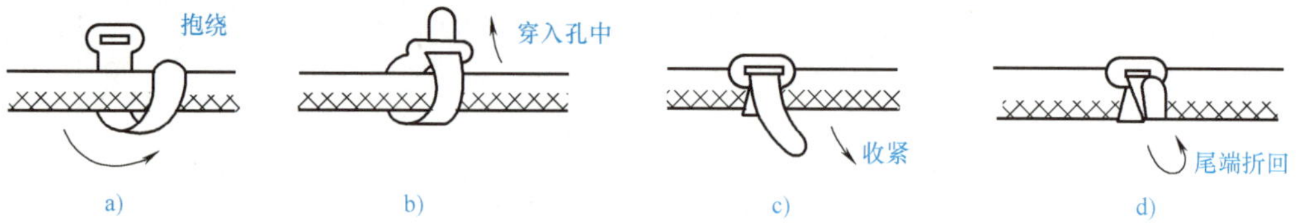

图 1-4-19 钢精扎头捆绑示意图

3. PVC 塑料槽板固定

（1）PVC 塑料槽板的结构

PVC 塑料槽板一般由阻燃材料制成，具有绝缘性能好和安全性能高、美观大方、易于安装等特点。图 1-4-20 为 PVC 塑料槽板实物图，PVC 塑料槽板由底板和盖板组成，盖板可以卡在底板上。图 1-4-21 为 PVC 塑料槽板常用附件外形图，PVC 塑料槽板附件包括阳角、阴角、转角、终端头、四通、变径等。

图 1-4-20 PVC 塑料槽板实物图

a）地槽板 b）墙槽板 c）线槽板

（2）PVC 塑料槽板的规格

PVC 塑料槽板的品种规格很多，按照用途划分，可分为地槽板、墙槽板和线槽板；按照厚度划分，可分为 A 型（加厚）和 B 型（普通）两种；按照外形宽度和厚度尺寸划分，可分为 20mm×10mm、25mm×15mm、35mm×15mm、40mm×20mm、60mm×40mm 等。

（3）PVC 塑料槽板的安装

安装 PVC 塑料槽板的工艺流程：弹线定位→底板固定→槽板连接→槽内放线→导线连接→线路检查→盖盖板。

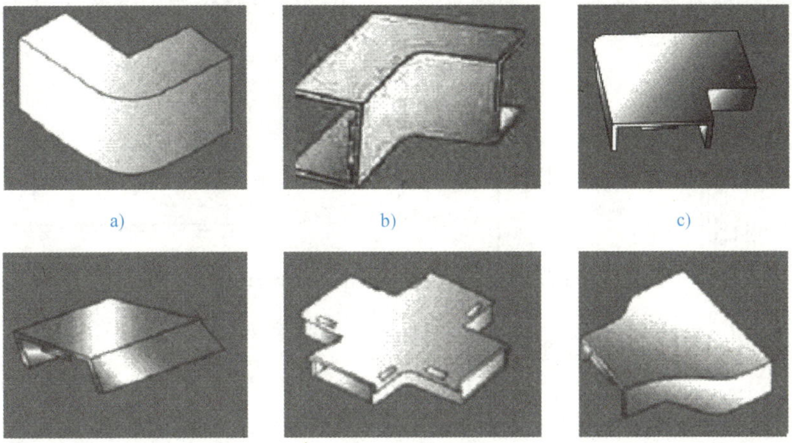
a) b) c) d) e) f)

图 1-4-21 PVC 塑料槽板常用附件外形图

a）90°阳角 b）90°阴角 c）90°转角 d）终端头 e）四通 f）变径

① 弹线定位。按设计图从始端至终端找好水平或垂直线，用粉线袋弹线，确定槽板固定点位置或用红外水平仪划线定位。

② 底板固定。混凝土墙、砖墙可采用塑料胀塞固定塑料槽板的底板。固定底板的工序是：首先在固定点位置上钻孔，用锤子把塑料胀塞垂直钉入孔中；然后用自攻钉将底板固定在塑料胀塞上。固定时应先固定中间，再固定两端。在大理石或瓷砖墙面等不易钉钉子的地方布线时，可用强力胶将线槽板粘牢在墙壁上。

图 1-4-22 为槽板直线敷设示意图，固定时，固定点间隔一般为 1m 左右（槽板宽度大于 60mm 时需要双列固定）。转 90°角固定时，在转向处将线槽板裁切成 45°角进行对接，实现槽板的 90°转角。图 1-4-23 为槽板转弯固定示意图。

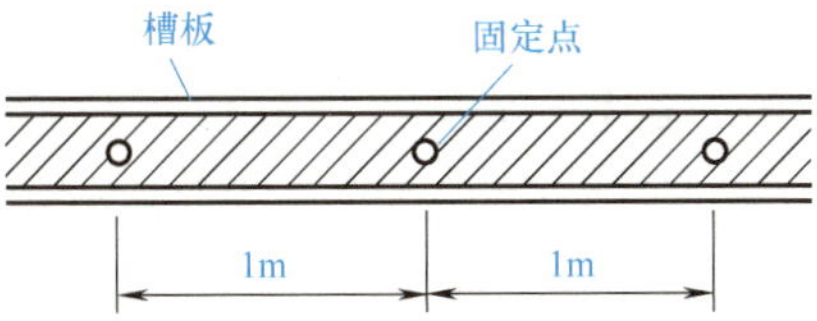

图 1-4-22 槽板直线敷设示意图

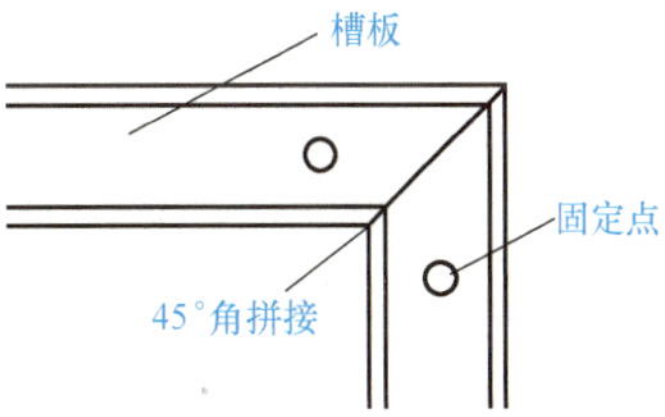

图 1-4-23 槽板转弯固定示意图

③ 槽板连接。槽板与插座盒、开关盒或灯头盒等接线盒的连接：要求衔接处应无缝隙，如图 1-4-24 所示，图中左图为插座盒未盖盖时的示意图，右图为插座盒安装后的示意图。

同型号槽板的 T 字形直线连接：图 1-4-25 为槽板的 T 字形连接示意图。

不同尺寸槽板的 T 字形连接：不同尺寸的槽板连接时，尺寸较大的槽板要先开一个矩形孔，然后将小尺寸的槽板插入矩形孔中，如图 1-4-26a 所示。

同型号槽板的内角连接与外角连接：内角安装是指槽板遇到墙内角时的连接方式，一般推荐使用 45°拼接方式，此种连接方式应主要考虑内角对角边与斜线对角边的连接工艺，如图 1-4-26b 内角安装所示。外角安装是指槽板遇到墙外角时的连接方式，一般也推荐使用

45°拼接方式，此种连接方式应主要考虑外角对角边与斜线对角边的连接工艺，如图 1-4-26b 中外角安装所示。

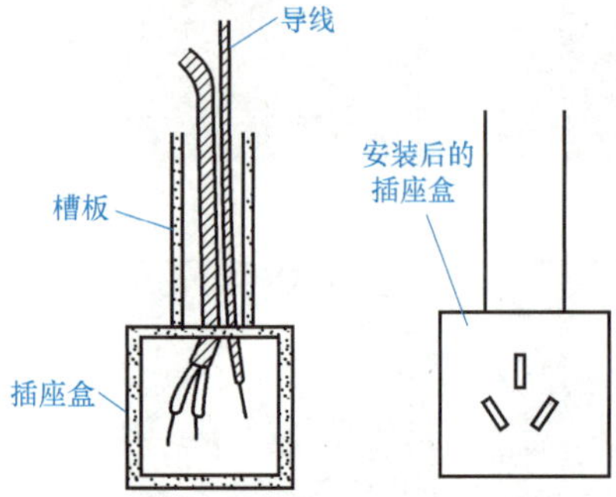

图 1-4-24　槽板与插座盒衔接示意图

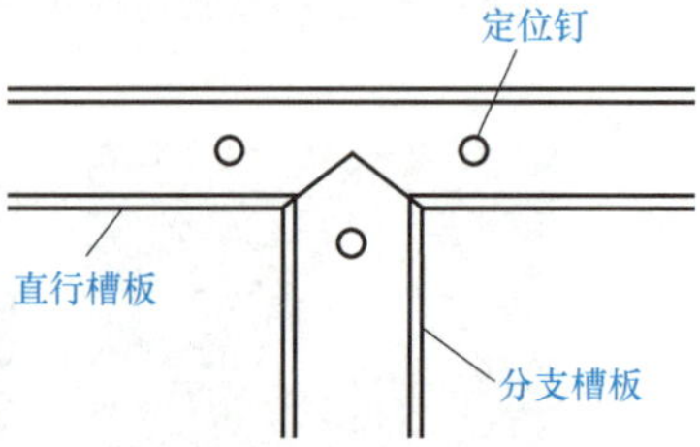

图 1-4-25　槽板 T 字形直线连接示意图

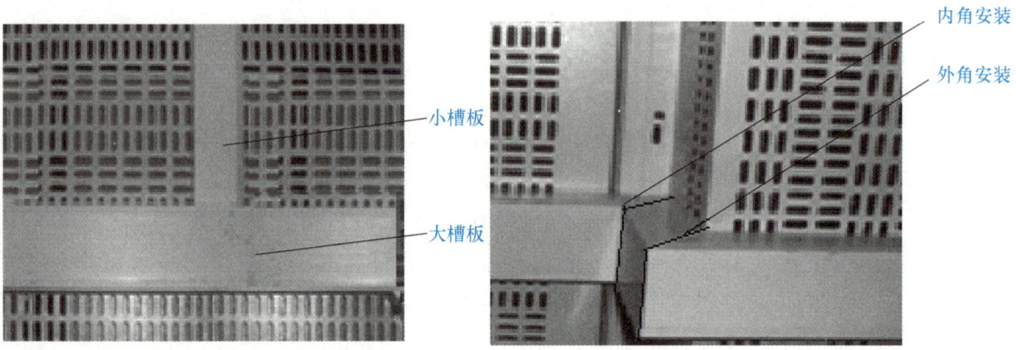

a)　　b)

图 1-4-26　槽板连接图

a）不同尺寸槽板的 T 字形连接图　b）内角连接与外角连接示意图

④ 槽板内放线。清扫线槽，使线槽内外清洁，并且核对导线型号、规格、位置与设计规定是否相符。将导线放开伸直，按照先干线后支线的顺序，从始端到终端，边放边整理，导线应顺直，不得有挤压、背扣、扭结和受损等现象。接线盒处导线预留长度为 150mm 左右。导线两端应贴有标签，标明导线的种类、连接、走向等信息。绑扎导线时应采用尼龙绑扎带，不允许采用金属丝进行绑扎。注意，在同一线槽内导线截面积总和不超过线槽截面积的 40%。线槽内不允许出现接头，若必须有接头应设置接线盒，将导线接头放在接线盒内。

⑤ 导线连接。导线连接处的接触电阻、机械强度、绝缘强度应不低于原导线的相应指标。连接时可根据颜色、截面积、种类或仪表测试结果进行对号入座，检查无误后方可连接。

⑥ 线路检查。线路检查主要指槽板安装工艺性、线路连接正确性、设备安装正确性、线路的绝缘电阻等指标。盖盖板时要用手掌根部由一端向另一端逐步按压，如果过紧或变形可用橡胶锤子逐步向一端敲打。

4. PVC 塑料线管固定

(1) PVC 塑料线管的结构

PVC 塑料线管也是由阻燃材料制成的，电气施工中常用 $\phi16$ 和 $\phi20$ 两种 PVC 塑料线管。PVC 塑料线管的附件包括弯头、三通、多通、管卡等。图 1-4-27 为 PVC 塑料线管及常用附件实物图。

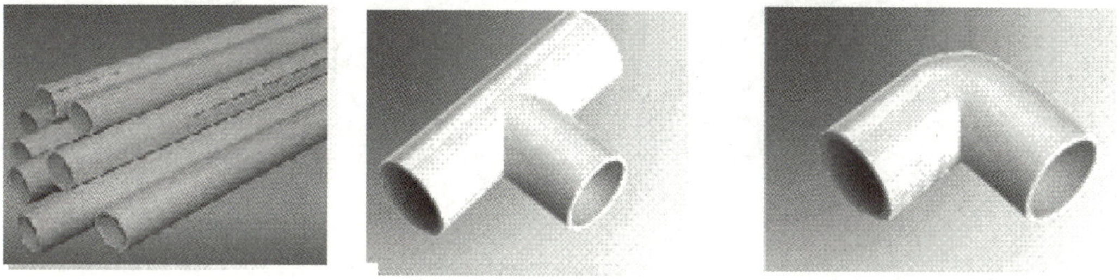

a)　　b)　　c)

图 1-4-27　PVC 塑料线管及常用附件实物图
a）PVC 塑料线管　b）三通　c）90°弯头

（2）PVC 塑料线管的切割

PVC 塑料线管通常用线管剪子进行切割，使用线管剪子剪切线管时，要对准剪切位置，线管的旋转方向应沿着手指的方向由里向外旋转，同时缓慢按下剪柄，使刀体进入管内，线管快要切断时，要放慢速度，不要改变其受力方向，防止出现偏差。图 1-4-28a 为线管剪子实物图，图 1-4-28b 为线管切割操作图。

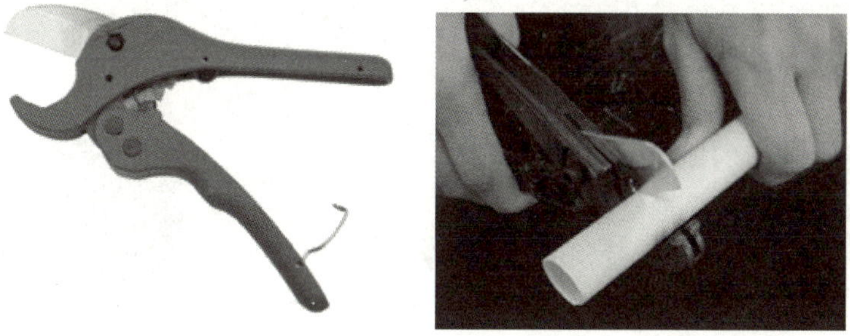

a)　　b)

图 1-4-28　线管剪子实物图与线管切割操作图
a）线管剪子实物图　b）线管切割操作图

（3）PVC 塑料线管的弯曲

PVC 塑料线管的弯曲通常用冷弯曲方法。弯曲 PVC 塑料线管时，将弯管弹簧插入 PVC 塑料线管内需要弯曲处，两手抓牢管子两头，然后双手用力弯曲（大口径线管需要顶在膝盖上用力弯曲），逐步弯出所需角度，然后抽出弯管弹簧。当弯曲较长的线管时，可将弯管弹簧用钢丝拴牢，以便拉出。图 1-4-29 为弯管弹簧实物图和 PVC 塑料线管弯曲操作图。

（4）PVC 塑料线管的连接

PVC 塑料线管的连接主要有管与管的连接和管与盒的连接。管与管连接可用直接、弯头、三通、多通等专用附件进行连接，连接时应使用专用胶粘接。PVC 塑料线管与接线盒连接时采用专用盒接进行连接，施工时首先要把盒接拧在线盒上，然后再将线管插入盒接的另一端即可。图 1-4-30 为 PVC 塑料线管的连接操作图，其中图 a 为盒接（杯梳），图 b 为线管与线盒连接操作图。

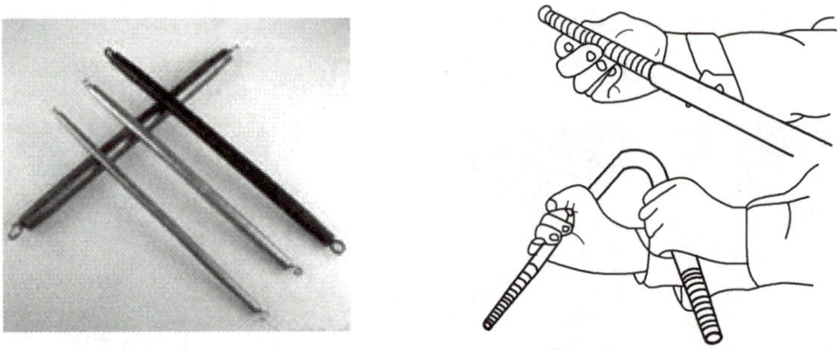

a) b)

图 1-4-29 弯管弹簧实物图和 PVC 塑料线管弯曲操作图

a）弯管弹簧实物图 b）PVC 塑料线管弯曲操作图

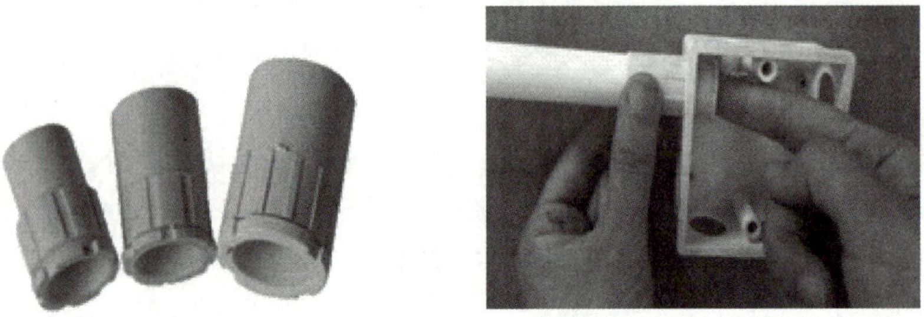

a) b)

图 1-4-30 PVC 塑料线管连接操作图

a）盒接（杯梳） b）线管与线盒连接操作图

（5）PVC 塑料线管的固定

PVC 塑料线管在室内沿墙壁敷设，一般都使用专用线卡固定，安装前要划线定位，$\phi20$ 以下线管固定间距通常为 1.0m，但是进线盒和弯曲处要增加固定点。图 1-4-31 为 PVC 塑料线管固定实物图，其中图 a 为线卡实物图，图 b 为线管固定图。

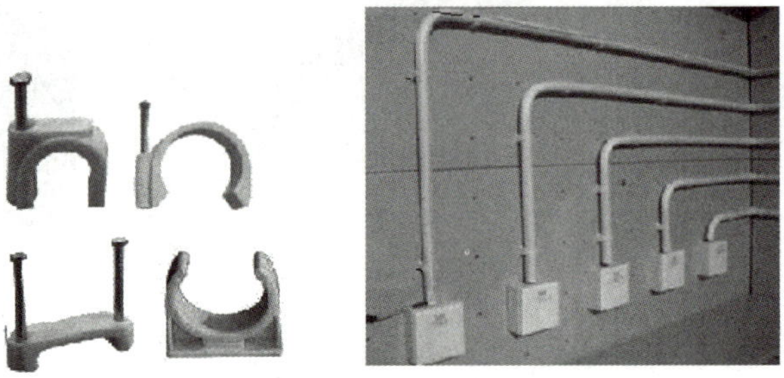

a) b)

图 1-4-31 PVC 塑料线管固定实物图

a）线卡实物图 b）线管固定图

六、导线的暗线敷设

暗线敷设一般采用穿管敷设，是指将钢管或硬塑料管埋设在墙体内，导线穿入管中进行布线。由于硬塑料管比钢管重量轻、价格低、易于加工，且具有耐酸碱、耐腐蚀和良好的绝缘性能等优点，因此在一般室内布线中得到了越来越普遍的应用。

1. 穿引线

穿引线的目的是将导线由线管的一端拉入另一端，实现导线的穿线，引线通常为细钢丝线。为使钢丝线端头圆滑，防止其进入线管后受卡，通常将钢丝线一端对折 5~10mm。穿线时，先将对折端作为钢丝线的首端穿进线管，然后用力把钢丝线逐渐推进线管中。当钢丝线由一端穿入到另一端有困难时，可采用图 1-4-32 所示的方法。由两端各穿入一根带钩钢丝，当两引线钩在管中相遇时，转动引线使两钩相挂，由一端拉出完成引线入管。

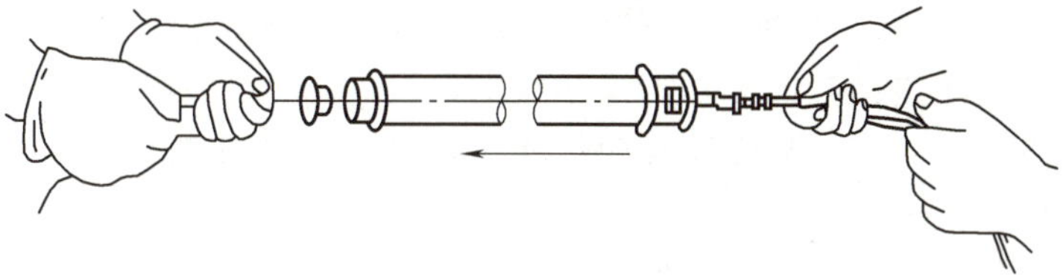

图 1-4-32　两端穿引线示意图

2. 清除残留在管内的杂物和水分

方法是把已经穿好的钢丝线尾端系上小抹布，然后用力将小抹布拉进线管中，带出线管中的杂物和水分，达到清管目的。

3. 引线与导线的捆绑

穿线前要将导线与钢丝线尾端捆绑在一起，如图 1-4-33 中所示，捆绑时按照图 a→b→c 的顺序进行操作即可。

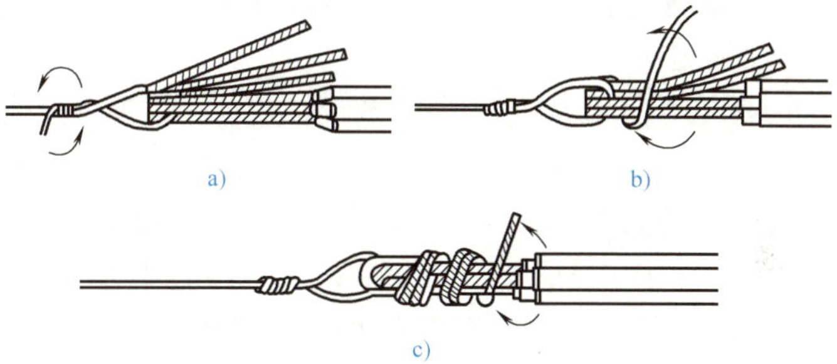

图 1-4-33　引线与导线的捆绑示意图

4. 穿导线

导线穿入线管时，由一端慢送导线，另一端慢拉引线，完成导线的穿管工作。最后用白布带或绝缘带包好管口。

5. 线管穿线的注意事项

1）穿管导线的绝缘强度不应低于 500V，导线最小截面积规定：铜芯线为 $1mm^2$，铝芯线为 $2.5mm^2$。

2）线管内导线不准有接头，也不准穿入绝缘破损后经过包扎恢复绝缘的导线。

3）一根穿线管中不要穿太多线，穿线后都应该拽一下，看看是否可以轻松拽动，除直流回路导线和接地线外，不得在钢管内穿单根导线。

4）不同电压或不同电度表的导线不得穿在同一根线管内，同一台电动机包括控制回路和信号回路的所有导线，及同一台设备的多台电动机的线路，允许穿在同一根线管内。

5）当线路有接头时必须在接头处留暗盒扣面板，便于日后更换和维修。

6）管径小于 25mm 的 PVC 穿线管拐弯应用弯管器煨弯，由于容易出现死弯，所以不能用弯头拐弯。

拓展阅读

热缩套管的使用方法

思考与练习

一、填空题

1. BX-0.5kV/$4mm^2$ 表示额定电压为 500V、截面积为 $4mm^2$ 的铜芯__________；BV-

0.5kV/2.5mm² 表示额定电压为 500V，截面积为 2.5mm² 的铜芯__________。

2. 单股铜导线直线连接时，首先去掉导线的__________，并将芯线作 X 形交叉连接，再将它们相互缠绕__________圈后扳直两线头，然后将每个线头在另一芯线上紧贴密绕__________圈，剪去多余线头即可。

3. 紧压连接是指用铜或铝套管套在被连接的__________上，再用压接钳或压接模具压紧套管使芯线进行连接。

4. 现代电工施工中，对于绞合连接后的铜导线，很多场合还要进行__________，焊接通常采用__________焊接和__________两种方法。

5. 一般情况下，护套线直线敷设时可每间隔__________左右固定一个塑料线卡，并保持各线卡间距一致。

6. 护套线敷设应尽量沿墙角敷设，并且在距折弯处或进入线盒处__________的位置固定一个塑料线卡。

7. PVC 塑料槽板的品种规格很多，按照用途划分，可分为__________、__________和__________；按照厚度划分，可分为__________和__________两种。

8. 对于 40mm×20mm 型塑料 PVC 塑料槽板，40 表示槽板的__________，20 表示槽板的__________。

9. PVC 塑料槽板转 90°角固定时，在转向处将线槽板裁切成__________角进行拼接，实现槽板的 90°转角连接。

10. 不同尺寸的 PVC 塑料槽板连接时，尺寸较大的槽板要先开__________，然后将小尺寸的槽板插入矩形孔中。

11. PVC 塑料槽板盖盖板时要用手掌根部由一端向另一端__________，如果过紧或变形可用__________逐步向一端敲打。

12. PVC 塑料线管在室内沿墙壁敷设一般都使用专用线卡固定，安装前要__________，ϕ20mm 以下线管固定间距通常为__________，但是进线盒和弯曲处要增加固定点。

二、思考题

1. 简要叙述单股导线 T 字形连接的操作步骤。
2. 简要叙述导线 T 字形连接后绝缘层恢复的操作方法。
3. 解释 BX、BXG、BV、BLV、BVR 所表达的含义。
4. 叙述 PVC 塑料线管的弯曲方法。
5. 说明不同规格 PVC 塑料槽板的连接方法。

任务实施

导线的连接、绝缘层恢复与导线的敷设

一、任务目的

1）掌握导线的连接方法、绝缘层恢复方法。

2）掌握用 PVC 塑料线管、槽板敷设导线的方法及注意事项。

二、实训材料与工具

1. 材料

长度为 1m 的 $2.5mm^2$BV、$2.0mm^2$BVR 导线每组 10 根，黄蜡带、黑胶布每组 1 卷；40mm×20mm 槽板每组各 10 根，ϕ20mm PVC 塑料线管每组各 10 根 ；86 型接线盒和盒接每组各 10 个。

2. 工具

电工刀、尖嘴钳、大钳子、电烙铁、手动压接钳、PVC 剪线钳、大号两用螺钉旋具、中号两用螺钉旋具每组 1 把，卷尺、钢锯各一个。

三、任务内容

1）进行单股硬导线之间、多股软导线之间、单股硬导线与多股软导线之间的直线连接、T 字形连接、十字形连接与绝缘层恢复训练。

2）按工艺要求对 40mm×20mm PVC 塑料槽板进行 90°转角连接训练。

3）按工艺要求进行 ϕ20mm PVC 塑料线管与 86 型接线盒的连接训练。

四、任务评价

根据表 1-4-3 对学生们在完成任务过程中的表现进行评价。

表 1-4-3　任务评价表

任务	评价标准	配分	得分
单股硬导线直线、T 字形、十字形连接与绝缘层恢复	(1)连接不牢或工艺不良　扣 1~10 分 (2)胶布缠绕不牢或工艺不良　扣 1~10 分	20	
单股硬导线与多股软导线之间的直线连接与绝缘层恢复	(1)连接不牢或工艺不良　扣 1~10 分 (2)胶布缠绕不牢或工艺不良　扣 1~10 分	20	
单股硬导线之间的直线焊接连接与绝缘层恢复	(1)焊接不牢或工艺不良　扣 1~10 分 (2)胶布缠绕不牢或工艺不良　扣 1~10 分	20	
对 PVC 塑料槽板进行 90°转角	(1)角度过小或过大　扣 1~10 分 (2)接缝过大　扣 1~10 分	20	
ϕ20mm PVC 塑料线管与 86 型接线盒连接	(1)弯曲处出褶或破损　扣 1~10 分 (2)接缝过大　扣 1~10 分	20	
合　计		100	

学生自评：

学生签字：　　年　月　日

教师评价：

教师签字：　　年　月　日

项目二 工厂高压电气设备的安装与使用

任务一　高压熔断器的安装与使用

学习目标

1）掌握高压熔断器的工作过程、结构特点、技术参数和电气符号。

2）能够正确安装与使用高压熔断器。

3）培养无私奉献、团结协作的大局意识。

知识链接

一、高压熔断器的基本知识

1. 高压熔断器的作用

熔断器串联在电路中，当电路发生短路或过负荷时，熔体熔断，切断故障电路，使电气设备免遭损坏，并维持电力系统其余部分的正常工作。熔断器一般由熔管、熔体、灭弧填充物、动触头、静触头、绝缘支持物及指示器等组成。在工厂供电系统中，室内广泛使用RN1、RN2系列高压熔断器，室外则广泛使用RW4-10、RW10（F）-10等型号的高压跌落式熔断器和RW10-35等型号的高压限流熔断器。

2. 高压熔断器的电气符号

文字符号为FU，图形符号为。

3. 高压熔断器的型号

高压熔断器的型号含义如图2-1-1所示。

4. 高压熔断器的主要技术参数

1）额定电压：熔断器长期能够承受的正常工作电压。

2）额定电流：熔断器载流部分允许通过的长期最大工作电流。

3）熔体的额定电流：熔体允许长期通过而不熔断的最大电流。熔体的额定电流可以和熔断器的额定电流不同。同一熔断器可装入不同额定电流的熔体，但熔体的最大额定电流不应超过熔断器的额定电流。

4）极限短路电流：熔断器所能断开的最大电流。若被断开的电流大于此电流时，有可能使熔断器损坏，或由于电弧不能熄灭引起相间短路。

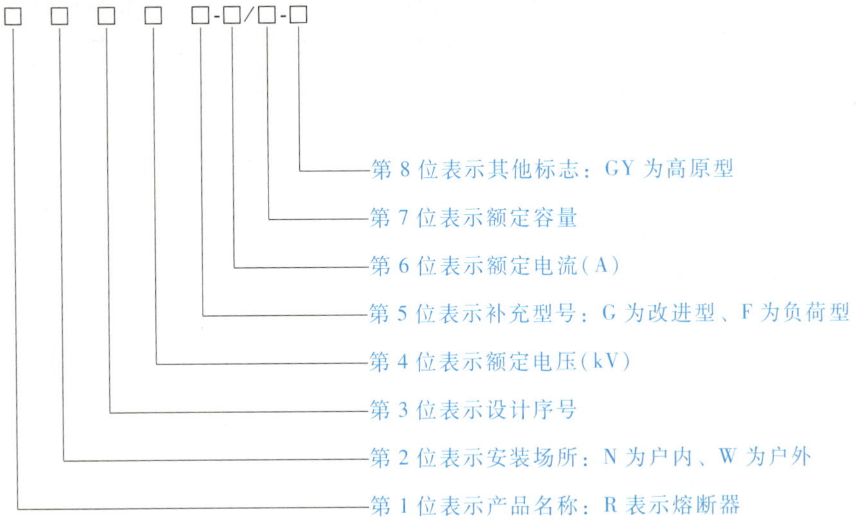

图 2-1-1　高压熔断器的型号含义

5. 高压熔断器的选用标准

1）按工作电压选择：$U_e \geqslant U_{we}$，式中，U_e 为熔断器额定电压，U_{we}为安装处电网额定电压，即熔断器的额定电压 U_e（kV）应不小于熔断器安装处电网额定电压 U_{we}（kV）。

2）按工作电流及保护特性选择：一般条件为 $I_e \geqslant I_{je} \geqslant I_{g.zd}$

式中，I_e 为熔断器熔管的额定电流；I_{je}为熔断器熔体的额定电流；$I_{g.zd}$为回路最大持续工作电流。

此条件为选择熔断器额定电流的总体要求，其中熔体额定电流的选择最为重要，它的选择与其熔断特性有关，应能满足保护的可靠性、选择性和灵敏度要求。

6. 高压熔断器的使用注意事项

1）检查高压熔断器熔体或更换熔体时必须断电，以免触电或造成电弧烧伤。

2）更换熔体时要保证熔体的额定值与被保护设备相适应，运行中如有两相断相，应同时更换三相熔体。

3）当熔体烧断后应查明原因，排除故障后再更换，高压熔断器熔断主要有三个原因：熔体接触松动、接触电阻大、过载电流熔断。一般情况下，过载电流熔断时声响不大，熔体仅在一两处熔断，且管壁没有大量熔体蒸发物附着和烧焦现象；而在短路电流熔断时与上述情况相反。

二、典型产品介绍

1. RN1、RN2 系列户内高压管式熔断器

RN1、RN2 系列高压管式熔断器的结构基本相同，都是瓷质熔管内填充石英砂的密封管式熔断器。RN1 系列高压管式熔断器用于高压线路及其设备的短路与过载保护，因此结构尺寸较大。RN2 系列高压管式熔断器只用于高压互感器的短路保护，熔体额定电流一般为 5A，因此结构尺寸较小。图 2-1-2 为 RN1、RN2 系列高压管式熔断器外形结构图，图 2-1-3

为 RN1、RN2 系列高压管式熔断器熔管内部结构剖面图。

由图 2-1-3 可知，工作熔体上焊有小锡球，锡的熔点较低，当电路发生过载或短路时，锡球受热首先熔化，铜锡分子相互渗透形成熔点较低的铜锡合金，使铜丝在较低的温度下熔断，即产生所谓的“冶金效应”，使熔断器在较小的短路电流或不太大的过负荷电流时动作，提高了保护灵敏度。

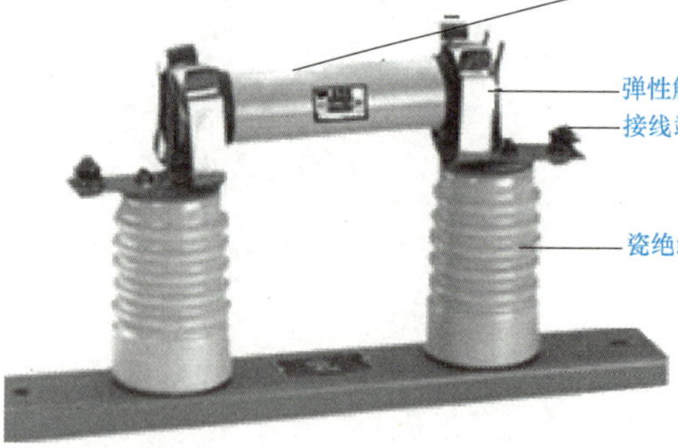

图 2-1-2　RN1、RN2 系列高压管式熔断器外形结构图

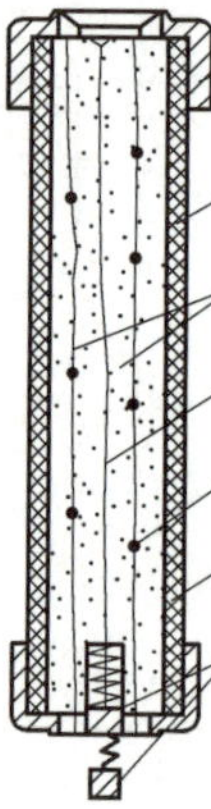

图 2-1-3　RN1、RN2 系列高压管式熔断器熔管内部结构剖面图

熔体采用几根铜丝并联，并且熔管内充满石英砂，起到了较好的灭弧和冷却作用，这种熔断器能在短路电流未达到冲击值之前就完全熄灭电弧，因此这种熔断器具有“限流”特性。

2. RW4-10/100A 户外高压跌落式熔断器

(1) 用途

RW4-10/100A 户外高压跌落式熔断器是户外高压保护电器，适用于 35kV 及以下电压、频率为 50Hz 的电力系统中，作为输电线路、电力变压器过载和短路保护、分合额定负荷电流使用。

(2) 组成结构

RW4-10/100A 户外高压跌落式熔断器由绝缘支架和熔管两部分组成，静触头安装在绝缘支架两端，动触头安装在熔管两端，熔管由内层的消弧管和外层的酚醛纸管或环氧玻璃布管组成。其基本结构如图 2-1-4 所示。

(3) 工作过程

户外高压跌落式熔断器在正常运行时，熔管借助熔丝张紧后形成闭合位置。当系统发生故障时，故障电流使熔丝迅速熔断，并形成电弧，消弧管受电弧灼热，分解出大量的气体，使管内形成很高的压力，并沿管道形成纵吹，电弧被迅速拉长而熄灭。熔丝熔断后，熔管的上触头因失去张力，在其重力作用下而跌落断开，形成明显可见的断点。当需要拉断负荷时，需将绝缘杆的上钩钩住熔断器的操作环，然后向下用力拉动，使主触头分离。

(4) 安装户外高压跌落式熔断器的注意事项

1) 连接导线的截面积应满足设计要求，并根据安装点的距离确定导线长度。

2) 户外高压跌落式熔断器的引线应安装牢固、排列整齐美观，导线压接后不应有隆起

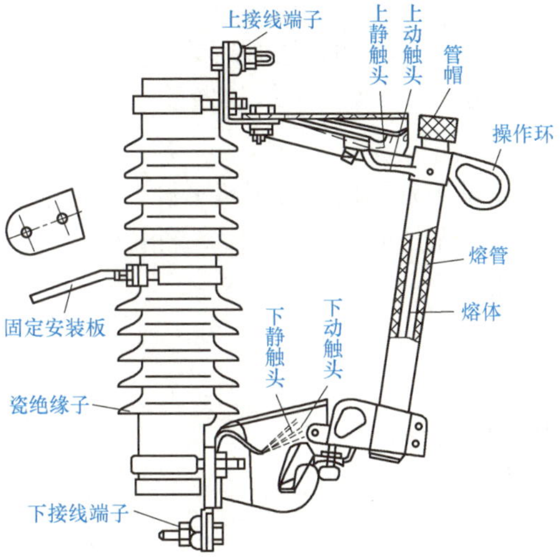

图 2-1-4 RW4-10/100A 跌落式熔断器基本结构

和松股现象，金具压接后，均应倒棱，去毛刺。

3）接线端子与导线的连接应采用线夹，接触面清洁无氧化膜，并涂以中性导电脂。

4）支架接地应可靠，紧固件及防松零件齐全。

5）户外一次接线应采用热镀锌螺栓连接，所用螺栓应有平垫圈和弹簧垫片，螺栓紧固后，螺栓宜露出 2~3 螺扣。

6）安装时应悬挂标志、警告牌。

（5）户外高压跌落式熔断器的操作方法

1）操作时应一人监护，另一人操作，必须戴绝缘手套，穿绝缘靴、戴护目眼镜，并使用电压等级相匹配的绝缘棒操作，在雷雨天气时禁止操作。

2）拉闸操作时，顺序为先拉断中间相，再拉背风相，最后拉迎风相，合闸时的操作顺序与拉闸时相反。

3）拉、合熔管时要用力适度，可用拉闸杆钩住上鸭嘴向下拉几下，再轻轻试拉，检查是否合好。若合闸时未能到位或未合牢靠，则熔断器上静触头压力不足，极易造成触头烧伤或者熔管自行跌落。

4）操作完毕后，清点工具，结束工作。

思考与练习

一、填空题

1. 国家规定高压熔断器的文字符号是__________，图形符号是__________。

2. 熔断器是用来防止电路和电气设备长期通过过载电流和短路电流，有__________的保护元件，使用时__________于电源或设备的输入端。

3. RN2 系列高压管式熔断器只用于高压互感器的短路保护，熔体额定电流一般为__________。

4. RW4-10 户外高压跌落式熔断器具有__________作用，同时还具有__________。

5. 熔断器长期能够承受的正常工作电压称为其__________；熔断器载流部分允许通过的长期最大工作电流称为其__________。

6. 安装 10kV 户外高压跌落式熔断器，熔断器与地面的垂直距离不得小于__________。

7. 对于跌落式熔断器，拉闸操作时，顺序为先拉断__________，再拉__________，最后拉__________，合闸时的操作顺序与拉闸时相反。

二、思考题

1. 说明高压熔断器的功用、型号及选用标准。
2. 说明安装户外跌落式熔断器的注意事项。

任务实施

安装及操作 RW4-10/100A 户外高压跌落式熔断器

一、任务目的

1）掌握 RW4-10/100A 户外高压跌落式熔断器的结构特点。

2）能够正确安装及操作 RW4-10/100A 户外高压跌落式熔断器。

二、材料与工具

1. 材料

RW4-10/100A 户外高压跌落式熔断器、上下引线、熔断器连板、铜铝线夹、T 形线夹、铝包带、普通扎线、绝缘自粘带等。

2. 工具

1）停电操作工具：绝缘杆、验电器、接地线、标识牌等。

2）登高工具：脚扣或踩板、安全帽、安全带等。

3）工具袋：绝缘鞋、手套、电工钳、扳手、螺钉旋具、小榔头、断线器、抹布等。

三、任务内容

1. 安装前的组织措施

（1）做好停电、验电、挂接地线工作

首先，工作负责人向停电操作人宣布“拉开×××线路×××断路器”命令，然后由操作人拉开断路器，并对断路器进行验电；操作人登杆验电；操作人在工作地段两端挂好接地线，做好记录。图 2-1-5 为工作人员在杆上挂接地线时的操作图。

（2）做好安全措施

工作负责人安排操作人按照工作票要求做好安全措施，操作人统一列队，工作负责人检查着装和精神状态，宣读工作票，明确工作任务。操作人明确工作内容和安全注意事项后，在工作票上签字。图 2-1-6 为宣读工作票场景图。

2. 地面安装操作程序

1）核对熔断器规格、型号与要求是否相符，并清洁其表面。

2）安装熔体，安装时应将熔体拉紧；调整熔断器上、下触头与熔管的距离，要求接触紧密良好，然后再拆下熔管做好标记。要求合闸后鸭嘴舌头能扣住触头长度的 2/3 以上，以免在运行中发生自行跌落的误动作，但熔管不可顶死鸭嘴，以防熔体熔断后熔管不能及时跌落。图 2-1-7 为熔断器地面检查场景图。

3）检查电杆、安全带、脚扣，系好安全带，并在离地面 0.3m 处对脚扣进行冲击性试验。图 2-1-8 为登杆试验场景图。

图 2-1-5　工作人员在杆上挂接地线操作图

图 2-1-6　宣读工作票场景图

图 2-1-7　熔断器地面检查场景图

图 2-1-8　登杆试验场景图

3. 杆上安装操作程序

1）上杆操作人到达安装位置后，重新系好安全带，挂接好保护接地短路线。

2）杆上操作人用绳索将横担吊上杆，用热镀锌或不锈钢螺栓固定在电杆上。图 2-1-9 为横担安装场景图。

3）杆上操作人员用绳索将跌落式熔断器吊到杆上后，按要求将其安装在横担上。跌落式熔断器安装要牢固可靠、排列整齐、高低一致，不能有任何的晃动或摇晃现象，熔管轴线应与地面垂线呈 15°~30°夹角，转动部分应灵活，跌落时不应碰及其他物体。图 2-1-10 为户外高压跌落式熔断器安装场景图。

安装户外高压跌落式熔断器应注意以下问题：

① 户外高压跌落式熔断器应安装在离地面垂直距离不小于 2.5m 的铁横担上，若其是安装在变压器上方，应与其最外轮廓边界保持 0.5m 以上的水平距离，以防万一熔管掉落下来引起其他事故发生。

② 10kV 户外高压跌落式熔断器在户外安装，要求相间距离不得小于 0.7m，在户内安装不小于 0.5m。

图 2-1-9　横担安装场景图

图 2-1-10　跌落式熔断器安装场景图

4）杆上操作人用绳索将上下引线吊上杆，并在杆上安装上、下引线，注意线夹必须安装牢固可靠。安装上、下引线时，用 T 形线夹一头与导线连接，另一头用铜铝线夹与熔断器连接，上、下引线要压紧、美观，与线路导线的连接紧密可靠。图 2-1-11 为户外高压跌落式熔断器上、下引线安装示意图。

5）逐相安装熔管，并做拉、合试验 3 次。

图 2-1-11　户外高压跌落式熔断器上、下引线安装示意图

4. 结束工作

1）杆上操作人员下杆后，现场工作负责人组织作业组成员清理现场、核对工具。

2）按要求拆除临时接地线。

3）现场操作人员向工作负责人汇报工作，履行工作终结手续。

四、任务评价

根据表 2-1-1 对学生们完成本次工作任务中的表现进行评价。

表 2-1-1　任务评价表

任务	评价标准	配分	得分
工具选择与检查	(1)工具选择有误　扣 1~5 分 (2)工具检查不合理　扣 1~5 分	10	
地面安装操作	(1)核对熔断器型号有误　扣 1~5 分 (2)安装不规范　扣 1~15 分 (3)上杆前安全措施检查有误　扣 1~10 分	30	
杆上安装操作	(1)安装不规范、不合理　扣 1~15 分 (2)安全措施检查不合理　扣 1~15 分	30	
安装组织措施	(1)停电、验电、挂接地线不合理　扣 1~10 分 (2)不履行工作许可就安装　扣 1~5 分 (3)安全措施组织不合理　扣 1~5 分	20	
安全文明生产	(1)不能及时整理现场和器具　扣 1~5 分 (2)不能与周围同学密切合作　扣 1~5 分	10	
合　计		100	

学生自评：

学生签字：　　年　月　日

教师评价：

教师签字：　　年　月　日

任务二 高压开关设备的使用

学习目标

1）掌握高压隔离开关、高压负荷开关、高压断路器的工作过程、结构特点、技术参数、电气符号。

2）培养学生的安全文明操作意识。

知识链接

高压开关设备是指在电压为1kV及以上的电力系统中运行的户内和户外交流开关设备，主要用于电力系统的控制和保护。高压开关设备包括高压隔离开关、高压负荷开关、高压断路器等。其作用是根据电网运行需要将一部分电力设备、线路投入或退出运行，也可在电力设备、线路发生故障时将故障部分从电网中快速切除，从而保证电网中无故障部分的正常运行和维修人员的人身安全。

一、高压隔离开关

高压隔离开关主要用于隔离电源，由于没用专门的灭弧装置，所以不能用来接通或切断负荷电流，它通常与高压熔断器或高压断路器串联在一起使用。

1. 高压隔离开关的用途

1）隔离电源：电气设备停电检修时，用隔离开关将需停电检修的设备与电源隔离，形成明显可见的断开点，以保证工作人员和设备安全。

2）倒闸操作：在双母线的线路中，利用隔离开关将设备或线路从一组母线切换到另一组母线上去。

3）接通、断开电路：按规定可接通和断开小电流电路，如：接通和断开电压互感器和避雷器电路；接通和断开电压为10kV、长10km的空载架空线路或电压为10kV、长5km的空载电缆线路；接通和断开电压10kV以下、容量315kV·A以下、励磁电流2A以下的空载变压器。

2. 高压隔离开关的电气符号

电气文字符号为QS，图形符号为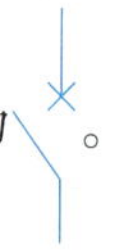。

3. 高压隔离开关的型号

高压隔离开关型号的含义如图2-2-1所示。

4. 高压隔离开关的主要技术参数

1）额定电压：高压隔离开关正常工作时，允许施加的最大电压。

2）额定电流：高压隔离开关可以长期通过的最大工作电流，高压隔离开关长期通过额定电流时，其各部分的发热温度不超过允许值。

3）动稳定电流：高压隔离开关在闭合位置时，所能通过的最大短路电流，亦称额定峰值耐受电流，它表明高压隔离开关在冲击短路电流作用下，承受电动力的能力。这个值的大小由导电及绝缘等部分的机械强度所决定。

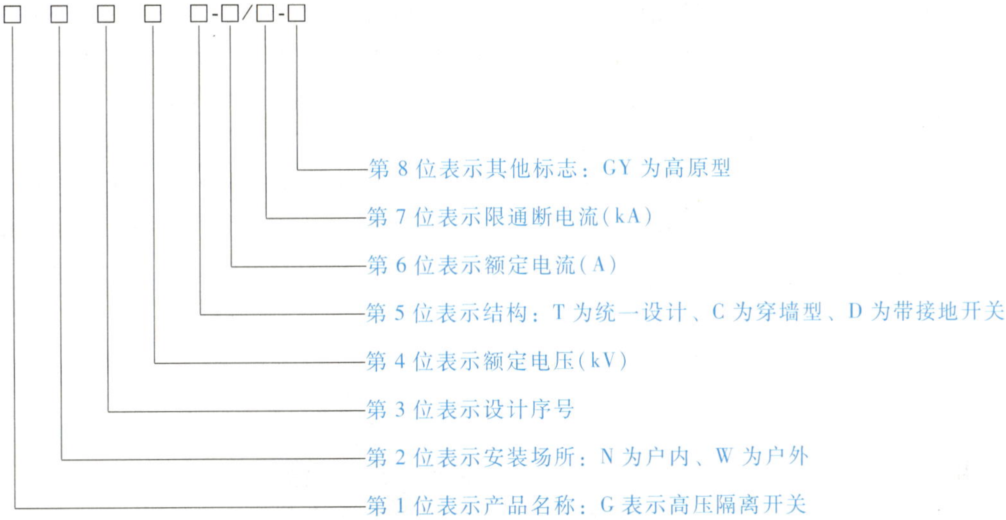

图 2-2-1 高压隔离开关型号的含义

4）热稳定电流：热稳定电流是高压隔离开关在规定时间内，允许通过的最大电流，它表示高压隔离开关承受短路电流热效应的能力，通常以短路电流的有效值表示。高压隔离开关的铭牌规定一定时间（1s、2s、4s）的热稳定电流。

5. 高压隔离开关的选用标准

1）高压隔离开关的额定电流与额定电压都满足回路的参数要求。

2）高压隔离开关的动稳定电流大于回路最大短路电流峰值。

3）高压隔离开关的空载合闸允许电流大于回路的空载电流。

4）高压隔离开关的热稳定电流大于回路短路电流时，在保护动作前产生的故障电流热稳定值。

6. 高压隔离开关的使用注意事项

1）操作前应确保断路器在相应分、合闸位置，以防带负荷拉合高压隔离开关，操作时应戴好安全帽、绝缘手套，穿好绝缘靴。

2）操作中，如发现绝缘子严重破损、高压隔离开关传动杆严重损坏等严重缺陷时，不得进行分、合闸操作。

3）高压隔离开关、接地开关和断路器之间安装有防误操作的闭锁装置时，倒闸操作一定要按顺序进行。如倒闸操作被闭锁不能操作时，应查明原因，不得随意解除闭锁，操作高压隔离开关后，要将防误闭锁装置锁好，以防下次发生误操作。

4）对具有远程控制操作功能的高压隔离开关，一般应在主控室进行操作，如果远程控制操作失灵，需得到供电所所长和技术负责人的许可，并在有现场监督的情况下才可以进行操作。

5）对单极刀开关，合闸时，先合两边相，后合中间相；拉闸时，顺序相反。

7. 典型高压隔离开关的介绍

高压隔离开关种类多，按安装地点可分为户内式和户外式两种。GN8-10 为典型的户内高压隔离开关，GW4-35 为典型的户外高压隔离开关。

（1） GN8-10 户内高压隔离开关

GN8-10 为常见的户内高压隔离开关，其外形图如图 2-2-2 所示。高压隔离开关主要由底座、操作支柱瓷绝缘子（或绝缘操作板）及前、后静触座和闸刀等部分构成。高压隔离开关分闸时，转轴转动，转轴沿着主绝缘操作板的长孔移动，同时带动辅助绝缘操作板，通过拉杆联动装置使在触头同一轴上的左、右臂动作，并使两侧刀闸向外撑开。当轴转动到长孔的顶端时，装设在主绝缘操作板上的钩板在扭力弹簧的作用下钩住转轴。高压隔离开关合闸时，转轴转动，通过主绝缘操作板带动闸刀运动，在完全至合闸位置时，钩板被止位螺钉止住而放开转轴，小轴沿长孔运动而带动辅助绝缘操作板，通过拉杆使左、右臂动作，直至弹簧作用力全部施加在静触座上。

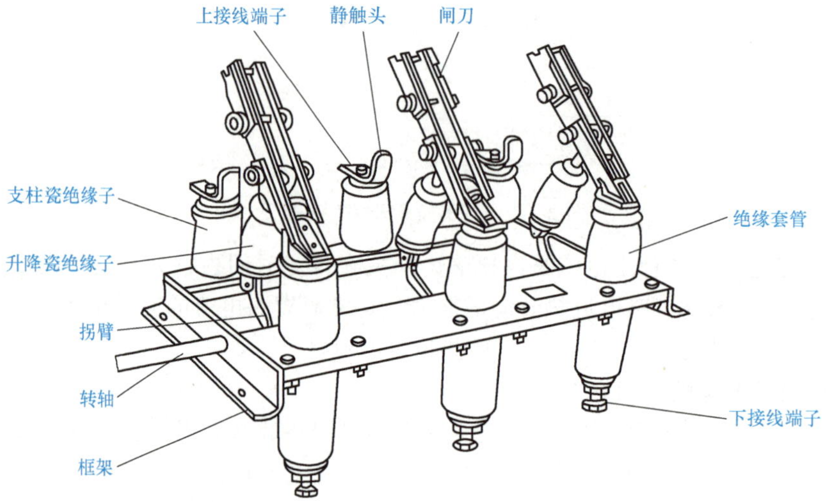

图 2-2-2　GN8-10 户内高压隔离开关外形图

（2） GW4-35 户外高压隔离开关

GW4-35 为常见的户外高压隔离开关，其外形图如图 2-2-3 所示。GW4-35 单极隔离开关

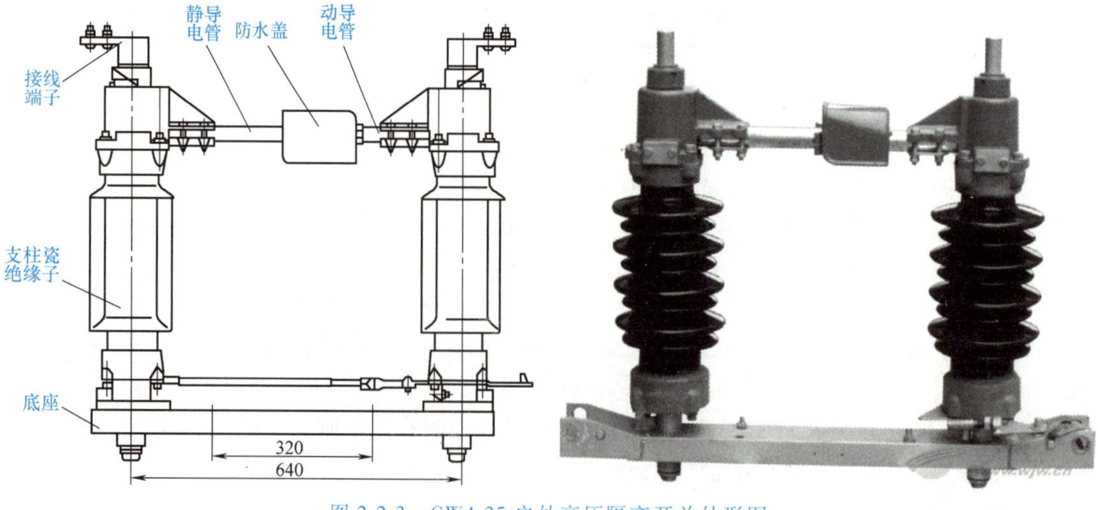

图 2-2-3　GW4-35 户外高压隔离开关外形图

由底座、支柱瓷绝缘子和闸刀三部分组成。两个支柱瓷绝缘子安装在底座两端的铸铁轴承座上，触头接触地方是在两个瓷绝缘子的中间，操动机构操作一个瓷绝缘子及导电体转动91°，另一个瓷绝缘子及导电体也同时转动91°，于是闸刀便向同一侧方向断开或闭合。

二、高压负荷开关

1. 高压负荷开关的用途

高压负荷开关是一种功能介于高压断路器和高压隔离开关之间的电器，用于分合负荷电流、闭环电流、空载变压器和电缆充电电流等。高压负荷开关具有简单的灭弧装置，能通断一定的负荷电流，但是它不能断开短路电流，一般与高压熔断器串联使用，借助熔断器来进行短路保护。

2. 高压负荷开关的电气符号

电气文字符号为QL，图形符号为 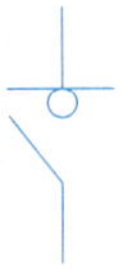 。

3. 高压负荷开关的型号

高压负荷开关型号的含义如图2-2-4所示。

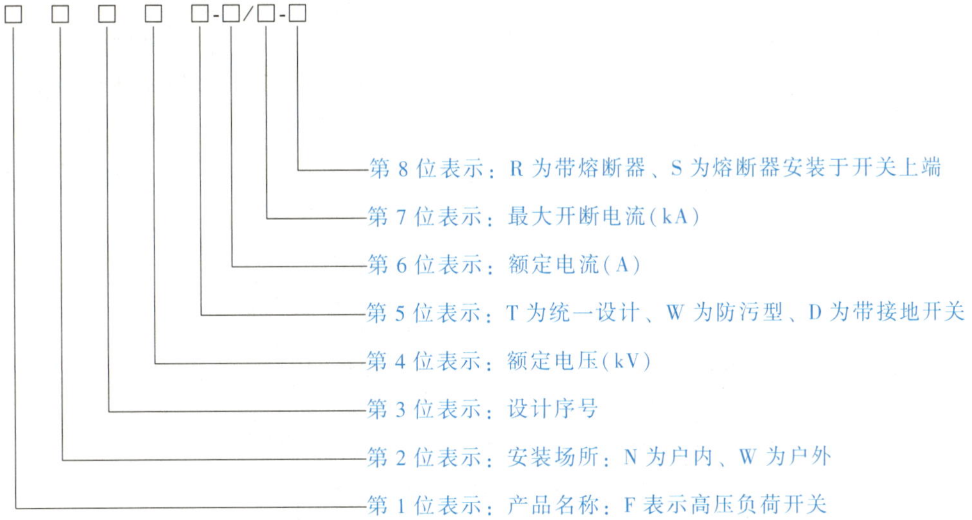

图2-2-4　高压负荷开关型号的含义

4. 高压负荷开关使用注意事项

1）与高压负荷开关串联使用的熔断器的熔体应选配得当，即故障时保证熔体先熔断，然后高压负荷开关才能分闸。

2）合闸时接触良好，连接部分无过热现象，巡检时应注意检查瓷绝缘子有无脏污、裂纹、掉瓷、闪烁放电现象。

3）开关框架、合闸机构、电缆外皮、保护钢管均应可靠接地。

4）运行前应进行数次空载分、合闸操作，各转动部分无卡阻，合闸到位，分闸后有足够的安全距离。

5）垂直安装，完全分闸时，闸刀的张开角度应大于58°，以起到隔离开关的作用。

5. 高压负荷开关的分类与应用

高压负荷开关的种类很多，各种高压负荷开关主要应用如下。

1）油浸式高压负荷开关：利用电弧本身的能量使电弧周围的油分解汽化的作用，冷却熄灭电弧。其结构较为简单，但重量大，适用于35kV及以下的户外电气设备。

2）真空式高压负荷开关：利用真空介质灭弧，电寿命长，相对价格较高，适用于220kV及以下的电气设备。

3）SF_6式高压负荷开关：利用SF_6气体灭弧，其开断电流大、性能好，但结构较为复杂，适用于35kV及以上的电气设备。

4）产气式高压负荷开关：利用开断时电弧本身的能量使弧室的产气材料产生气体来吹灭电弧，其结构较为简单，适用于35kV及以下的电气设备。

5）压缩空气式高压负荷开关：利用压缩空气吹灭电弧，能开断较大的电流，其结构较为复杂，适用于60kV及以上的电气设备。

6. 典型高压负荷开关的介绍

高压负荷开关是可以接通或断开负荷的电气设备，通常由隔离开关与熔断器组合而成，图2-2-5为FN3-10RT型高压负荷开关的外形结构图，图中上半部分为负荷开关本身，外形与隔离开关相似，下半部分是RN1型高压熔断器。负荷开关上端的绝缘子是一个简单的灭弧室，它不仅起到支承绝缘子的作用，而且其内部是一个气缸，装有操动机构主轴传动的活塞，绝缘子上部装有绝缘喷嘴和静触头。当负荷开关分闸时，闸刀一端的动触头与静触头之间产生电弧，同时分闸时主轴转动而带动活塞，压缩气缸内的空气，从喷嘴向外吹弧，使电弧迅速熄灭。高压负荷开关装有热脱扣器，在过负荷的情况下自动跳闸。负荷开关断开后，

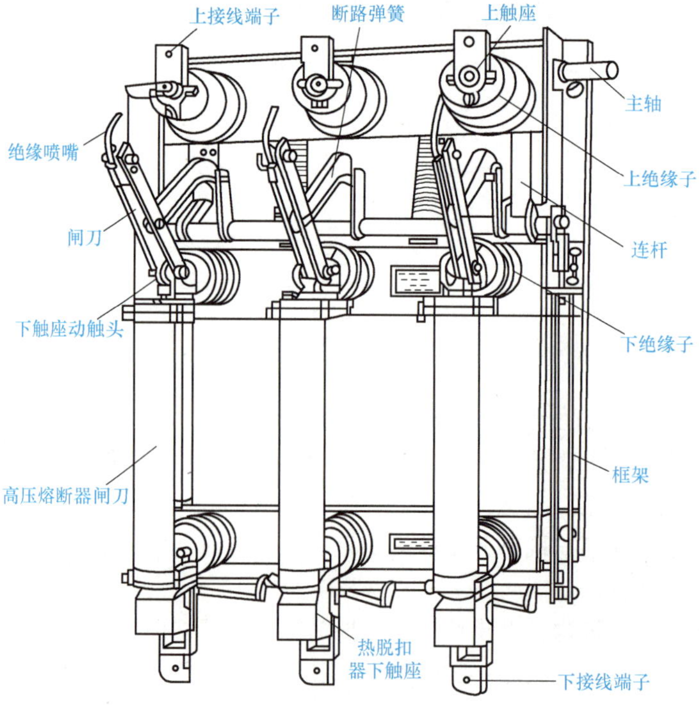

图2-2-5 FN3-10RT型高压负荷开关外形结构图

与隔离开关一样有明显的断开间隙，因此，也可以用来隔离电源，确保安全检修。

三、高压断路器

1. 高压断路器的用途

高压断路器是供电系统中重要的一种开关电器，由于它具有完善的灭弧装置，因此它不仅能够通断正常的负荷电流，而且当线路发生短路、过载、失电压故障时，通过保护装置的作用，能够自动迅速跳闸切断故障，保证系统安全运行。

2. 高压断路器的电气符号

电气文字符号为 QF，图形符号为。

3. 高压断路器的型号

高压断路器型号的含义如图 2-2-6 所示。

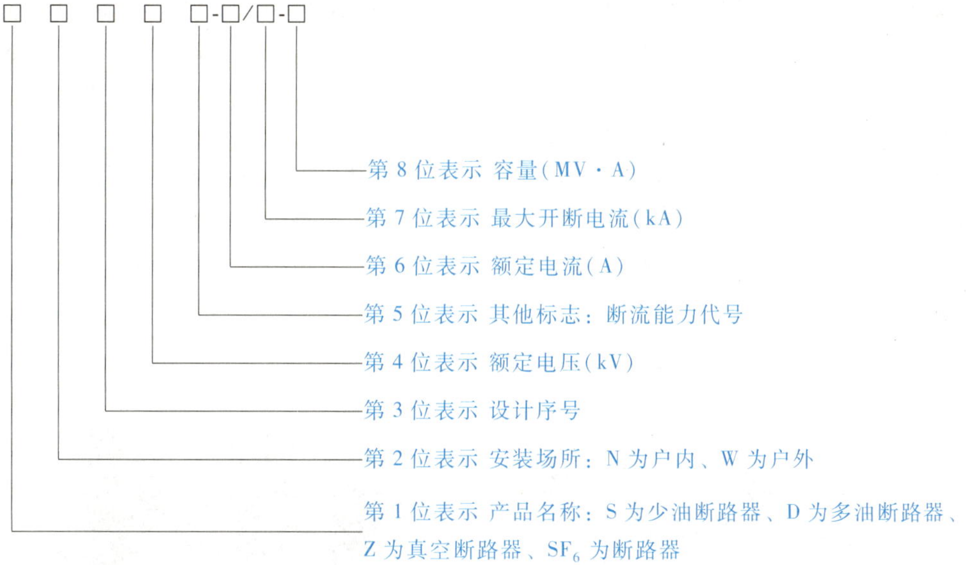

图 2-2-6　高压断路器型号的含义

4. 高压断路器的主要技术参数

1）额定电压（标称电压）：它是高压断路器长期工作的最大电压，是用来表征高压断路器绝缘强度的参数。

2）额定电流：高压断路器允许连续长期通过的最大电流。

3）额定开断电流：在额定电压下，高压断路器能保证可靠开断的最大电流。

4）动稳定电流：高压断路器在合闸状态下或关合瞬间，允许通过的电流最大峰值，称为电动稳定电流，又称为极限通过电流。

5）关合电流：高压断路器能够可靠关合的电流最大峰值，称为额定关合电流。

6）热稳定电流：热稳定电流是指高压断路器处于合闸状态下，在一定的持续时间内，所允许通过电流的最大周期分量有效值，此时高压断路器不应因短时发热而损坏。

5. **典型高压断路器的介绍**

高压断路器是供电系统中最重要的开关电器之一，由于它具有完善的灭弧装置，因此不仅能通、断正常负荷电流，而且当线路发生短路、过载、失电压故障时，可以通过保护装置实现电源自动跳闸，切断故障。高压断路器种类繁多，下面主要介绍 6~10kV 工厂供电系统中常用的三种断路器：高压油断路器、高压六氟化硫断路器和高压真空断路器。

（1）高压油断路器

高压油断路器有少油和多油之分，目前我国在 6~10kV 系统中应用较多的是 SN10-10 型户内高压少油断路器。SN10-10 户内高压少油断路器由柜架、传动系统及油箱三部分组成，图 2-2-7 为 SN10-10 型户内高压少油断路器的外形结构图，油箱结构剖面示意图如图 2-2-8 所示。

高压少油断路器的柜架用角钢和钢板焊接而成，上面装有分闸弹簧、分闸缓冲、合闸缓冲及绝缘子。传动系统包括大轴、轴承及绝缘拉杆，大轴、轴承装在柜架上，绝缘拉杆将大轴与油箱上的转轴连接起来。油箱固定在绝缘子上，油箱的下部是基座，基座内装有转轴、连杆和导电杆，导电杆顶端装有动触头，基座下部装有油缓冲和放油螺塞，油箱中部是绝缘筒，筒内装有灭弧室。基座与绝缘筒之间装有下出线，下出线内装有滚动触头，通过滚动触头将导电杆与下出线连接起来。油箱上部是上出线和上帽，上出线装有静触座和油标。上帽内装有油气分离器，静触座上装有普通的指形触头。

断路器导电回路：由上出线经静触座、导电杆、滚动触头到下出线。当操动机构动作时，通过框架上的大轴带动绝缘拉杆，绝缘拉杆推动基座内的拐臂，使导电杆上下运动，从而实现断路器的合闸和分闸。断路器采用横吹、纵吹和机械油吹联合作用的灭弧结构，所以灭弧性能好。

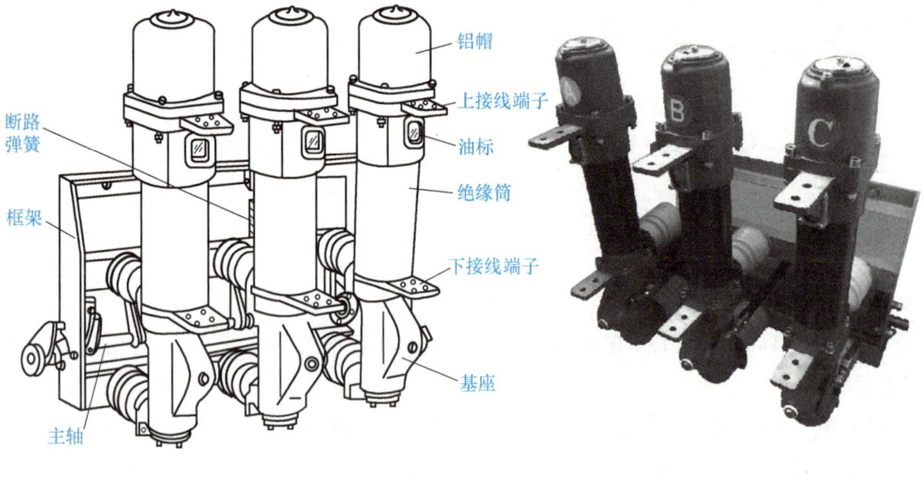

图 2-2-7　SN10-10 型户内高压少油断路器的外形结构图

（2）高压六氟化硫断路器

六氟化硫（SF_6）是一种无色、无味、无毒且不易燃的惰性气体，是一种较好的绝缘介质。高压六氟化硫（SF_6）断路器是利用 SF_6 气体作为灭弧和绝缘介质的断路器，按外形结

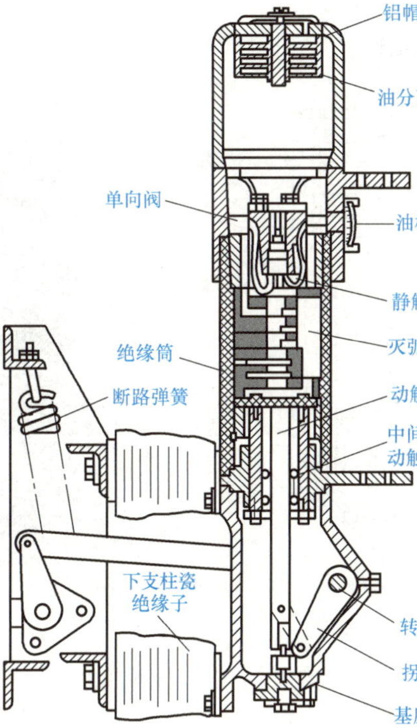

图 2-2-8 SN10-10 型户内高压少油断路器油箱结构剖面图

构划分为地罐式和柱式两大类，它与高压油断路器比较，具有断流能力强、灭弧迅速、适于频繁操作、不会燃烧爆炸等优点。但是其制造精度较高，尤其对外形密封要求较高，因此价格偏贵。

① 高压六氟化硫（SF_6）断路器的结构与灭弧原理。

图 2-2-9 为 LN2-10 型高压 SF_6 断路器外形结构图。高压六氟化硫断路器主要由断路器本体、机械传动部分和导电回路三部分组成。

断路器本体：高压六氟化硫断路器三极安装在一个底箱上，内部贯通，并在箱内有一个传动轴，由三个主拐臂、三个绝缘拉杆来操动导电杆。每极由上下两个绝缘筒构成断口和极对地的外绝缘，其内绝缘则靠 SF_6 气体来完成。在箱体上有两个自封阀，其中一个作充放气用，另一个可供安装真空压力表用。

机械传动部分：大轴、拐臂、推杆、主拐臂、分闸弹簧、分闸缓冲、合闸缓冲以及合闸弹簧等。

导电回路：由上接线座、触指、动触头和下接线座等组成。

LN2-10 型高压六氟化硫断路器的灭弧原理是：它采用了旋弧纵吹式和压气式相配合的高效灭弧方式。当电弧从触指转移到环形电极上时，电弧电流通过环形电极流过线圈产生磁场，磁场和电弧电流相互作用使电弧旋转，同时加热气体，并使得其压力升高，从而在喷口形成高速气流，将电弧冷却。当介质绝缘恢复到一定程度时，电弧在电流过零瞬时熄灭。

② 高压六氟化硫（SF_6）断路器的分、合闸操作过程。

分闸时：在断路器操动机构的作用下，已被预先拉长的分闸弹簧释放能量，使得主轴按

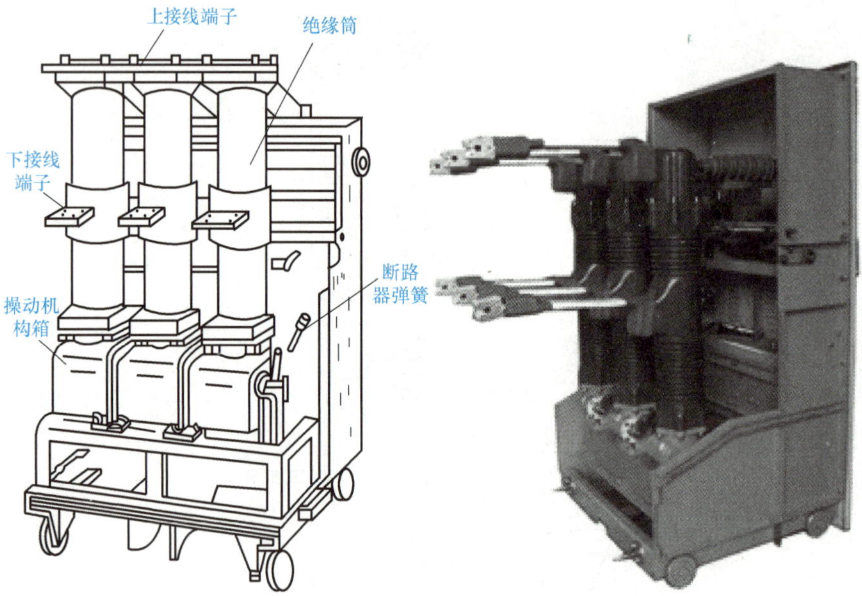

图 2-2-9　LN2-10 型高压 SF_6 断路器外形结构图

顺时针方向转动，通过主拐臂使得导电杆向下运动，直到拐臂上的滚子撞上分闸缓冲器为止，使断路器完成分闸动作。

合闸时：在断路器操动机构的作用下，推杆使得主轴按逆时针方向转动，同时通过主拐臂带动导电杆向上运动，直到滚子撞上合闸缓冲器为止，完成合闸操作。

（3）高压真空断路器

高压真空断路器是利用“真空”作为绝缘和灭弧装置的，其触头在真空灭弧室内。因为真空相对于空气来说不存在气体游离问题，所以这种断路器在触头断开时，产生的电弧很弱。高压真空断路器的操动机构可以为电磁操动机构和弹簧操动机构。图 2-2-10 为 ZW43-12/T630-20 型高压真空断路器的结构图。它具有过载及短路保护功能，还可实现远方控制、监视等，适于在变电站及工矿企业配电系统中作为保护，也适用于控制线路中的频繁操作。在上述型号中，Z 表示真空断路器；W 表示户外安装；43 表示设计序号；12 表示额定电压（kV）；T 表示弹簧操动机构；630 表示额定电流（A）；20 表示额定短路开断电流（kA）。断路器的工作过程如下：

① 储能过程：拉动机构手动储能拉环，或给机构电动储能信号，电动机带动储能拐臂给储能弹簧储能，通过储能保持环节保持能量。

② 分闸过程：拉动机械手动分闸拉环或给机构电动分闸信号，机构的合闸抱紧环节解扣，在分闸弹簧和触头压力弹簧的作用下，机构输出轴反向转动，通过连杆、拐臂带动灭弧室触头向下运动，动静触头分开，断路器分闸，并通过分闸弹簧的作用保持分闸状态。

③ 合闸过程：合闸时，拉动机构手动合闸拉环或给机构电动合闸信号，合闸弹簧能量释放，机构输出轴转动，通过拐臂、连杆带动灭弧室动触头向上运动，与静触头接触，并提供接触压力，同时为分闸弹簧储能，通过合闸作用保持合闸状态。

④ 过电流保护过程：当流经断路器主回路的电流超过互感器的额定值时，通过互感器二次侧流过5A电流，驱动机构内部过电流脱扣器动作，断路器分闸。

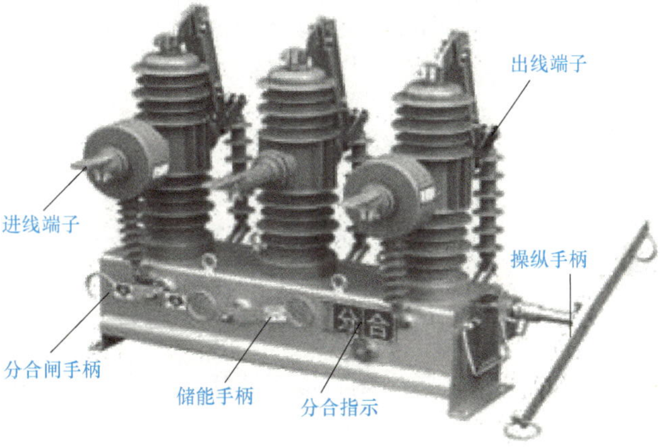

图 2-2-10　ZW43-12/T630-20型高压真空断路器的结构图

四、电力电容器

1. 电力电容器的种类与用途

电力电容器按安装方式划分为户外式和户内式；按所用介质划分为固体介质、液体介质；按外壳材料划分为金属外壳、胶木外壳和塑料外壳。

另外，电力电容器按用途可分为以下几种。

1）并联电容器。主要用于补偿电力系统感性负荷的无功功率，以提高功率因数，改善电压质量，降低线路损耗。

2）断路器电容器。并联在超高压断路器断口上，起均压作用，使各断口间的电压在分断过程中和断开时均匀，并可改善断路器的灭弧特性，提高分断能力。

3）耦合电容器。主要用于高压电力线路的高频通信、测量、控制、保护以及在抽取电能的装置中作部件用。

4）脉冲电容器。主要起储能作用，用作冲击电压发生器、冲击电流发生器、断路器试验用振荡回路等的基本储能元件。

2. 电力电容器的电气符号

电气文字符号为C，图形符号为。

3. 电力电容器的型号

电力电容器型号的含义如图2-2-11所示。

4. 电力电容器的安装要求

1）电力电容器通常安装在专用电容器室内，不应安装在潮湿、多尘、高温、易燃、易爆及有腐蚀性气体的场所。

2）电力电容器的额定电压应与电网电压相符，一般应采用三角形联结。

3）电力电容器组应保持三相平衡，三相不平衡电流不大于5%。

4）电力电容器必须有放电环节，以保证停电后迅速将储存的电能放掉。

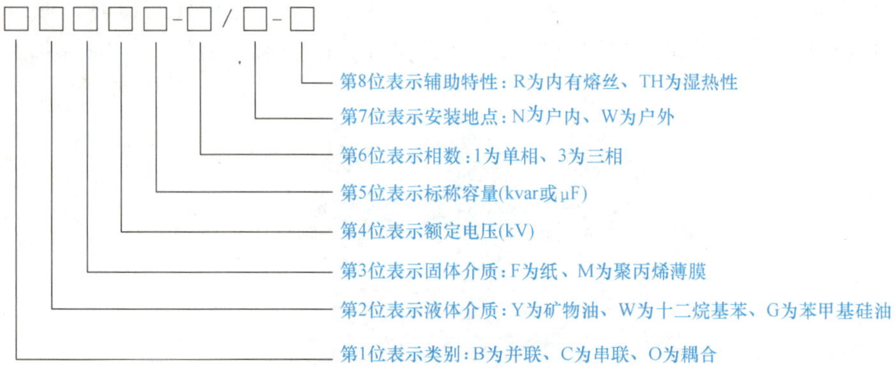

图 2-2-11　电力电容器型号的含义

5）电力电容器安装时铭牌应向通道一侧，电容器的金属外壳必须有可靠接地。

5. 典型电力电容器介绍

电力电容器的结构主要由外壳、电容元件、液体和固体绝缘、引出线和套管等元件组成。电容元件放在外壳内，电容极板通过引出线与接线端子相连，外壳与地线和搬运吊环相连。电力电容器的实物图与结构图如图 2-2-12 所示。

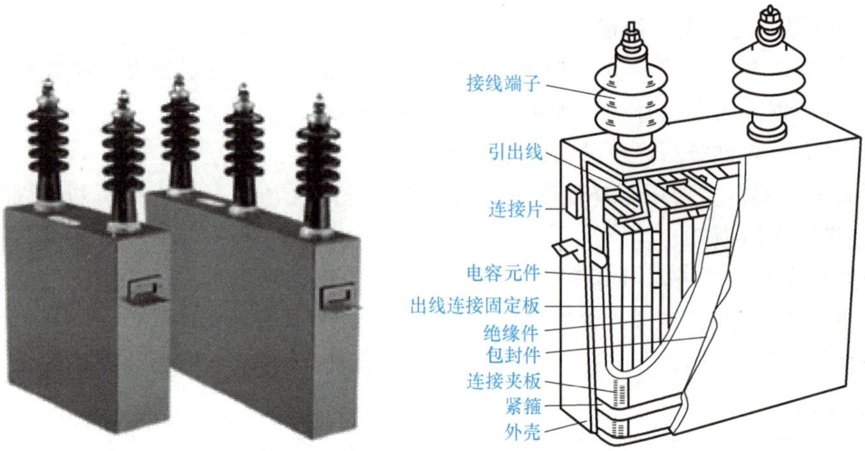

a)　　b)

图 2-2-12　电力电容器的实物图与结构图

a）实物图　b）结构图

五、避雷器

1. 避雷器的作用与种类

避雷器是一种过电压保护设备，与被保护设备并联使用。在正常工作电压下，流过避雷器的电流很小，它相当于一个绝缘体；当遭受雷电时，避雷器的阻值急剧减小，流过避雷器的电流可瞬间增大，避雷器处于导通状态，雷电流经过避雷器引入大地释放能量，放电结束，绝缘强度又恢复到原来状态，使电气设备受到保护，其工作过程如图 2-2-13 所示。

常用的避雷器种类繁多，按其工作特点可分为以下几种形式。

1）保护间隙避雷器：是形式最简单的避雷器。

2）管形避雷器：也是一个保护间隙，但它能在放电后自行灭弧。

3）阀形避雷器：是将单个放电间隙分成许多短的串联间隙，同时增加了非线性电阻，提高了保护性能。

4）氧化锌避雷器：利用了氧化锌阀片理想的伏安特性，具有无间隙、无续流、残压低等优点，也能限制内部过电压，被广泛使用。

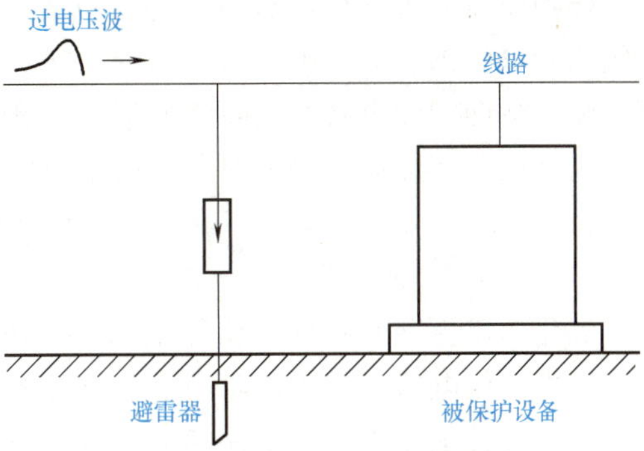

图 2-2-13　避雷器工作过程示意图

2. 避雷器的电气符号

电气文字符号为 F，图形符号为。

3. 避雷器的型号

避雷器型号的含义如图 2-2-14 所示。

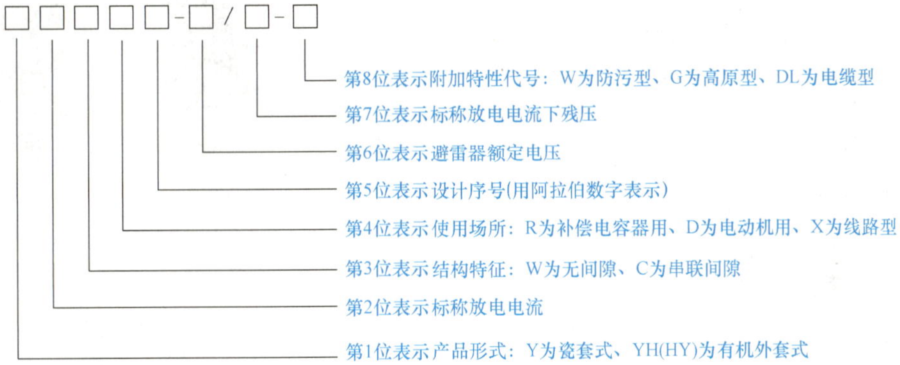

图 2-2-14　避雷器型号的含义

4. 避雷器的安装要求

以 10kV 避雷器为例，安装要求介绍如下：

1）安装前应校对铭牌，避雷器的系统额定电压应与安装点的系统电压相符合；避雷器应排列整齐、安装牢固，引线相间距离及对地距离应满足规定的要求。

2）避雷器的引流线要连接紧密，不允许中间有接头，在不受到应力的前提下尽可能做到短而直。避雷器上引流线端子与下接地线端子均应使用铜铝端子进行可靠的连接。

3）使用避雷器应注意使用地点的环境温度，金属氧化物避雷器不适合安装在有振动或严重污秽的地方及有强烈腐蚀性气体的场所。

4）避雷器引流线与电源连接处应采用扎线，扎线长度应大于 15cm，裸露带电部分宜进行绝缘处理。

5）避雷器引下线应可靠接地，紧固件及防松零件应齐全，引下线应使用截面积不小于 $50mm^2$ 的铝绞线或截面积不小于 $35mm^2$ 的铜绞线。

5. 典型避雷器介绍

（1）保护间隙避雷器

保护间隙避雷器是最简单的防雷设备，其结构简图如图 2-2-15 所示。保护间隙避雷器一般用镀锌圆钢制成，由主间隙和辅助间隙两部分组成。主间隙做成角形的，水平安装，以便灭弧。辅助间隙串联在主间隙的下方，其作用是防止主间隙被外来的物体短路而引起误动作。因为保护间隙灭弧能力弱，常用于中性点不直接接地的 10kV 以下的配电网络中，一般安装在高压熔断器的内侧，以减少变电所线路断路器的跳闸次数。

（2）氧化锌避雷器

氧化锌避雷器的原理结构图如图 2-2-16 所示。氧化锌（ZnO）电阻片具有很强的非线性，正常工作电压下，避雷器的电阻非常大，只有微安级电流流过，因此泄漏电流非常小；而在雷电波过电压下，它又呈现出极小的电阻，能很好地泄放雷电流，并且残压低、动作快、安全可靠。

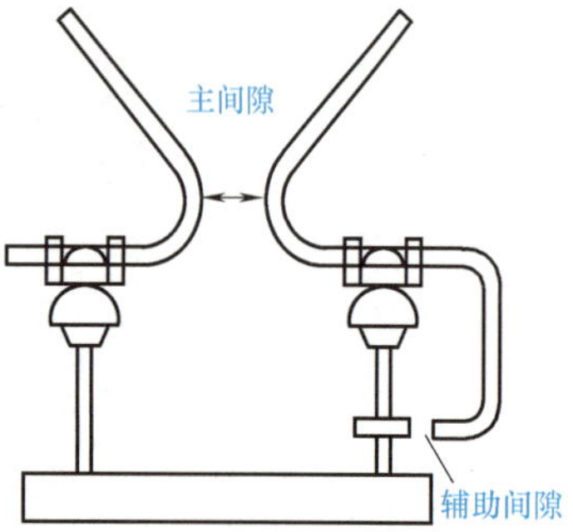

图 2-2-15　保护间隙避雷器结构简图

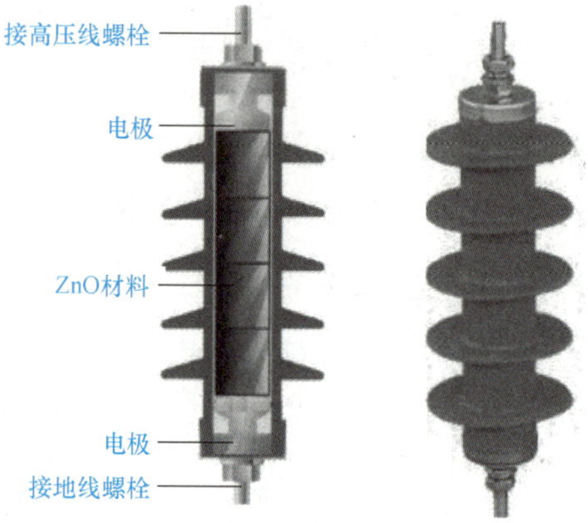

图 2-2-16　氧化锌避雷器原理结构图

（3）FS 系列阀式避雷器

FS 系列阀式避雷器主要由平板火花间隙与碳化硅电阻片（阀片）串联而成，装在密封的瓷管内，外壳有接线螺栓供安装用。当雷电到来时，FS 系列阀式避雷器的火花间隙被击穿，碳化硅电阻的阻值随之变得很小，雷电流顺利地通过避雷器流入大地；当雷电过去以后，避雷器又变为常态，阻值很大，线路恢复正常运行。FS 系列阀式避雷器的结构图如图 2-2-17 所示，此系列避雷器阀片直径较小，通流容量较低，一般用于保护变配电设备和线路。

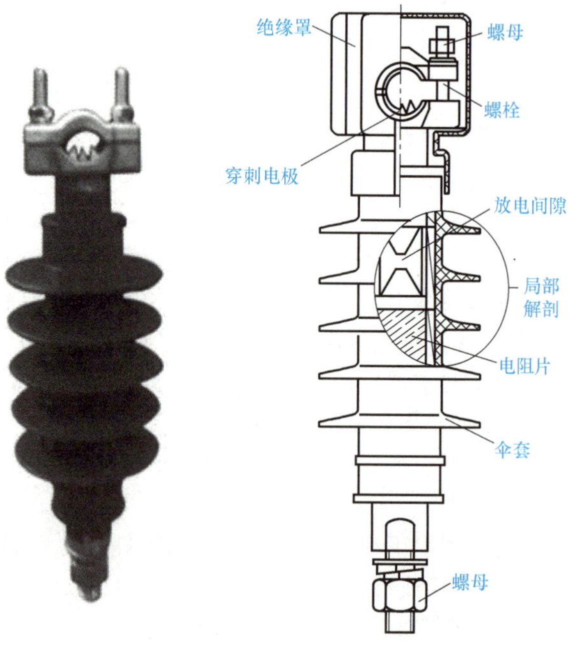

图 2-2-17　FS 系列阀式避雷器的结构图

拓展阅读

JKF8 系列智能型低压无功补偿控制器

思考与练习

一、填空题

1. 国家规定隔离开关的文字符号是__________，图形符号是__________；负荷开关的文字符号是__________，图形符号是__________；断路器的文字符号是__________，图形符号是__________。

2. 电气设备停电检修时，用隔离开关将需停电检修的设备与电源隔离，形成明显可见的__________，以保证工作人员和设备安全。

3. 高压隔离开关种类多，按安装地点可分为__________和__________两种。

4. 高压负荷开关具有简单的灭弧装置，能通断一定的负荷电流，但是它不能断开__________，它一般与高压熔断器串联使用，借助熔断器来进行短路保护。

5. SN10-10 型高压少油断路器常应用于__________供电系统中。

6. 高压六氟化硫断路器是利用__________气体作为灭弧和绝缘介质的断路器。

7. LN2-10 型高压六氟化硫断路器的灭弧原理是：它采用了旋弧纵吹式和压气式相配合的高效__________。

8. 电力电容器主要用于提高频率为 50Hz 电力网的__________。

9. 避雷器是一种__________保护设备，与被保护设备__________使用。

10. 在正常工作电压下，流过避雷器的电流__________，它相当于一个绝缘体；当遭受雷电时，避雷器的阻值急剧__________，流过避雷器的电流可瞬间__________，避雷器处于导通状态。

11. 避雷器引下线应可靠接地，紧固件及防松零件应齐全，引下线应使用截面积__________ $50mm^2$ 的铝绞线或截面积__________ $35mm^2$ 的铜绞线。

二、思考题

1. 说明高压隔离开关、高压负荷开关、高压断路器的区别。
2. 说明安装户内高压隔离开关的注意事项。
3. 安装避雷器有哪些要求？

任务实施

SN10-10 型高压少油断路器检修实训

一、任务目的

1）掌握 SN10-10 型高压少油断路器的基本结构。

2）能够正确检修 SN10-10 型高压少油断路器。

二、实训材料与工具

SN10-10 型高压少油断路器、10kV 专用工具、梅花扳手、塑料桶、活扳手、内六角扳手、尖嘴钳、螺钉旋具、油勺、锤子、断线器、锉刀、砂纸抹布等。

三、任务内容

1. 断路器本体拆卸

拆下引线，拧开放油阀，排放油，拆除传动轴拐臂与绝缘连杆的连接，然后按下列顺序从上至下逐步解体。

1）拧开断路器的顶罩，观察上帽内分离器的结构，解释其作用及工作原理。取下静触头和绝缘套，松开静触头的六角螺母，取出小钢球，说明单向阀的作用；观察 12 片纯铜镀银触指，其中四片较长的为弧触指，其他八片为工作触指。分析触指设计成长短不一的原因，并说明触头是怎样减小接触电阻的。

2）用专用工具拧开螺纹套，逐次取出绝缘隔弧片，分析隔弧片的放置顺序为何不可调换，说明隔弧片的方向、变压器油的进油方向及灭弧纵吹、横吹通道位置，说明灭弧原理及灭弧过程。

3）用套筒扳手拧开绝缘筒内的四个螺钉，取下铝压环、绝缘筒和下出线座，拆卸绝缘筒，用变压器油冲洗干净，注意密封圈的设置。

4）取出滚动触头，拉起导电杆，拔去导电杆尾部与连板连接的销子，取下导电杆。观察动触头、导电杆、纯铜滚动触头的相对位置。手动操作导电杆，观察运动的情况，分析每相导电回路的组成，说明滚动触头的作用。

5）本体组装完毕后，将传动拉杆与拐臂连接，手动操作几次，检查连接是否正确。

2. 高压断路器本体的检修

1）将取出的隔弧片和大小绝缘筒首先用干净的变压器油清洗干净后，然后检查有无断裂、烧伤、变形、变潮等情况。

2）将静触头上的弹簧钢片和触指拔出，放在汽油中清洗干净，检查触指烧伤情况，轻者可以用 0 号砂纸打光，重者必须更换。检查弹簧钢片，如有变形或断裂者应进行更换。组装触指时，应保证每片触指接触良好，导电杆插入后有一定的接触压力。

3）检查导电杆表面是否光滑，有无变形、烧伤等情况，从动触头顶端起 60~100mm 处应该保持光洁，不能有任何痕迹。导电杆的铜钨头如有轻度烧伤，可用锉刀或砂纸打光，烧伤深度超过 2mm 的应更换，更换后的触头结合处打三个防松的冲眼。

4）检查单向阀钢球动作是否灵活，行程应为 0.5~1mm。检查滚动触头表面镀银情况是否良好，要用布擦拭，切忌用砂纸打磨。

5）检查本体的支持瓷套管和支架的套管瓷绝缘子有无裂纹、破损，如有轻微掉块可用环氧树脂修补，严重时应更换。

3. 高压断路器传动机构的检修

1）拆开操作机构与传动机构的连接部分，首先拆开拐臂与传动拉杆的连接销子，然后用手拉动拐臂，细心检查传动机构的所有连接处，并注意如下部分的检修：

① 检查轴承孔眼有无堵塞物，各主轴有无磨损现象和变形，如发现主轴有轻微磨损现象，可用锉刀或砂布打磨光滑，严重者需更换。

② 轴、销子、垫片等传动机构的运动部分应涂润滑油，各部分轴销应连接牢固，各垫片、开口销应齐全完整。

③ 检查主轴在轴承内能否自由转动，各传动部件有无卡涩现象。如发现主轴有卡涩现象，可通过增减油箱与支持瓷绝缘子之间的垫片进行调整。

2）仔细检查分闸弹簧有无缺陷，各匝间距离是否均匀。检查可不取下弹簧，如调整无效，说明弹簧已失败，则应更换。

3）检查分闸油缓冲器的完整性。拆下油箱尾部的三个螺钉，将油缓冲器取下，检查缓冲器杆是否弯曲，说明如何实现缓冲。检查合闸弹簧缓冲器下面的螺母，取下螺杆及弹簧，检查弹性是否良好，有无生锈现象，并将其清洗后涂上黄油，保持润滑。

4）检查传动拐臂转动油封处是否渗油，各种密封垫圈是否齐全完好。

四、任务评价

根据表 2-2-1 对学生们完成本次工作任务中的表现进行评价。

表 2-2-1 任务评价表

任务	评价标准	配分	得分
工具选择与检查	(1)工具选择有误 扣 1~5 分 (2)工具检查不合理 扣 1~5 分	10	
断路器本体拆卸	(1)核对熔断器型号有误 扣 1~10 分 (2)拆卸不规范 扣 1~10 分 (3)上杆前安全措施检查有误 扣 1~10 分	30	
断路器本体检修	(1)检修不规范、不合理 扣 5~10 分 (2)本体安装不合理 扣 1~20 分	30	
断路器传动机构的检修	(1)传动机构拆装不合理 扣 1~10 分 (2)分闸弹簧检修不合理 扣 1~5 分 (3)分闸油缓冲器检查不合理 扣 1~5 分	20	
安全文明生产	(1)不能及时整理现场和器具 扣 1~5 分 (2)不能与周围同学密切合作 扣 1~5 分	10	
合计		100	

学生自评：

学生签字： 年 月 日

教师评价：

教师签字： 年 月 日

任务三　母线的安装与使用

学习目标

1）掌握母线的用途、种类与安装方法，能够正确加工母线。

2）养成严谨认真、规范操作意识。

知识链接

一、母线的基本知识

1. 母线材料

常用的母线材料有铜、铝、铝合金、钢，软母线常用多股钢芯铝绞线（架空线），硬母线多用于铝排和铜排，管形母线多用于铝合金。各种材料的特点如下。

1）铜母线：电阻率低，机械强度大，抗腐蚀性强，但是价格高。多用于持续工作电流大、位置狭窄、对铝有严重腐蚀但是对铜腐蚀较轻的场所。

2）铝母线：电阻率大，是铜的 1.7~2 倍，但质量轻，且价格较低，是较常用的母线。

3）铝合金母线：分为铝锰合金和铝镁合金，形状为管形。铝锰合金母线载流量较大，但是机械强度较差，采用一定补偿措施后可广泛使用；铝镁合金机械强度大，焊接困难，载流量小，因此使用范围小。

2. 母线型号

表 2-3-1 为常见矩形母线、软母（导）线的型号及含义解析。

表 2-3-1　常见矩形母线、软母（导）线的型号及含义解析

型　号	含　义
LMY-100×10	LMY 表示矩形铝母线，L 表示铝，M 表示母线，Y 表示硬线，数字表示母线的宽×厚
TMY-80×8	TMY 表示矩形铜母线，T 表示铜，M 表示母线，Y 表示硬线，数字表示母线的宽×厚
LJ-□	普通铝绞线，L 表示铝，J 表示绞接，后边的数字表示标称截面面积
LGJ-□	普通铝钢绞线，G 表示钢，后边的数字表示标称截面面积
LGJQ-□	轻型铝钢绞线，Q 表示轻型，后边的数字表示标称截面面积
LGJJ-□	加强型铝钢绞线，第二个 J 表示加强型，后边的数字表示标称截面面积

3. 母线种类

在电力系统中，母线将配电装置中的各个载流分支回路连接在一起，起着汇集、分配和传输电能的作用。母线按外形和结构不同，大致分为以下三类。

1）硬母线：包括矩形母线、槽形母线、管形母线等。矩形母线一般用于主变压器至配电室内，其优点是施工安装方便，运行中变化小，载流量大。

2）软母线：包括铝绞线、铜绞线、钢芯铝绞线、扩径空心导线等。软母线用于室外，软母线施工简便，造价低廉。

3）封闭母线：包括共相母线、分相母线等。

二、母线的加工

母线制作工艺流程：1 母线的测量与下料→2 矫直→3 划线→4 冲孔→5 压花→6 弯制→7 表面处理→8 连接→9 安装。

1. 母线的测量与下料

在图样上一般不标注母线装配尺寸，因此在母线下料前，应对柜内母线布线情况进行实测，量出母线装配实际所需的安装尺寸，测量方法举例如图 2-3-1 所示。

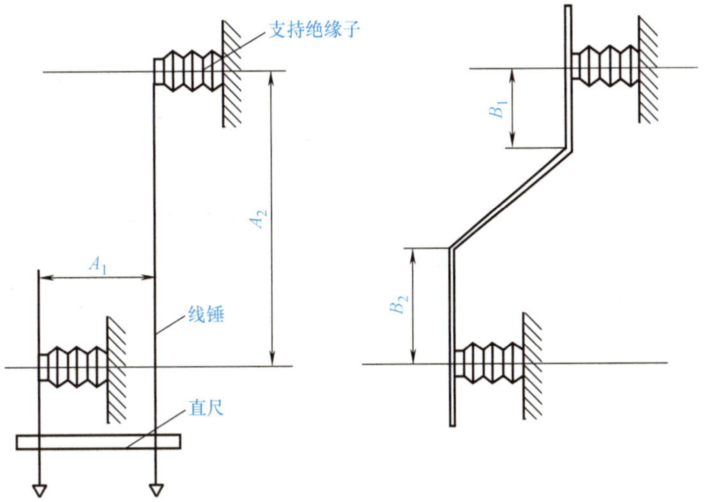

图 2-3-1　母线测量方法图

1）先在两个绝缘子与母线接触面的中心各放一个线锤，用钢卷尺或钢板尺量出两线锤之间的距离 A_1 及绝缘子中心线间的距离 A_2，B_1、B_2 的尺寸可根据实际需要选定（以对地、带电体之间距离 10kV≥125mm、380V≥20mm，施工方便，母线长度最短为原则）。

2）将测量的尺寸在平台上或平板上划出大样。

3）根据测量数据计算母线长度。$L=B_1+B_2+\sqrt{A_1^2+(A_2-(B_1+B_2))^2}+\Delta L$。式中，$\Delta L$ 为加工余量（在 10~25mm 之间）；L 为两支持绝缘子间母线走向的实际尺寸。

2. 硬母线排矫直

矫直的方法一般有手工矫直和机械矫直两种。

1）手工矫直：将母线放在平台上或平直的型钢上，用硬质木槌直接敲打平直，大型母线也可用木棰或垫块（铜、铝、木垫块均可）垫在母线上，用大锤间接敲打平直。敲打时要用力适度，不能过猛，否则会引起母线变形。

2）机械矫直：对于大截面的母线，单用木棰平直有困难，可用母线矫直机进行平直。

3. 母线划线

指确定母线的定位孔位置、弯曲形状等参数，划线用卷尺在平台上进行。

4. 母线冲孔

1）母线孔加工除用模具外，还可采用钻床钻孔。

2）母线孔加工一般均采用圆孔，水平方向伸展长度超过 3m 时，为便于安装，通常在母线上钻椭圆孔，要求孔眼中心线与母线垂直，不歪斜、不咬边。

3）母线加工后，所产生的飞边尖角应除去。

5. 母线压花

1）母线与母线、母线与端子等连接的接触面，必须平整并压花，以保证良好接触。铝、铜母线的过渡接触面应进行搪锡处理或加铜铝过渡片。

2）接触面加工前必须清除毛刺。

6. 母线弯制

矩形母线弯曲，通常有平弯、立弯、扭弯（麻花弯）三种形式，如图 2-3-2 所示。弯制时应注意：母线弯曲后不得有裂纹、裂口、划痕、凹坑、起皮等缺陷；多片母线的弯曲程度应一致；需要加热弯曲时，铝母线加热温度不得超过 250℃，铜母线加热温度不得超过 350℃。

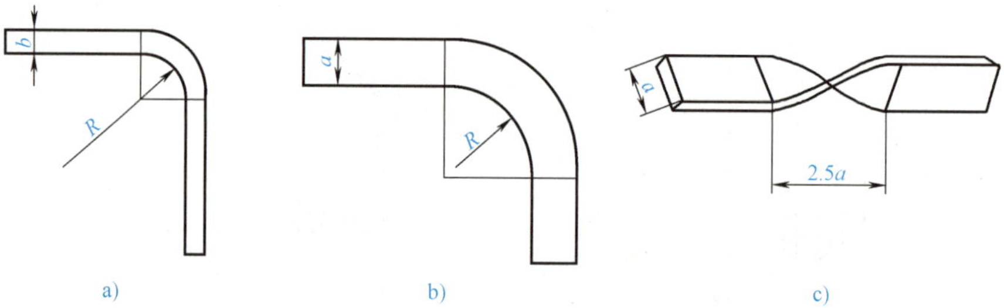

图 2-3-2　矩形母线的弯曲形式图

a）平弯　b）立弯　c）扭弯

（1）平弯

平弯指沿母线宽面的弯曲，弯曲前可先用 8# 钢丝按实际情况弯制一个样板，并在母线弯曲的地方用铅笔划上记号，然后根据样板按划线上弯排机，将母线按要求压紧后，再校正一次尺寸，慢慢加力使母线弯曲，母线平弯时的最小允许弯曲半径见表 2-3-2（表中 b 为母线厚度）。

表 2-3-2　母线平弯时的最小允许弯曲半径

母线截面面积/mm^2	最小弯曲半径		
	铜	铝	钢
50×5 及以下	$2b$	$2b$	$2b$
120×10 及以下	$2b$	$2.5b$	$2b$

（2）立弯

立弯指沿母线窄面的弯曲，弯曲时，用立弯机先将母线需要弯曲的部分套在立弯机的夹板上，装上弯头，拧紧夹板螺钉，校正无误后，逐步加力，使母线立弯，立弯的弯曲半径不能过小，否则会产生裂痕和褶皱。母线立弯时的最小允许弯曲半径见表 2-3-3（表中 a 为母线宽度）。

（3）扭弯（麻花弯）

可用扭弯器先将母线需扭弯部分的一端夹在台虎钳上，另一端用扭弯器夹住，校正无误后，双手用力扭动扭弯器的手柄，使母线弯曲达到要求的形状。如图 2-3-3 所示为母线弯曲

表 2-3-3　母线立弯时的最小允许弯曲半径

母线截面面积/mm^2	最小弯曲半径		
	铜	铝	钢
50×5 及以下	1a	1.5a	0.5a
120×10 及以下	1.5a	2a	1a

示意图。注意，用这种冷弯方法通常只能弯曲 100×8（mm）及以下的铝母线，扭弯部分的全长应大于或等于 2.5 倍母线宽度，即≥2.5a。

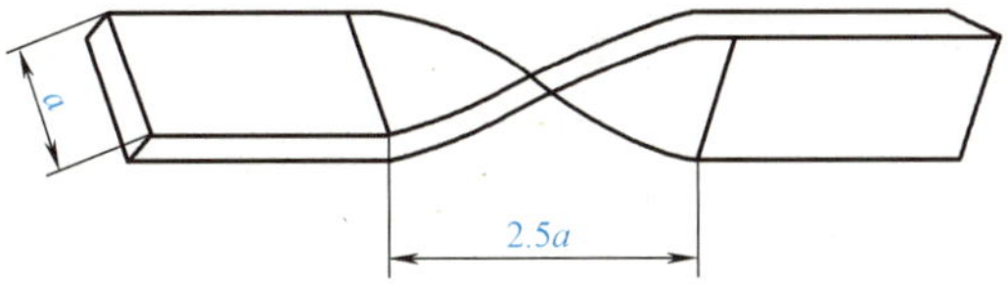

图 2-3-3　母线弯曲示意图

7. 表面涂漆处理

未套热缩管的母线应按表 2-3-4 的规定涂刷相色漆。

表 2-3-4　母线涂刷相色漆规定

三相交流电路			直流电路		中性线	安全接地线
A 相	B 相	C 相	正极	负极		
黄色	绿色	红色	棕色	蓝色	淡蓝色	黄绿双色相间

注：安全接地线为黄绿双色相间，其每种色带宽 15~100mm，交替涂刷或贴色标带。

母线在下列各处不应涂刷相色漆。

1）预留的供携带型接地线连接用的接触面上，不刷漆部分的长度应为母线的宽度或直径，但不应小于 50mm，并用宽度为 10mm 的黑色带与母线着色部分分隔开。

2）母线的螺栓连接处，母线与电器的连接处以及距所有连接处 10mm 以内的地方，同时处在同一平面的三相上的着色端线应处在一条直线上，保证整齐美观。

8. 母线连接

（1）矩形母线连接时螺栓的位置要求

矩形母线连接时，连接尺寸、钻孔数量、紧固件要求见表 2-3-5。连接时用角尺、钢板尺、铅笔划出钻孔位置中心线及切割线，然后用样冲冲中心眼，上台钻钻孔。

表 2-3-5　连接尺寸、钻孔数量、紧固件要求

图　　例	类别	连接尺寸及钻孔要求/mm							
		b_1	b_2	a	c	ϕ	数量	螺栓	垫圈
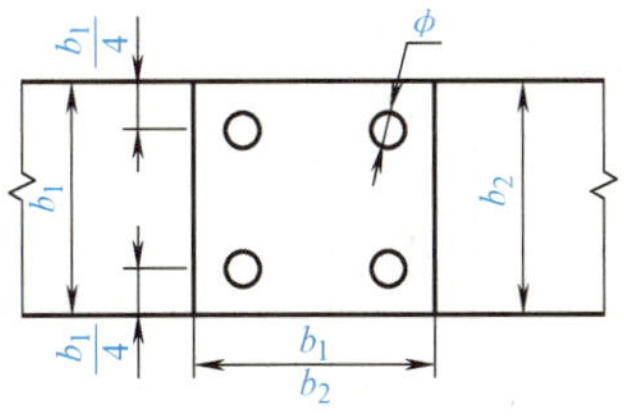	直线连接	125	125			19	4	M18	A18
		112	112			17	4	M16	A16
		100	100			17	4	M16	A16
		90	90			17	4	M16	A16
		80	80			17	4	M16	A16
		71	71			13	4	M12	A12

（续）

图例	类别	连接尺寸及钻孔要求/mm							
		b_1	b_2	a	c	ϕ	数量	螺栓	垫圈
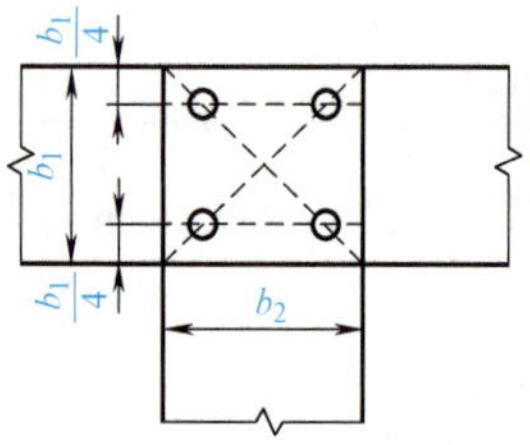	垂直连接	125	125			19	4	M18	A18
		125	112～71			17	4	M16	A16
		112	112～71			17	4	M16	A16
		100	100～71			17	4	M16	A16
		90	90～71			17	4	M16	A16
		80	80～71			17	4	M16	A16
		71	71			13	4	M12	A12
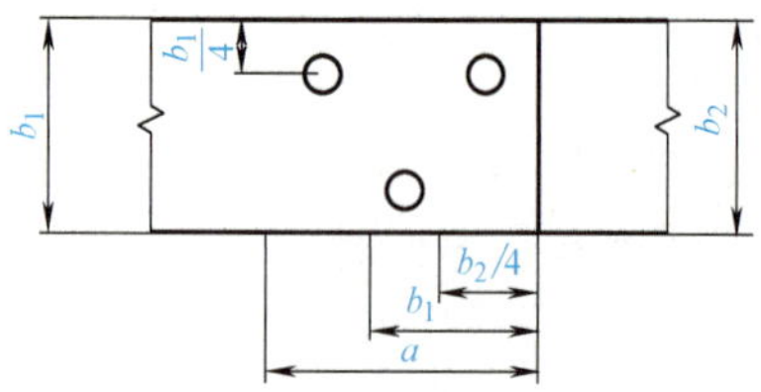	直线连接	63	63	95		13	3	M12	A12
		56	56	84		13	3	M12	A12
		50	50	75		13	3	M12	A12
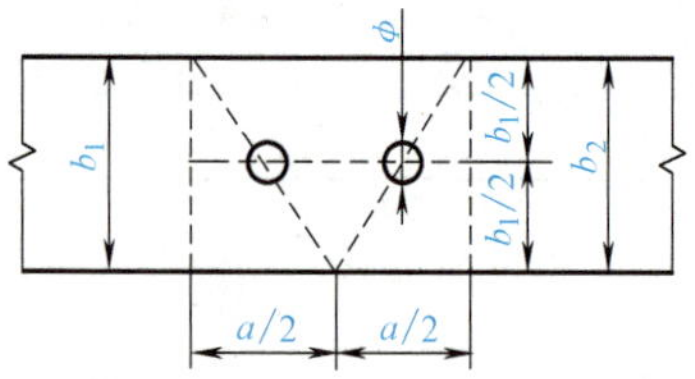	直线连接	45	45	90		13	2	M12	A12
		40	40	80		13	2	M10	A10
		35.5	35.5	71		11	2	M10	A10
		31.5	31.5	63		11	2	M10	A10
		28	28	56		11	2	M10	A10
		25	25	50		11	2	M10	A10
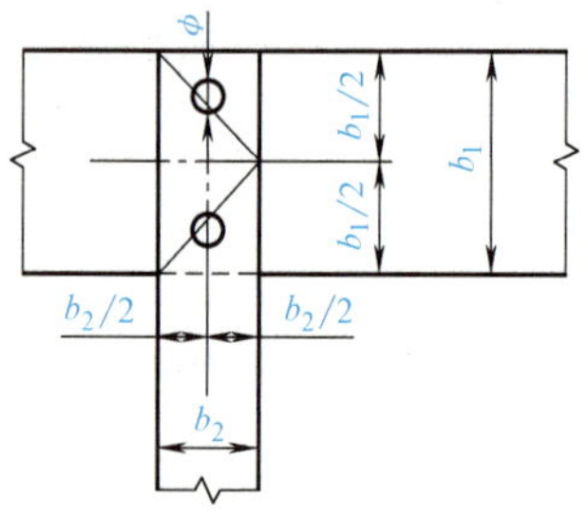	垂直连接	125	63～40			13	2	M12	A12
		112	63～40			13	2	M12	A12
		100	63～40			13	2	M12	A12
		90	63～40			13	2	M12	A12
		80	63～40			13	2	M12	A12
		71	63～40			13	2	M12	A12
		63	50～25			11	2	M10	A10
		56	45～25			11	2	M10	A10
		50	45～25			11	2	M10	A10
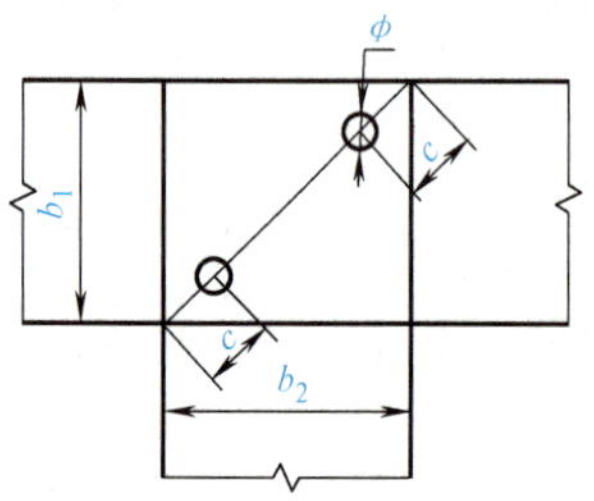	垂直连接	63	63～56		25	13	2	M12	A12
		50	56～50		20	13	2	M12	A12
		50	50		20	13	2	M12	A12
		45	45		15	11	2	M10	A10

（续）

图 例	类别	连接尺寸及钻孔要求/mm							
		b_1	b_2	a	c	ϕ	数量	螺栓	垫圈
	垂直连接	125	35.5~25	60		11	2	M10	A10
		112	35.5~25	60		11	2	M10	A10
		100	35.5~25	50		11	2	M10	A10
		90	35.5~25	50		11	2	M10	A10
		80	35.5~25	50		11	2	M10	A10
	垂直连接	40	40~25			13	1	M12	A12
		35.5	35.5~25			11	1	M10	M10
		31.5	31.5~25			11	1	M10	M10
		28	28~25			11	1	M10	M10
		25	22			11	1	M10	M10

（2）母线连接时的工艺要求

1）矩形母线采用螺栓连接时，连接处下片母线端头边缘距支柱绝缘子的中心线距离应大于50mm，上片母线端头距下片母线平弯开始处的距离不小于25mm，如图2-3-4所示。

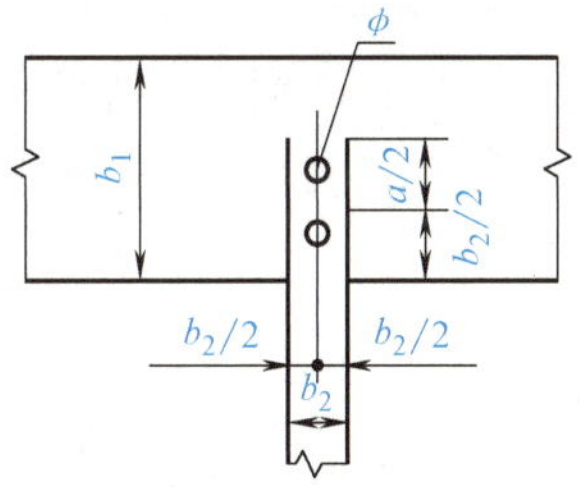

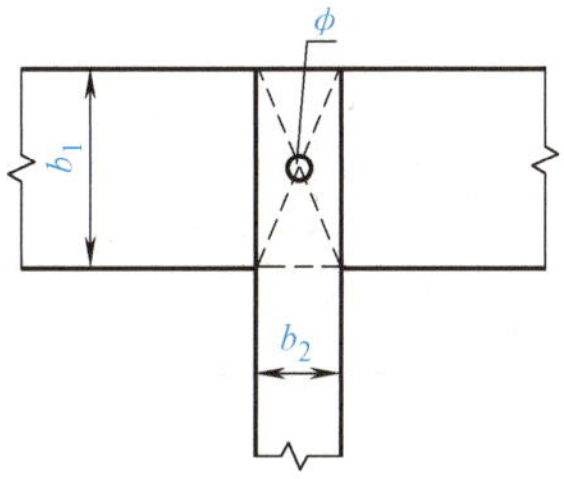

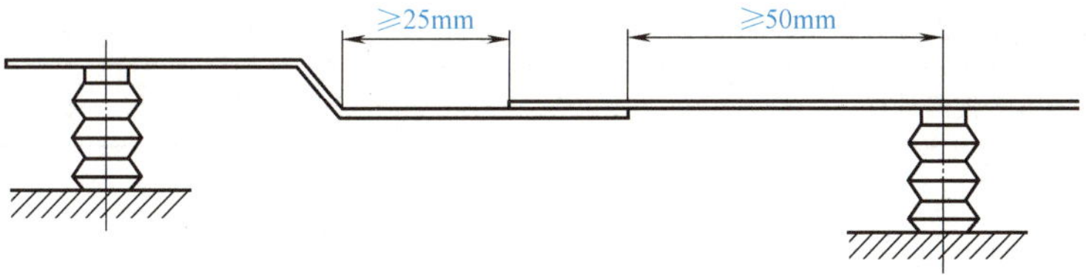

图 2-3-4 母线螺栓连接示意图

2）母线的连接面加工要平整，无凹凸和伤痕现象，无氧化膜，端头四角及截面四周要倒角。经加工后，对于其截面减少值，铜母线不应超过原截面的3%，而铝母线不超过5%。

3）用螺栓连接母线时，母线两侧必须加装有镀锌层平垫，螺栓紧固后应露出母线2~5个螺距，连接母线用的螺栓，应使螺母置于维护侧。连接母线的螺栓直径与螺栓孔径的关系见表2-3-6。

表 2-3-6 母线连接时螺栓直径与螺栓孔径对照表 　　（单位：mm）

螺栓直径	螺栓孔径	螺栓直径	螺栓孔径
6	7	16	18
8	9	22	24
10	11	26	28

9. 母线安装

(1) 电气间隙和爬电距离要求

爬电距离是两个导电零部件之间或导电零部件与设备防护界面之间的最短路径。电气间隙是两个导电零部件之间或导电零部件与设备防护界面之间测得的最短空间距离。显然爬电距离要大于电气间隙。母线与导体及母线与母线之间的电气间隙和爬电距离应满足规定，以保障人身财产安全和电气性能的稳定。表 2-3-7 为交流低压配电装置的电气间隙与爬电距离；表 2-3-8 为交流高压配电装置的电气间隙与爬电距离。

表 2-3-7 交流低压配电装置的电气间隙与爬电距离

绝缘电压/V	电气间隙/mm		爬电距离/mm	
	63A 以下	大于 63A	63A 以下	大于 63A
$U \leqslant 60$	3	5	3	5
$60 < U \leqslant 300$	5	6	6	8
$300 < U \leqslant 690$	8	10	10	12

表 2-3-8 交流高压配电装置的电气间隙与爬电距离

电气间隙所在位置	电气间隙与爬电距离		
	3/kV	6/kV	10/kV
不同相的裸露导体之间	75	100	125
裸露带电部分与金属密封板	105	130	155
裸露带电部分与网状密封板	175	200	225

(2) 母线安装时的工艺要求

1) 铜母线与铜母线：室外、高温且潮湿或对母线有腐蚀性气体的室内，必须搪锡。

2) 铝母线与铝母线：直接连接。

3) 钢母线与钢母线：必须搪锡或镀锌，不得直接连接。

4) 钢母线与铜或铝母线：钢搭接面必须搪锡。

5) 铜母线与铝母线：在干燥的室内，铜母线应搪锡，室外或空气相对湿度接近 100% 的室内，应采取铜铝过渡板，铜端应搪锡。

(3) 母线安装时的相序要求

1) 上、下布置交流母线，由上到下排列顺序为 A、B、C 相，直流母线排列顺序为正极在上，负极在下。

2) 水平布置交流母线，由盘后向盘面排列顺序为 A、B、C 相，直流母线排列顺序为正极在后，负极在前。

3) 引下线交流母线由左向右排列顺序为 A、B、C 相，直流母线排列顺序为正极在左，负极在右。

思考与练习

一、填空题

1. 国家规定母线的文字符号是__________，图形符号是__________。

2. 母线按外形和结构不同，大致分为__________、__________、__________三类。

3. 各种母线的安装螺孔__________采用气焊割孔或电焊吹孔。

4. 在电力系统中，母线将配电装置中的各个载流分支回路__________，起着汇集、分配和传输电能的作用。

5. 母线的相序排列，应符合下列规定：上、下布置的交流母线，由上到下排列为__________相，直流母线正极在__________，负极在__________；水平布置的交流母线，由盘后向盘面排列为__________相，直流母线正极在__________，负极在__________。

6. 母线涂漆的颜色应符合下列规定：A 相为__________色，B 相为__________色，C 相为__________色；直流母线，正极为__________色，负极为__________色。

7. 母排弯制平弯时 $R=(2\sim2.5)a$，a 为母排__________；母排弯制立弯时 $R=(1.5\sim2)b$，b 为母排__________。

8. 母线弯曲时弯曲点距绝缘子、穿墙管的边缘应不小于__________ mm；母线弯曲点距母线接触面的边缘应不小于__________ mm。

二、思考题

1. 说明母线的功用、型号及选用标准。
2. 说明母线搭接时应注意哪些问题。
3. 安装母线时相序有何要求？
4. 何为电气间隙？何为爬电距离？

任务实施

母线表面搪锡处理与安装热缩管处理

一、任务目的

1）掌握母线表面搪锡的意义和操作方法。

2）掌握母线表面安装热缩管的意义和操作方法。

二、材料与工具

焊锡块、焊锡膏、抹布、电炉、搪锡锅、扁铲、角磨机、锡勺、保护眼镜、手套、热风枪、台虎钳等。

三、任务内容

（1）母线表面搪锡处理

1）将纯度为 99.5%的锡块放入锡锅中，接通电炉电源加热到 300～350℃备用。锡的温度达到 350℃即切断电源，以防温度继续升高，用锡勺清除浮在锡溶液上面的污物。

2）母线应先用角磨机抛光去氧化层，再用焊锡膏均匀涂一薄层，在锡锅上预热到约 40℃用勺子浇锡，所浇上的锡层已均匀敷在母线表面上，浇锡时要注意用抹布擦去表面的多余锡液，已凝固的锡液用扁铲去除。

3）双面搪锡结束后，再做一次双面擦拭，以保证两面都保持光洁。

4）锡层均匀平滑，无重皮、划痕、气孔等缺陷。搪锡面两边大于接触面 5mm 长度。

5）注意事项：

① 操作时必须戴好防护眼镜与手套，电炉周围不得放置抹布等易燃易爆物品。

② 严禁将水溅入锡锅里，严禁将未预热的工具和工作物插入锡锅里，以防爆溅。

③ 电炉丝不得离开炉盘，防止电炉丝与锡锅接触发生触电，电炉用完必须切断电源。

④ 不得用扁铲铲锡锅边上的锡液或其他杂物，以免损伤刃口。

（2）母线表面安装热缩套管处理

热缩套管是一种热收缩包装材料，遇热即收缩，通过使用热风机可以使之紧缩，起到绝缘、防护等功能。安装母线热缩管要注意以下几点。

1）除去母线上的飞边、尖角，以防在回缩过程中刺穿热缩管造成开裂。安装热缩管前，必须清除母线表面的油污。

2）套管时，切口应光滑整齐，不得产生飞边或裂口，以避免加热收缩时产生裂口。

3）使用电热风枪时，必须从一端向另一端均匀加热或从中间向两端均匀加热。加热时火焰与热缩管的距离应为 4～5cm 并且成 45°角，不可过于靠近热缩套管表面或集中在一处加热，防止出现烤焦、褪色、气泡、开裂现象。

4）使用烘箱加热时，一般情况温度应控制在 1000～1300℃之间，时间为 5～10min。烘烤结束 3～5min 后取出冷却，按要求在距离搭接面边缘 10mm 处环切，切边应整齐。

5）折弯处因收缩应力不同而引起的褶皱或未贴紧母线表面的现象，应按以下方法进行处理：用功率为 1600W 的热风枪，将温度控制在 90℃左右对母线内弯处热缩套管加热，然后用 100mm×10mm 圆角母线对折弯部位进行挤压，时间大约为 5s。图 2-3-5 所示为折弯处热缩套管的示意图。

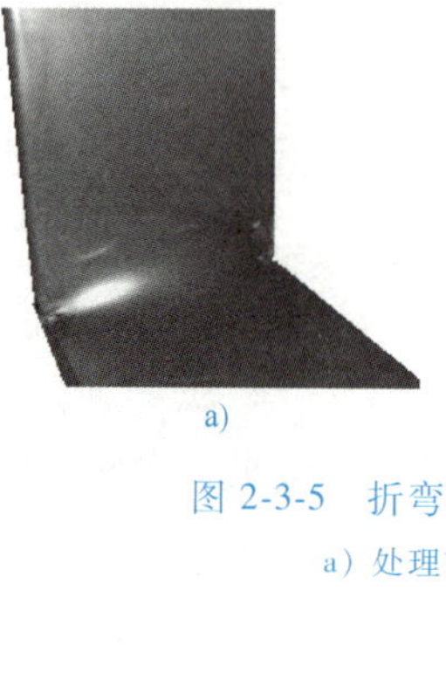

a)

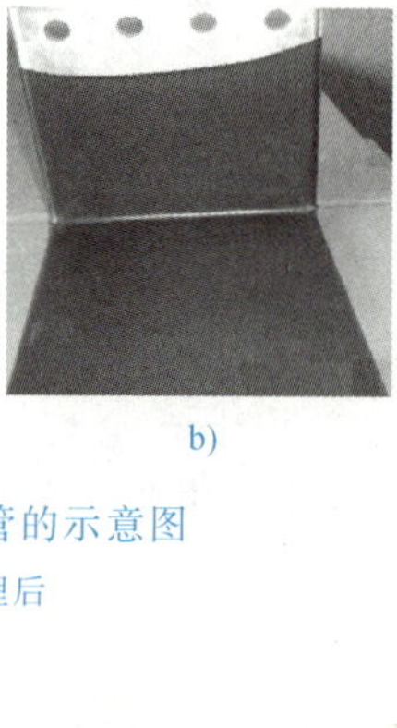

b)

图 2-3-5　折弯处热缩套管的示意图

a）处理前　b）处理后

四、任务评价

根据表 2-3-9 对学生们完成本次工作任务的表现进行评价。

表 2-3-9　任务评价表

任务	评价标准	配分	得分
工具选择与检查	(1)工具选择有误　扣 1~5 分 (2)工具检查不合理　扣 1~5 分	10	
母线表面搪锡处理	(1)锡块熔解有误　扣 1~5 分 (2)母线表面搪锡不均匀　扣 1~10 分 (3)母线表面有气泡　扣 1~10 分 (4)操作过程中有安全隐患　扣 1~10 分	35	
母线表面安装热缩管	(1)母线表面处理不规范　扣 1~5 分 (2)热风枪使用不规范　扣 1~10 分 (3)母线表面热缩套管不均匀　扣 1~10 分 (4)母线表面有气泡　扣 1~10 分 (5)操作过程中有安全隐患　扣 1~10 分	45	
安全文明生产	(1)不能及时整理现场和器具　扣 1~5 分 (2)不能与周围同学密切合作　扣 1~5 分	10	
合计		100	

学生自评：

学生签字：　　　　年　月　日

教师评价：

教师签字：　　　　年　月　日

任务四 电力变压器的使用

学习目标

1）掌握电力变压器的工作过程、结构特点、型号与分类、电气符号。

2）能够正确维护、安装电力变压器。

知识链接

电力变压器是发电厂和变电所的主要设备之一，其作用就是将电力系统中的电压升高或降低，以利于电能的合理输送、分配和使用。

一、电力变压器的基本知识

1. 电力变压器的作用与工作过程

变压器是由绕在同一铁心上的两个或两个以上的绕组组成的，当一次绕组通以交流电时，就产生交变的磁通，交变的磁通通过铁心导磁作用，在二次绕组中感应出交流电动势。二次感应电动势的高低与一、二次绕组匝数的多少有关，即电压大小与匝数成正比。

2. 电力变压器的电气符号

电气文字符号为 T，图形符号为。

3. 电力变压器的型号

电力变压器型号的含义如图 2-4-1 所示。

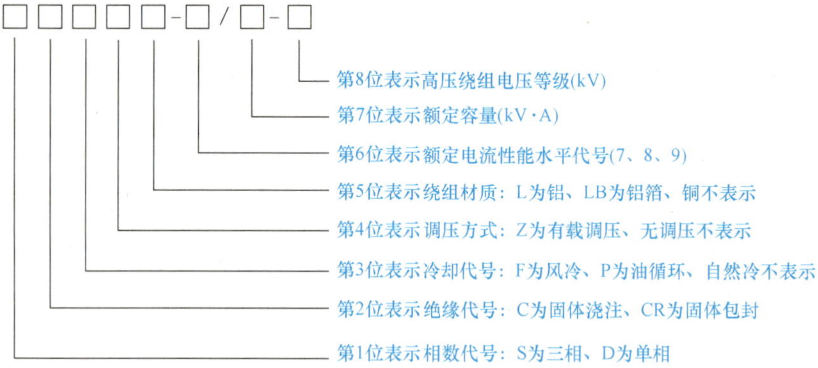

图 2-4-1 电力变压器型号的含义

4. 电力变压器的分类

1）按相数分类，可分为以下两种：

① 单相变压器：用于单相系统的升、降电压。

② 三相变压器：用于三相系统的升、降电压。

2）按功能分类：有升压和降压两大类，工厂变电所通常使用降压变压器。

3）按绕组导电材质分类：有铜线变压器、铝线变压器及半铜半铝、超导等变压器，工厂变电所通常使用铜线变压器。

4）按调压方式分类：可分为无载调压变压器、有载调压变压器。工厂变电所通常使用无载调压变压器。

5）按冷却方式分类，可分为以下两种：

① 干式变压器：依靠空气对流进行自然冷却或增加风机冷却，多用于高层建筑、高速收费站及局部照明、电子电路等小容量变压器。

② 油浸式变压器：以油为冷却介质，如油浸自冷、油浸风冷、油浸水冷、强迫油循环等。

6）按用途分类，可分为以下几种：

① 电力变压器：用于输配电系统的升、降电压。

② 仪用变压器：如电流互感器、电压互感器等。

③ 特种变压器：如整流变压器、调整变压器、电容式变压器、移相变压器等。

④ 试验变压器：能产生高压，用于电气设备的高压试验。

5. 电力变压器的主要技术参数

1）额定容量：指变压器在额定电压、额定电流连续运行时所输送的容量，额定容量是指变压器的视在功率，以 V·A、kV·A、MV·A 表示。

2）额定电压：指变压器长时间运行所能承受的工作电压，以 V、kV 表示。

3）额定电流：指变压器允许长期通过的工作电流，以 A、kA 表示。

4）容量比：指变压器各侧额定容量之比。

5）空载损耗（铁损）：指变压器在二次侧开路、一次侧施加额定电压时，变压器铁心所产生的有功损耗，以 W、kW 表示。铁损包括励磁损耗和涡流损耗。

6）空载电流：指变压器在额定电压下空载稳定运行时，一次侧通过的电流。

7）额定温升：变压器内绕组或上层油的温度与变压器外围空气的温度（环境温度）之差，称为绕组或上层油的温升。我国标准规定，变压器绕组温升的限值为 65℃，上层油的最高温度不应超过 95℃。

8）联结组标号：指变压器一、二次绕组因采取不同的联结方式而形成的一、二次侧对应的线电压之间的不同相位关系。

6. 电力变压器的基本结构

通常的电力变压器大部分为油浸式。铁心和绕组都浸放在盛满变压器油的油箱之中，各绕组的端点通过绝缘套管而引至油箱的外面，以便与外线路连接。因此，电力变压器主要由铁心、绕组、油箱、附件等几部分组成。图 2-4-2 为油浸式电力变压器结构图。

（1）铁心

变压器的铁心都采用厚度为 0.35～0.5mm 的硅钢片叠装而成。表面涂有绝缘层，起绝缘作用。铁心可分为铁心柱（有绕组的部分）和铁轭（连接两个铁心柱的部分）两部分。绕组套装在铁心柱上，铁轭使铁心柱之间的磁路闭合。在大容量变压器的铁心中，往往设置油道。铁心浸在变压器油中，当油从油道中流过时，可将铁心中的热量带走。

（2）绕组

绕组是变压器的电路部分，用来传输电能。接在电源上，从电源吸收电能的绕组称为一次绕组（俗称原边绕组或初级绕组）；与负载连接，给负载输送电能的绕组称为二次绕组（俗称副边绕组或次级绕组）。绕组一般是用绝缘的铜线绕制而成的。

（3）油箱

① 变压器油：变压器油是一种矿物油，其作用主要是绝缘和散热。

② 油箱：油箱就是油浸式变压器的外壳。对较大容量的变压器，油箱壁的外侧装有散热管，目的是增加散热面积，有的还利用风扇吹冷变压器提高散热效果。

③ 储油柜：储油柜（旧称油枕）固定在油箱顶上，并用管子与油箱直接连通，储油柜的上部有加油栓，可以向变压器内补油，油箱的下部有放油活门，可以排放变压器油。储油柜的一侧有油位计，作用是监测油面高度的变化。储油柜上还装有吸湿器，外部空气经过吸湿器干燥后才能进入储油柜，从而使油箱中的油不易变质损坏。

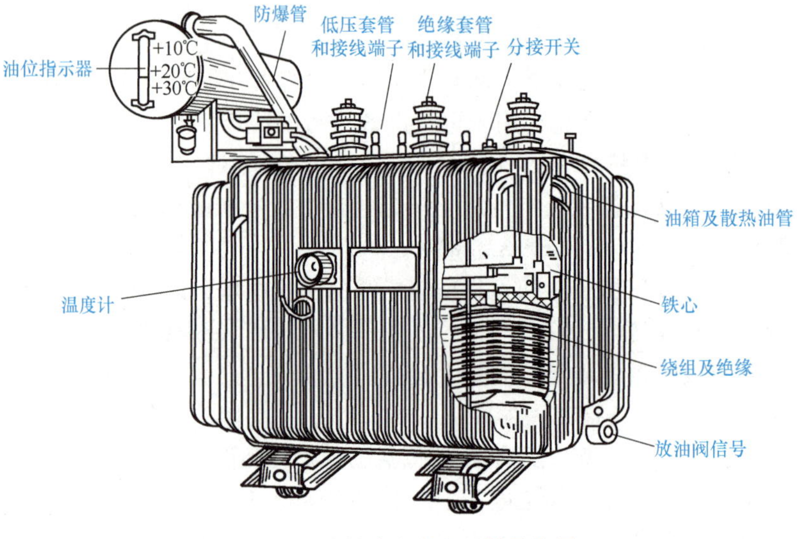

图 2-4-2　油浸式电力变压器结构图

（4）附件

① 气体继电器（瓦斯继电器）：装在变压器的油箱和储油柜间的管道中。当变压器内产生气体发生故障时，继电器动作发出信号，同时切除变压器的电源。

② 安全气道（防爆管）：大容量变压器的油箱盖上通常装有安全气道，它是一个长的钢筒，下面与油箱相通，上端装有防爆膜。当变压器内部发生严重故障产生大量气体时，防爆膜爆裂，喷出气体，消除压力，以免产生重大事故。

③ 分接开关：分接开关的作用就是改变变压器一次绕组的匝数，以达到调节输出电压的目的，通常调节档次为±5%额定电压值。

④ 测温装置：监测变压器的油面温度。小型的油浸式变压器用水银温度计，较大的变压器用压力式温度计。

⑤ 绝缘套管：变压器绕组的引出线必须穿过绝缘套管，使引出线之间及引出线与变压器外壳之间绝缘，同时起固定引出线的作用。电压低于 1kV 时采用瓷质绝缘套管，电压在

10~35kV 范围内时采用充气或充油套管，电压高于 110kV 时采用电容式套管。

二、典型产品介绍

1. 非晶合金干式变压器

图 2-4-3 为 SCBH15 系列变压器实物图，该变压器为非晶合金干式变压器，其铁心由非晶合金材料卷制而成，具有空载损耗低、无油、阻燃自熄、耐潮及免维护等优点。它适用于机场、车站、城市地铁、高层建筑及发电厂等易燃、易爆及电能短缺的场所。

（1）主要技术参数

相数为三相；额定电压为 10kV；频率为 50Hz；联结组标号为 Dyn11、Yyn0 或按用户要求；冷却方式为自冷或风冷。

（2）使用环境

海拔不高于 1000m；相对湿度最高 100%；环境温度不高于 40℃；绝缘耐热等级为 F 级；绕组温升为 100℃。

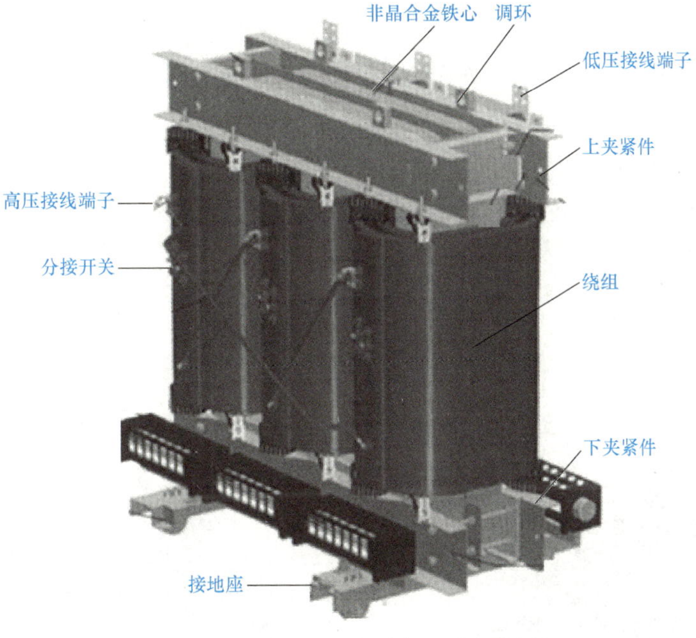

图 2-4-3 SCBH15 系列变压器实物图

2. 三相油浸式全密封配电变压器

图 2-4-4 为 S11-M(R)-30/10 系列配电变压器实物图，该变压器为型卷铁心三相油浸式全密封配电变压器，适用于 6kV、10kV 的输配电系统，可供工厂、矿山、石油化工及工农业的配电、动力及照明使用。

（1）主要技术参数

额定电压为 10kV；联结组标号为 Yyn0 或 Dyn11；空载损耗为 100W；有载损耗为 600W；空载电流为 1.26A；外形尺寸为 750×500×890（mm）。

（2）正常使用条件

海拔不高于 1000m；周围介质温度不高于 40℃、不低于-30℃；空气相对湿度不大于

图 2-4-4　S11-M(R)-30/10 系列配电变压器实物图

85%；没有导电尘埃、腐蚀气体、蒸汽场所；没有剧烈振动和颠簸且垂直倾斜度不超过 5℃的场所；不能发生火灾或爆炸、危险的场所。

3. 立体三角形卷铁心变压器

S13-M. RL-500/10-0. 4 为立体三角形卷铁心变压器，采用三相对称立体式结构，产品三相铁心磁路完全对称，磁阻大大减少，励磁电流、空载损耗显著降低，是一种使用传统材料，但运行噪声更低、结构更紧凑的高效节能型变压器。图 2-4-5 为立体三角形卷铁心变压器实物图。

a)　　b)

图 2-4-5　立体三角形卷铁心变压器实物图

a）绕组结构图　b）外形实物图

三、变压器异常运行分析

电力变压器在运行中一旦发生异常情况，将影响系统的正常运行以及对用户的正常供电，甚至造成大面积停电。变压器运行中的异常情况一般有以下几种。

1. 声音异常

（1）正常状态下变压器的声音

变压器运行中会发出轻微的、连续不断的“嗡嗡”声。这种声音是变压器运行中的一种正常现象，一般称之为“噪声”。产生这种噪声的原因有以下几点。

① 铁心叠层之间和接缝受电磁力作用引起振动。

② 励磁电流的磁场作用使硅钢片产生振动。

③ 变压器上的某些零部件引起振动。

④ 绕组之间或绕组的导线之间受电磁力作用引起振动。

（2）变压器的声音比平时增大

若变压器的声音均匀，且比平时增大，可能有以下几种原因：

① 电网电压过大。出现这种情况时，可根据电流、电压表的指示进行分析判断。

② 变压器过负荷。特别是在满负荷的情况下突然有大的动力设备投入，将会使变压器发出沉重的“嗡嗡”声。

（3）变压器有放电声

若变压器内部有“噼啪”的放电声，通常是瓷件严重污垢或接线接触不良造成的，产生这种现象时，近距离可看到变压器套管附近有蓝色的电晕或火花，这时应将变压器做进一步检测或停用。

（4）变压器有杂音

若变压器有明显的杂音且声音比正常时增大，但电流、电压正常，可能是内部夹件或压紧铁心的螺钉松动，使得硅钢片振动增大所造成。

（5）变压器有水沸腾声

若变压器内有水沸腾的声音且温度和油位显著升高，可能是变压器绕组发生短路故障，或分接开关因接触不良引起严重过热引起的，这时对变压器应立即停电检查。

（6）变压器有爆裂声

若变压器声音中夹杂有不均匀的爆裂声，则是变压器内部或表面绝缘击穿造成的，此时应立即将变压器停用检查。

2. 油温与油位异常

在正常条件下，油温比平时高出 10℃ 以上，或负载不变而温度不断上升，则判断为变压器内部出现异常情况，其原因有以下几点。

1）冷却器运行系统发生故障，如风扇损坏、散热器管道堵塞、散热器阀门关闭等因素引起温度升高。此时应对冷却系统进行维修。

2）内部故障引起温度异常。变压器内部绕组之间或层间短路、铁心多点接地使涡流增大过热等因素引起变压器温度异常。这时变压器应停电检查。

3）变压器储油柜的油位表，一般标有 -30℃、+20℃、+40℃ 三条线，它是指变压器在环境温度时对应的油面高度。油位异常有以下几点原因：油标管堵塞；防爆管通气孔堵塞；储油柜呼吸器堵塞；变压器储油柜内存有一定数量的空气。

思考与练习

一、填空题

1. 国家规定电力变压器的文字符号是__________，图形符号是__________。

2. 变压器按相数可以分为__________和__________变压器。

3. 对于三相变压器，额定电压是__________电压，额定电流是__________电流。

4. 升压变压器是把电压__________，以便远距离输送电能。降压变压器是把电压__________，以便满足用户需要。

5. 变压器是由绕在同一铁心上的两个或两个以上的__________组成，当一次绕组通以交流电时，就产生交变的磁通，交变的磁通通过__________导磁作用，就在二次绕组中感应出__________。

6. 铁损指变压器在二次侧开路、一次侧施加__________时，变压器铁心所产生的有功损耗，以 W、kW 表示，铁损包括__________和__________。

7. 我国标准规定，变压器绕组温升的限值为__________℃，上层油的最高温度不应超过__________℃。

8. 电力变压器油的作用是__________和__________。

二、思考题

1. 说明电力变压器如何分类？由哪些部分组成？各部分作用是什么？

2. 说明室内电力变压器的安装注意事项。

3. 变压器如何送电试运行？

任务实施

电力变压器的检查

一、任务目的

1）掌握 10kV 以下室内电力变压器的基本结构。

2）能够正确检查、调试 10kV 以下电力变压器及其附件。

二、设备及材料要求

1. 主要设备

S11-M(R)-30/10 型变压器、台虎钳、带子绳、滚杠、各种规格型钢等。

2. 安装机具

活扳手、锤子、套丝板等、镀锌螺栓、耐油塑料管、防锈漆、变压器油等。

3. 测试器具

钢卷尺、钢板尺、水平、线坠、绝缘电阻表（习称兆欧表或摇表）、万用表等。

三、任务内容

1. 外观检查

按施工图样及设备技术文件核对变压器本体及附件备件的规格型号是否符合设计图样要求；变压器本体外观检查无损伤及变形，油漆完好无损伤；油箱封闭是否良好，有无漏油、渗油现象，油标处油面是否正常；绝缘瓷件及铸件有无损伤、缺陷及裂纹。

2. 变压器本体的安装与检查

1）注意变压器方位和距墙尺寸与图样相符，允许误差为±25mm。图样无标注时，纵向按轨道定位，横向距离不得小于800mm，距门不得小于1000mm，并适当照顾屋内吊环的垂线位于变压器中心，以便于吊芯。

2）变压器宽面推进时，低压侧应向外；窄面推进时，储油柜侧一般应向外。在装有开关的情况下，操作方向应留有1200mm以上的宽度。

3）油浸变压器的安装，应考虑能在带电的情况下，便于检查上层油温、气体继电器、储油柜和套管等。

4）装有滚轮的变压器，滚轮应能转动灵活，在变压器就位后，应将滚轮加以固定。

3. 气体继电器的安装与检查

1）气体继电器应水平安装，截油阀应位于储油柜和气体继电器之间，观察窗应装在便于检查的一侧，箭头方向应指向储油柜，与连通管的连接应密封良好。

2）打开放气嘴，放出空气，直到有油溢出时将放气嘴关上，以免有空气使保护继电器误动作。

3）事故喷油管的安装方位，应注意到事故排油时不致危及其他电气设备。

4）喷油管口应换为划有“十”字线的玻璃，以便发生故障时气流能顺利冲破玻璃。

4. 温度计的安装与检查

1）套管温度计直接安装在变压器上盖的预留孔内，刻度方向应便于检查，并在孔内加适当变压器油。

2）电接点温度计安装前应进行校验，油浸变压器一次元件应安装在变压器顶盖上的温度计套筒内，并加适当变压器油。

3）干式变压器的电阻温度计，一次元件应预埋在变压器内，二次仪表应安装在值班室或便于观测的变压器护网栏上，软管不得有压扁或死弯，弯曲半径不得小于50mm，多余部分应盘圈并固定在温度计附近。

5. 防潮呼吸器的安装与检查

1）防潮呼吸器安装前，应检查硅胶是否失效，若已经失效，应烘烤复原或更新。

2）防潮呼吸器安装时，必须将呼吸器盖子上的橡皮垫去掉，使其通畅，同时应将下方隔离器具中装入适量变压器油，起滤尘作用。

6. 分接开关的安装与检查

1）变压器分接开关的转动点与指示位置一致，各分接点与线圈的连线应紧固正确，且接触紧密良好。

2）分接开关的转动盘应动作灵活，密封良好；拉杆、分接头的凸轮、小轴销子等应完整无损。

3）分接开关的传动机构应固定牢靠，传动机构的摩擦部分应有足够的润滑油。

4）调节分接开关的基本原则是：当变压器输出电压低于额定值时，应把分接开关档由低向高调整；当变压器输出电压高于额定值时，应把分接开关档由高向低调整。

7. 变压器连线

1）变压器的一、二次连线、地线、控制管线的安装，不应使套管直接承受应力。

2）油浸变压器附件的控制导线，应采用具有耐油性能的绝缘导线；靠近箱壁的导线，应用金属软管保护，并排列整齐，接线盒应密封良好。

3）变压器工作零线与中性线应分别敷设，并且变压器中性点的接地回路中，靠近变压器处，宜做一个可拆卸的连接点。

8. 变压器送电试运行

1）变压器第一次投入时，可全压冲击合闸。变压器第一次受电后，持续时间不应少于10min，无异常情况。变压器应进行3~5次全压冲击合闸，并无异常情况，励磁涌流不应引起保护装置误动作。

2）变压器试运行要注意冲击电流、空载电流、温度及一、二次电压。并做好详细记录，变压器并列运行前，应核对好相位。

3）油浸变压器带电后，检查油系统，不应有渗油现象。

4）变压器空载运行24h无异常情况，方可投入负荷运行。

四、任务评价

根据表2-4-1对学生们完成本次工作任务中的表现进行评价。

表2-4-1　任务评价表

任务	评价标准	配分	得分
工具选择与检查	(1)工具选择有误　扣1~5分 (2)工具检查不合理　扣1~5分	10	
变压器本体的安装与检查	(1)检查缺项　扣1~10分 (2)安装步骤说明有误　扣1~5分	15	
气体继电器的安装与检查	(1)检查缺项　扣1~10分 (2)安装步骤说明有误　扣1~5分	15	
温度计的安装与检查	(1)检查缺项　扣1~10分 (2)安装步骤说明有误　扣1~5分	15	
防潮呼吸器的安装与检查	(1)检查缺项　扣1~10分 (2)安装步骤说明有误　扣1~5分	15	
分接开关的安装与检查	(1)检查缺项　扣1~10分 (2)安装步骤说明有误　扣1~5分	10	
变压器连线的检查	(1)检查缺项　扣1~10分 (2)安装步骤说明有误　扣1~5分	10	
安全文明生产	(1)不能及时整理现场和器具　扣1~5分 (2)不能与周围同学密切合作　扣1~5分	10	
合计		100	
学生自评： 学生签字：　年　月　日			
教师评价： 教师签字：　年　月　日			

项目三

工厂低压电气设备的安装与使用

任务一　低压熔断器的使用

学习目标

1）掌握低压熔断器的选用标准、使用注意事项及维修方法。

2）能够正确使用典型低压熔断器。

3）培养大局意识和奉献精神。

知识链接

一、低压熔断器的基本知识

低压熔断器的作用、电气符号、型号、主要技术参数与高压熔断器的表示方法基本一致，这里不再重复。

1. 低压熔断器选用标准

1）照明电路：熔体额定电流≥被保护电路上所有照明电器工作电流之和。

2）配电变压器：熔体额定电流=(1.0~1.5)×变压器额定电流。

3）电动机：

① 单台直接起动电动机：熔体额定电流=(1.5~2.5)×电动机额定电流。

② 多台直接起动电动机：熔体额定电流=(1.5~2.5)×各台电动机电流之和。

③ 绕线转子电动机：熔体额定电流=(1.2~1.5)×电动机额定电流。

④ 减压起动电动机：熔体额定电流=(1.5~2)×电动机额定电流。

4）电焊机：熔体额定电流=(1.5~2.5)×负荷电流。

5）并联电容器组：熔体额定电流=(1.3~1.8)×电容器组额定电流。

举例：某机床的电动机型号为 Y112M-4，额定功率为 4kW，额定电压为 380V，额定电流为 8.8A，该电动机不频繁起动，用熔断器进行短路保护，试选择电动机熔断器的型号与规格。

解答：

1）选择熔断器类型：该电动机在机床中使用，所以熔断器可选择 RL1 系列螺旋式熔断器。

2）选择熔体额定电流：根据熔体额定电流=(1.5~2.5)×电动机额定电流，可得

$$I_N=(1.5\sim2.5)\times8.8\text{A}=13.2\sim22\text{A} \qquad 选取\ I_N=20\text{A}$$

3）选择熔断器的额定电流和额定电压：查熔断器选择表，可选取 RL1-60/20 型熔断器，其额定电压为 500V，额定电流为 60A。

2. 低压熔断器使用注意事项

1）熔断器的保护特性应与被保护对象的过载特性相适应，考虑到可能出现的短路电流，选用具有相应分断能力的熔断器。

2）熔断器的额定电压要适应线路电压等级，熔断器的额定电流要大于或等于熔体额定电流；线路中各级熔断器熔体额定电流要相配合，前一级熔体额定电流必须大于下一级熔体额定电流。

3）熔断器的熔体要按要求使用相配合的熔体，不允许随意加大熔体或用其他导体代替熔体。

3. 低压熔断器使用维修

1）熔体熔断时，要认真分析熔断的原因，可能的原因有：

① 短路故障或过载运行而正常熔断。

② 熔体安装时有机械损伤，使其截面积变小而在运行中引起误断。

③ 熔体使用时间过久，熔体因受氧化或运行中温度高，使熔体特性变化而误断。

2）拆换熔体时，要求做到：

① 安装新熔体前，要找出熔体熔断原因，未确定熔断原因时，不要拆换熔体送电。

② 更换新熔体时，要检查熔体的额定值是否与被保护设备相匹配，检查熔管内部烧伤情况，如有严重烧伤，应同时更换熔管。

③ 更换填料式熔断器熔体时，要注意填充填料。维护检查熔断器时，要按安全规程要求切断电源，不允许带电摘取熔断器管。

二、典型产品介绍

低压熔断器的作用是实现低压供配电系统的短路保护和过负荷保护。低压熔断器的种类很多，目前广泛使用的有 RL1 型螺旋管式、RT0 型有填料密封管式、RM10 型无填料密封管式，以及引进技术生产的 aM 及 NT 系列熔断器。

1. RT0 型低压熔断器

RT0 型有填料密封管式低压熔断器实物图如图 3-1-1 所示，它主要由瓷熔管、栅状铜熔体、触头、底座等几部分组成。熔体为几根截面积较小的并联铜丝，当熔丝熔断时产生的电弧被细分成几段，便于灭弧。熔管内填满石英砂，冷却散热较好，也有利于灭弧。熔体断后红色指示器从一端弹出，以方便检修。该熔断器适用于交流 50Hz、额定电压 380V，或直流额定电压 440V 及以下配电装置。

2. RL1 型螺旋式熔断器

RL1 型螺旋式熔断器结构图如图 3-1-2 所示，由于其结构简单、使用方便，所以广泛应用于各种低压配电系统。RL1 型螺旋式熔断器适用于交流 50Hz、额定电压 380V 的电路中，作为过载及短路保护元件。熔断器由底座、瓷帽和熔管三部分组成。底座、瓷帽和熔管

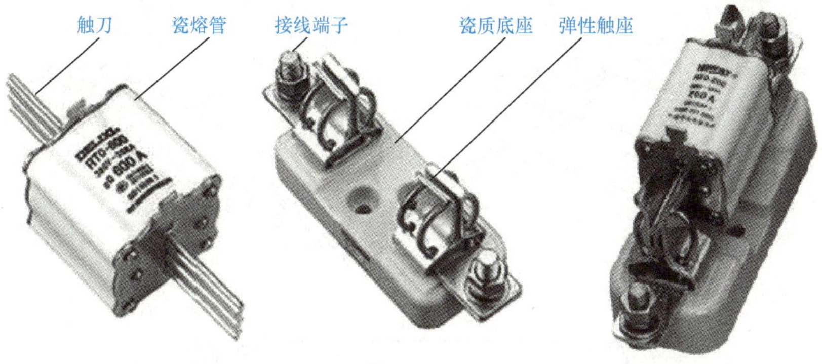

图 3-1-1 RT0 型有填料密封管式低压熔断器实物图
a）熔体 b）熔座 c）熔断器

（芯子）由陶瓷制成，熔管（芯子）内装有一组熔丝（片）和石英砂。熔管上盖中有一个熔断指示器，当熔体熔断时指示器脱落，显示熔断器熔断，通过瓷帽可观察到。该熔断器为板前接线式，接线时采取低进高出的原则。

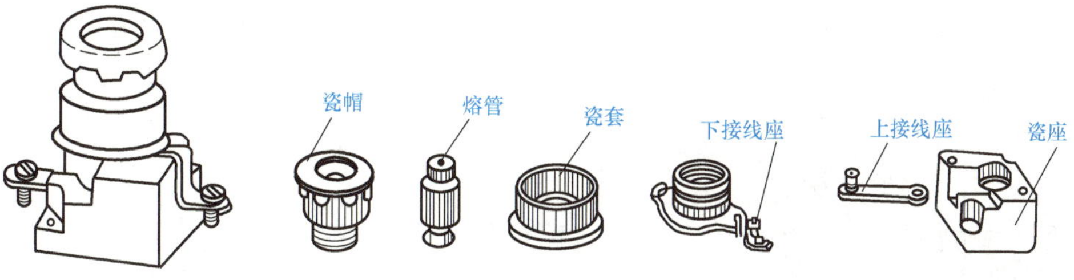

图 3-1-2 RL1 型螺旋式熔断器结构图

3. RM10 型无填料密封管式熔断器

RM10 型无填料密封管式熔断器的外形与结构图如图 3-1-3 所示，主要由熔管、熔体和夹座组成，是一种可拆卸熔断器，其特点是当熔体熔断时，管内产生高气压能加速灭弧；熔体熔断后可拆开更换新熔体。RM10 型无填料密封管式熔断器主要用于频繁发生过载和短路故障的用电场所。

4. aM 系列熔断器

aM 系列熔断器是引进技术生产的具有限流作用的熔断器，主要由底座和熔管组成，如图 3-1-4 所示，图中的熔管装有铜熔体和石英砂填料，除了有限流作用外，还有熔断指示作用。

5. RZ1 型低压自复式熔断器

一般熔断器熔体熔断后必须更换熔体才能继续使用，因此检修时不方便。RZ1 型低压自复式熔断器克服了这一缺点，熔体熔断后可以自动恢复供电，不需要更换熔体，其内部结构剖面图如图 3-1-5 所示。RZ1 型低压自复式熔断器的熔丝为金属钠，在常温下具有很高的导电性，当发生短路保护时，钠被高温气化，高温高压下的气态钠电阻率很大，呈高阻状态，分断了短路电流。分断结束后温度下降，气态钠又恢复为固态，恢复原来的导电状态。工业

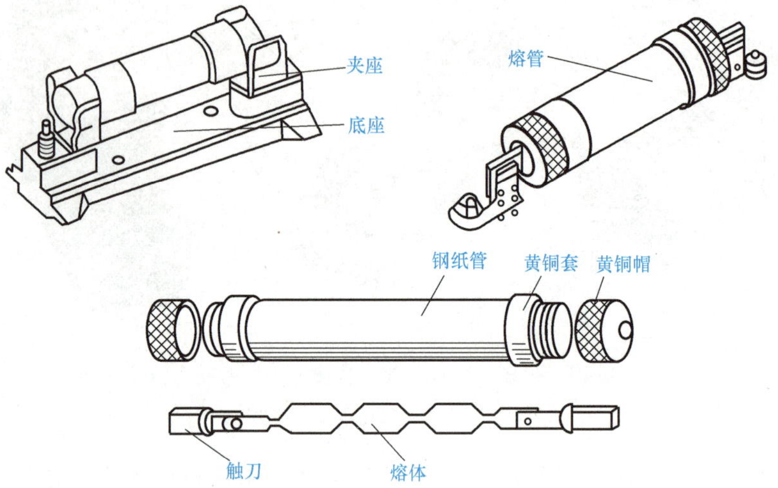

图 3-1-3　RM10 型无填料密封管式熔断器的外形与结构图

中常与低压断路器配合使用，利用熔断器切断短路电流，利用低压断路器保护过负荷和通断操作。

图 3-1-4　aM 系列熔断器外形图

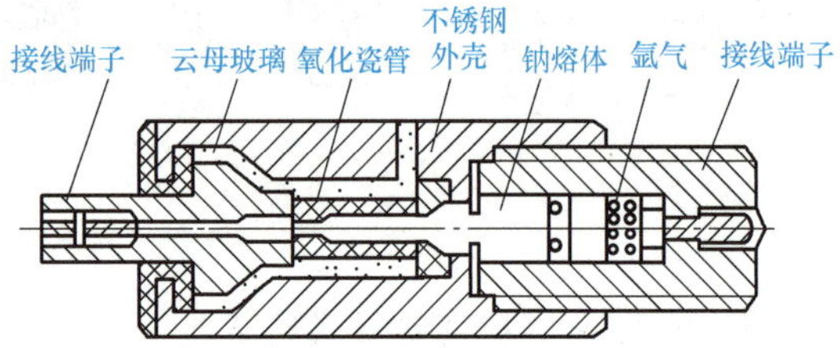

图 3-1-5　RZ1 型低压自复式熔断器内部结构剖面图

思考与练习

一、填空题

1. 国家规定低压熔断器的文字符号是__________，图形符号是__________。
2. 低压熔断器用于__________保护的元件，使用时串联于电源或设备的__________。
3. 多台直接起动电动机其保护熔断器熔体额定电流 = __________ × 电动机额定电流。
4. 绕线转子电动机其保护熔断器熔体额定电流 = __________ × 电动机额定电流。
5. 熔断器的额定电流要__________熔体额定电流，线路中各级熔断器熔体额定电流要相应配合，保持前一级熔体额定电流必须__________下一级熔体额定电流。

6. RL1 系列熔断器由____________________三部分组成。

7. RT0 型低压熔断器主要由__________三部分组成。其特点是当熔体熔断时，管内产生高气压能加速__________。

8. RZ1 型低压自复式熔断器，熔体熔断后可以__________供电，不需要更换熔体。

9. 用于照明电路的熔断器，熔体额定电流__________被保护电路上所有照明电器工作电流之和。

二、思考题

1. 说明低压熔断器的功用、型号。
2. 说明低压熔断器的选用标准。
3. 说明安装螺旋式低压熔断器的注意事项。

任务实施

低压熔断器的选择与拆装

一、任务目的

1）能正确识别、拆装、检修常见低压熔断器。

2）能根据电动机的型号正确选择熔断器。

二、实训材料与工具

1. 材料

RL1、RT0、RM10、aM 系列熔断器每组 2 只。

2. 工具与仪表

电工钳、扳手、螺钉旋具、抹布、记号笔等每组一套；MF47 型万用表每组一块。

三、任务内容

1）在教师的指导下，仔细观察各种不同类型、规格熔断器的外形和结构特点。

2）在教师指导下拆装 RL1、RT0、RM10、aM 系列熔断器。

3）将各种熔断器的名称、型号、规格及主要组成部分填入表 3-1-1 中。

表 3-1-1　熔断器的名称、型号、规格及主要组成部分

名　称	RL1 熔断器	RT0 熔断器	RM10 熔断器	aM 熔断器
型号或规格				
主要结构				

4）用 MF47 型万用表检查熔断器熔体好坏。

5）通过熔体标识器检查熔断器好坏。

6）总结安装熔断器的注意事项。

四、任务评价

根据表 3-1-2 对学生们完成本次工作任务中的表现进行评价。

表 3-1-2　任务评价表

任务	评价标准		配分	得分
工具选择与检查	(1)工具选择有误 (2)工具检查不合理	扣 1~5 分 扣 1~5 分	10	
RL1 熔断器拆装	(1)拆装不合理 (2)检查不合理	扣 1~10 分 扣 1~10 分	20	
RTO 熔断器拆装	(1)拆装不合理 (2)检查不合理	扣 1~10 分 扣 1~10 分	20	
RM10 熔断器拆装	(1)拆装不合理 (2)检查不合理	扣 1~10 分 扣 1~10 分	20	
aM 系列熔断器拆装	(1)拆装不合理 (2)检查不合理	扣 1~10 分 扣 1~10 分	20	
安全文明生产	(1)不能及时整理现场和器具 (2)不能与周围同学密切合作	扣 1~5 分 扣 1~5 分	10	
合　计			100	

学生自评：

学生签字：　　　　年　月　日

教师评价：

教师签字：　　　　年　月　日

任务二　低压开关设备的使用

学习目标

1）掌握低压开关设备的技术参数、电气符号、结构特点、工作过程。

2）能够正确使用、安装低压开关设备。

3）培养团队协作意识，适应企业“6S”管理。

知识链接

低压开关设备主要包括低压刀开关和低压断路器两类。

一、低压刀开关

1. 低压刀开关的作用与种类

低压刀开关是手控电器中最简单而使用又较广泛的一种低压电器。刀开关在电路中的作用是：隔离电源，以确保电路和设备维修的安全；分断负载，如不频繁地接通和分断容量不大的低压电路或直接起动小容量电动机。常用的刀开关有 HK 型刀开关、HD 型单投刀开关、HR 型双投刀开关（刀形转换开关）、HZ 型组合开关和 HH 型负荷开关等。

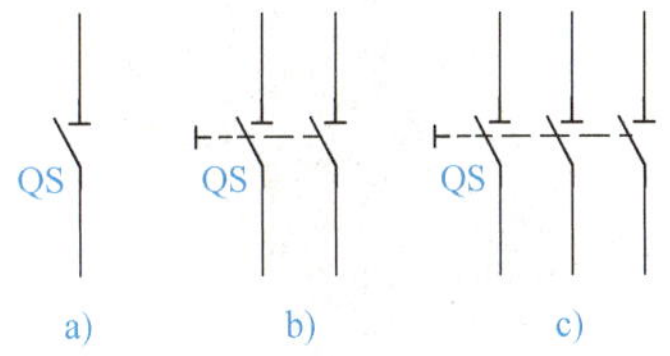

图 3-2-1　低压刀开关图形符号

a）单极开关　b）双极开关　c）三极开关

2. 低压刀开关的电气符号

电气文字符号为 QS，图形符号如图 3-2-1 所示。

3. 低压刀开关的型号

低压刀开关型号的含义如图 3-2-2 所示。

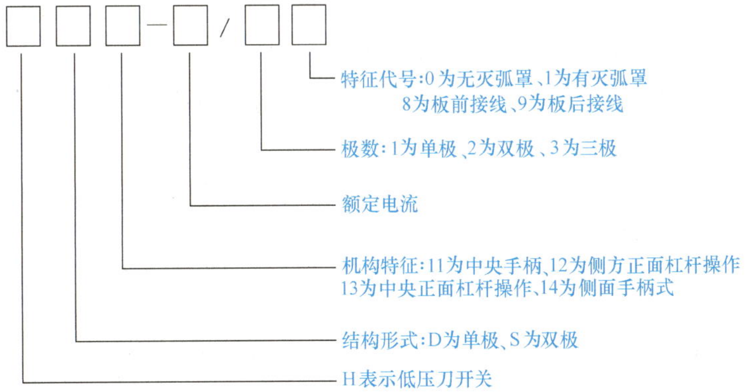

图 3-2-2　低压刀开关型号的含义

4. 低压刀开关的主要技术参数

1）额定绝缘电压：即最大额定工作电压。

2）额定工作电流：即最大额定工作电流。

3）额定通断能力：额定通断最大允许电流。

4）使用类别：根据操作负载的性质和操作的频繁程度分类。按操作频繁程度分为 A 类和 B 类，其中，A 类为正常使用的，B 类为操作次数不多的，如只用作隔离开关的。按操作负载性质分类很多，如操作空载电路、通断电阻性电路、操作电动机负载等。

5）操作性能：根据不同使用类别，在额定工作电流条件下的操作循环次数。

5. 典型产品介绍

（1）HK 系列开启式刀开关

HK1-30/3 型开启式刀开关通常由绝缘底板、动触刀、静触座、灭弧装置和操作机构组成，图 3-2-3 为其实物图和结构图。HK 系列开启式负荷开关一般用于照明电路和功率小于 5.5kW 的电动机控制电路中，其安装与使用需要注意以下几点问题。

① 刀开关必须垂直安装在控制屏或开关板上，且合闸状态时手柄应朝上。

② 刀开关应该装接熔断器作短路保护和过载保护。

③ 刀开关在分闸和合闸操作时，应动作迅速，使电弧尽快熄灭。

a）

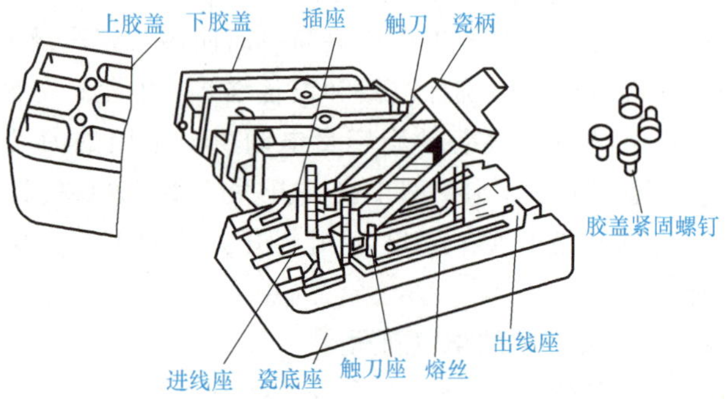

b）

图 3-2-3　HK1-30/3 型开启式刀开关实物图与结构图

a）实物图　b）结构图

（2）HD 系列低压刀开关

HD13 型刀开关由操作手柄、传动连杆、上接线端子、下接线端子、静触头、闸刀、底座等组成，其外形结构图如图 3-2-4 所示。HD13 系列开启式刀开关适用于交流 50Hz、额定交流电压至 380V（直流至 220V）、额定电流至 1500A 的成套配电装置中，作为不频繁地手动接通和分断交、直流电路或作隔离开关用，其安装与使用需要注意以下几点问题。

① 中央手柄式的单投和双投刀开关主要用于动力站，装有灭弧室的刀开关可以切断电流负荷，其他系列刀开关只作隔离开关使用。

② 正面操作机构刀开关，主要用于正面操作、后面维修的开关柜中，操作机构应装在开关柜的正前方。

③ 侧面操作机构刀开关，主要用于正面两侧操作、前面维修的开关柜中，操作机构应可以装在开关柜的两侧。

（3）HR 系列低压刀开关

HR3-100 熔断式刀开关是 RT0 有填料熔断器和刀开关的组合电器，具有 RT0 有填料熔断器和刀开关的基本性能。在回路正常通电的情况下，能够接通和切断电源；当用电设备过

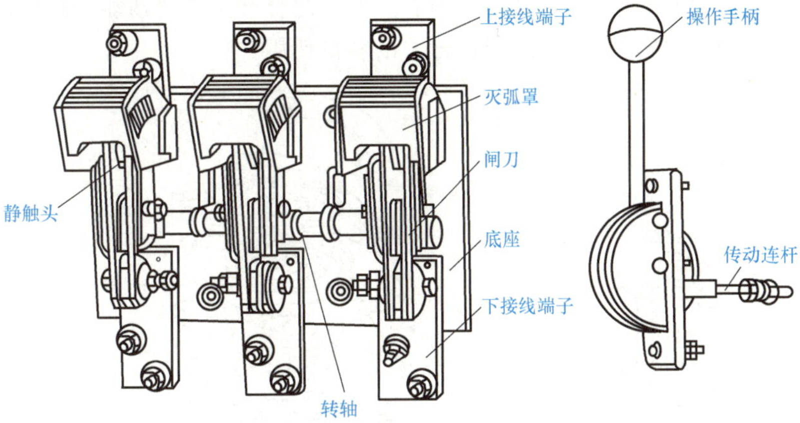

图 3-2-4　HD13 型刀开关结构图

载或短路时，熔断器式刀开关的熔体熔断，能够及时切断故障电流，其结构图如图 3-2-5 所示。HR3-100 熔断式刀开关用于交流 50Hz、额定工作电压 380V、额定电流 100A 以下工厂供配电系统中的过载和短路保护，其安装与使用需要注意以下几点问题。

① 适于各种结构的开关板、动力箱上安装使用。

② 操作前检修的熔断器式刀开关，中央有供检修和更换熔断器的门，主要供 BDL 配电屏上安装。

③ 操作后检修的熔断器刀开关主要供 BSL 配电屏上安装。

④ 操作前检修的熔断器式刀开关可以制成封闭的动力配电箱。

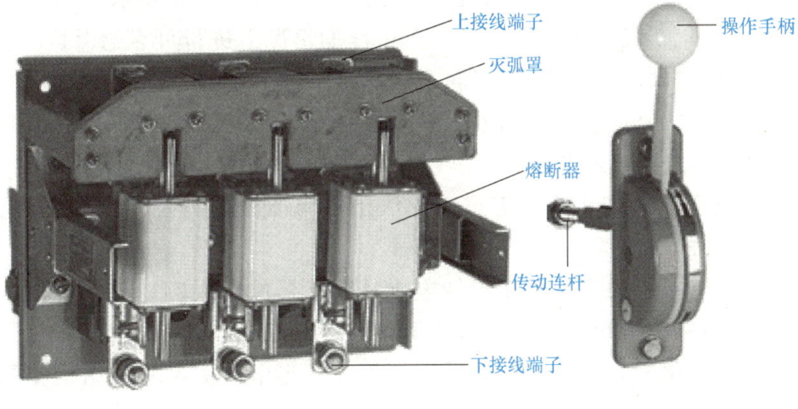

图 3-2-5　HR3-100 熔断式刀开关结构图

（4）HZ 系列低压组合刀开关

组合开关又称转换开关，它实质也是一种特殊的刀开关，只不过一般刀开关的操作手柄是在垂直于安装面的平面内向上或向下转动，而组合开关的操纵手柄则是在平行于其安装面的平面内向左或向右转动。主要由手柄、转轴、弹簧、凸轮、绝缘垫板、动触头、静触头、接线端子、绝缘杆等组成，其外形和结构如图 3-2-6 所示。组合开关适用于交流频率 50Hz、电压至 380V 以下或直流 220V 及以下的电气线路中，也可以用于手动不频繁接通和分断电路，或控制 5kW 以下小容量电动机起动、停止和正反转。HZ10 系列组合开关应安装在控制箱内；若需在箱内操作，开关最好装在箱内右上方；组合开关的通断能力较低，不能用来分断故障电流；当操作频率过高时，应降低开关的容量使用。

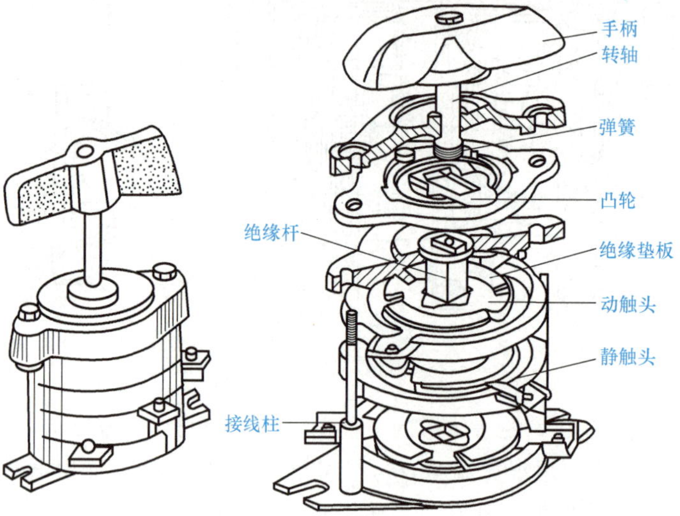

图 3-2-6　HZ10 系列组合开关外形图与结构图

二、低压断路器

1. 低压断路器的作用

低压断路器俗称自动空气开关，在电气线路中起接通、分断和承载额定工作电流的作用，并能在线路和电动机发生过载、短路、欠电压的情况下进行可靠的保护。它的功能相当于刀开关、过电流继电器、欠电压继电器、热继电器及漏电保护器等电器部分或全部的功能总和，是低压配电网中一种重要的保护电器。常用的低压断路器有 DZ、DW、DWX 系列。

2. 低压断路器的主要技术参数

1）额定工作电压：断路器的额定工作电压是指与通断能力及使用种别相关的电压值，对三相电路是指相间的电压值。

2）额定绝缘电压：断路器的额定绝缘电压是断路器的最大额定工作电压，设计断路器的电压值、电气间隙和爬电间隔应参照这些值而定。

3）断路器壳架等级额定电流：断路器壳架等级额定电流用尺寸和结构相同的框架或塑料外壳中能装入的最大脱扣器额定电流表示。

4）额定工作电流：断路器额定工作电流是额定持续电流，也就是脱扣器能长期通过的最大电流。例如 DZ10-100/330 型低压断路器壳架额定电流为 100A，脱扣器额定电流等级有 15A、20A、25A、30A、40A、50A、60A、80A、100A 九种。其中最大的额定电流 100A 与壳架等级额定电流一致。

5）额定短路分断能力：断路器在规定条件下所能分断的最大短路电流值。

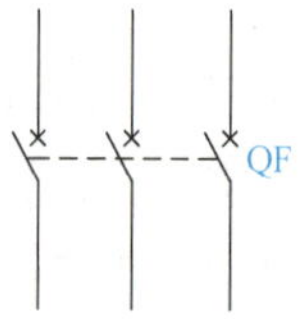

图 3-2-7　低压断路器图形符号

3. 低压断路器的电气符号

电气文字符号为 QF，图形符号如图 3-2-7 所示。

4. 低压断路器的型号

低压断路器型号的含义如图 3-2-8 所示。

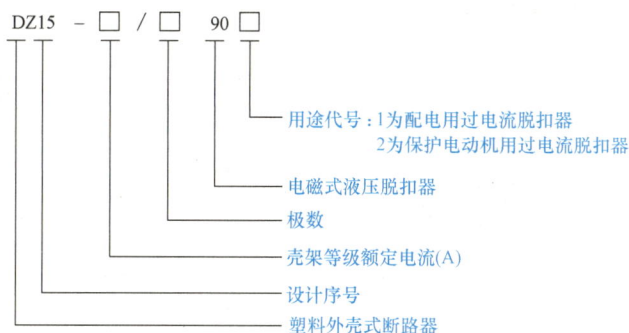

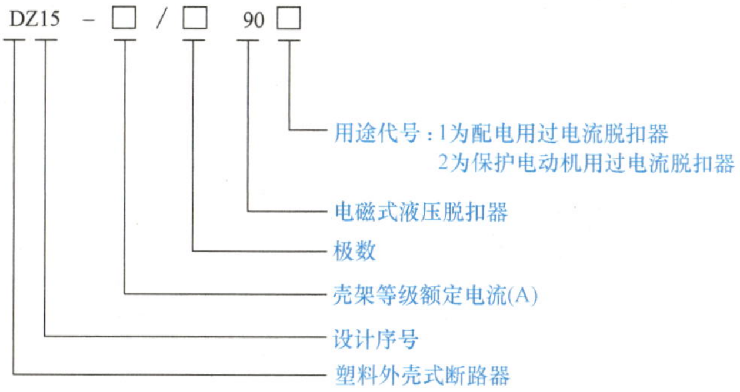

图 3-2-8　低压断路器型号的含义

5. 低压断路器的工作过程

图 3-2-9 为低压断路器的工作原理图。低压断路器主要由触头、灭弧系统、各种脱扣器和操作机构等组成。脱扣器又分为电流脱扣器、热脱扣器、复式脱扣器、欠电压脱扣器和分励脱扣器五种。电路正常工作时断路器的传动杆与锁扣锁紧，电源通过主触头向负载供电。当电路出现短路故障时，电流脱扣器动作使断路器跳闸。当出现过负荷时，发热元件发热严重，使双金属片变形，断路器跳闸。当电路电压过低时，欠电压脱扣器动作，实现断路器跳闸。

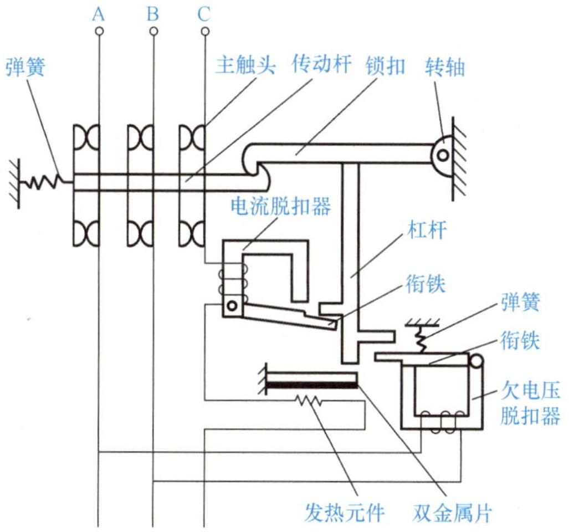

图 3-2-9　低压断路器的工作原理图

6. 低压断路器的选用标准

1）断路器额定电流≥负载工作电流。

2）断路器额定电压≥电源和负载的额定电压。

3）断路器极限通断能力≥电路最大短路电流。

4）断路器欠电压脱扣器额定电压＝线路额定电压。

5）电磁脱扣器的瞬时脱扣整定电流大于负载电路正常工作时的峰值电流。用于控制电动机的断路器，其瞬时脱扣整定电流 $I_Z \geq K \cdot I_{st}$（K 为安全系数，取值 1.5～1.7，I_{st} 为电动机的起动电流）。

7. **低压断路器常见故障及其处理方法**（见表 3-2-1）

表 3-2-1 低压断路器常见故障及其处理方法

故障现象	产生原因	修理方法
手动操作断路器不能闭合	(1)电源电压太低 (2)热脱扣的双金属片尚未冷却复原 (3)欠电压脱扣器无电压或线圈损坏 (4)储能弹簧变形,导致闭合力减小 (5)反作用弹簧力过大	(1)检查线路并调高电源电压 (2)待双金属片冷却后再合闸 (3)检查线路,施加电压或调换线圈 (4)调换储能弹簧 (5)重新调整弹簧反力
电动操作断路器不能闭合	(1)电源电压不符 (2)电源容量不够 (3)电磁铁拉杆行程不够 (4)电动机操作定位开关变位	(1)调换电源 (2)增大操作电源容量 (3)调整或调换拉杆 (4)调整定位开关
分励脱扣器不能使断路器分断	(1)线圈短路 (2)电源电压太低	(1)调换线圈 (2)检修线路调整电源电压
电动机起动时断路器立即分断	(1)过电流脱扣器瞬时整定值太小 (2)脱扣器某些零件损坏 (3)脱扣器反力弹簧断裂或落下	(1)调整瞬时整定值 (2)调换脱扣器或损坏的零部件 (3)调换弹簧或重新装好弹簧
欠电压脱扣器噪声大	(1)反作用弹簧力太大 (2)铁心工作面有油污 (3)短路环断裂	(1)调整反作用弹簧 (2)清除铁心油污 (3)调换铁心
欠电压脱扣器不能使断路器分断	(1)反力弹簧弹力变小 (2)储能弹簧断裂或弹簧力变小 (3)机构生锈卡死	(1)调整弹簧 (2)调换或调整储能弹簧 (3)清除锈污

8. **典型产品介绍**

（1） DZ47-63 型断路器

DZ47-63 型断路器适用于照明配电系统及电动机的配电系统。主要用于交流 50Hz/60Hz、额定电压至 400V、额定电流至 60A 的线路中起过载、短路保护作用，同时也可以在正常情况下不频繁地通断电气装置和照明线路。图 3-2-10 为 DZ47-63 型断路器实物图和剖面图。

（2） DZ47LE-63 系列漏电断路器

DZ47LE-63 系列漏电断路器适用于交流 50Hz、额定电压 380V 及以下、额定电流 63A 的线路中，起到漏电保护作用。漏电断路器具有过载和短路保护功能，可用来保护线路的过载和短路，亦可在正常情况下作为线路的不频繁转换之用。图 3-2-11 为 DZ47LE—63 系列漏电断路器实物图。

（3） DW15 系列万能式空气断路器

DW15 型低压断路器由触头系统、操作机构和脱扣器系统组成。灭弧室里采用钢纸板材料和数十片铁片作灭弧栅来加强电弧的熄灭。脱扣系统有过负荷长延时脱扣器、短路瞬时脱扣器、欠电压脱扣器和分励脱扣器等。适用于交流 50Hz、额定电流至 4000A、额定工作电压至 1140V 的配电网络中，用来分配电能和供电线路及电源设备的过载、欠电压、短路保护。图 3-2-12 为 DW15 型万能式空气断路器实物图与剖面图。

图 3-2-10　DZ47-63 型断路器实物图和剖面图

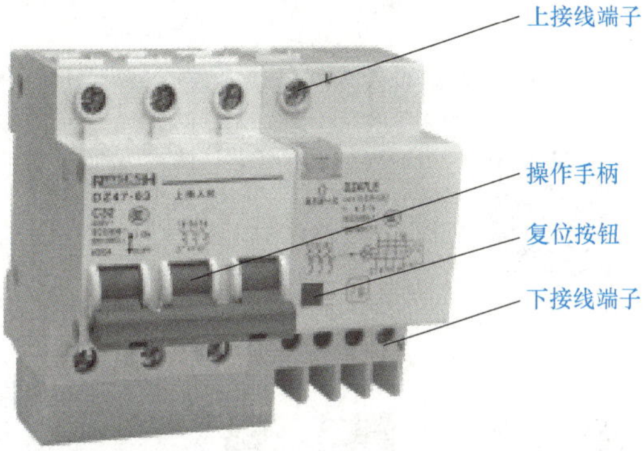

图 3-2-11　DZ47LE—63 系列漏电断路器实物图

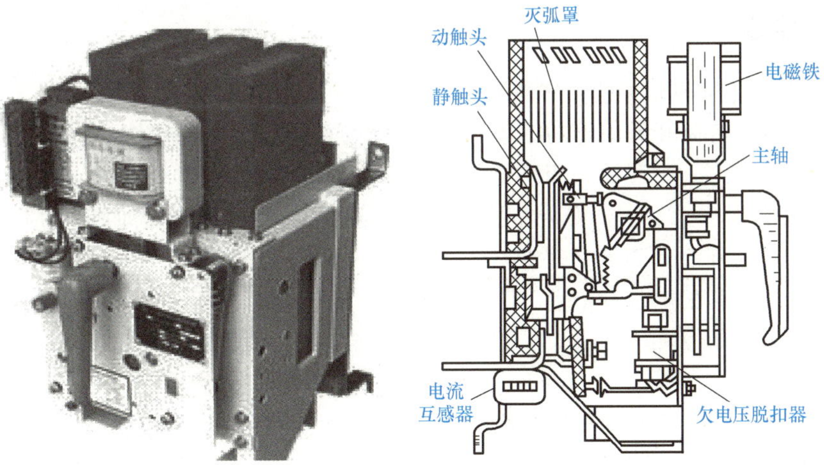

图 3-2-12　DW15 型万能式空气断路器实物图与剖面图

（4）DZ20 系列塑料外壳式断路器

图 3-2-13 为 DZ20 型塑料外壳式低压断路器实物图与剖面图。该断路器主要由触头、操作机构、液压式电磁脱扣器、灭弧机构装置及外壳组成。适用于交流 50Hz/60Hz、额定工作电压 380V 及以下、额定电流 1250A 以下线路不频繁转换及电动机的不频繁起动。

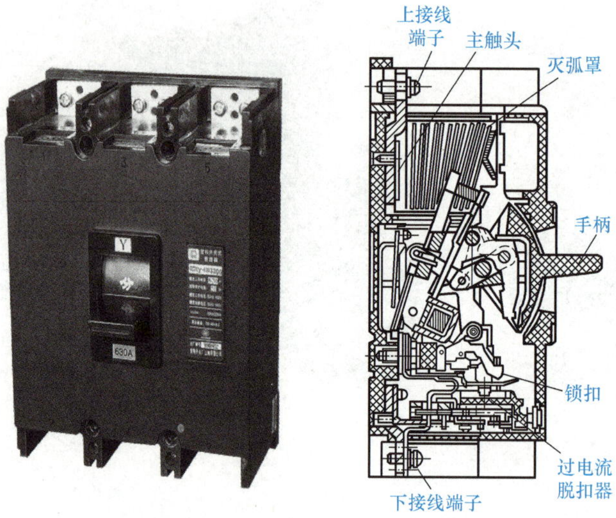

图 3-2-13　DZ20 型塑料外壳式低压断路器实物图与剖面图

拓展阅读

JD-5 系列电动机综合保护器

思考与练习

一、填空题

1. 国家规定低压刀开关的文字符号是__________，图形符号是__________。

2. HK 开启式负荷开关用于功率小于__________的电动机控制电路中，其中用于照明电路的通常为__________刀开关，用于控制电动机控制电路的为__________刀开关。

3. 刀开关必须__________安装在控制屏或开关板上，且合闸状态时手柄应__________；

4. HD13 系列开启式刀开关适用于交流 50Hz、额定交流电压至__________、额定电流至__________的成套配电装置中。

5. 封闭式负荷开关必须__________安装，安装高度一般离地不低于__________，外壳必须可靠__________。

6. HZ10 系列组合开关应安装在控制箱内__________上方；组合开关的通断能力较低，不能用来分断故障电流；当操作频率过高时，应__________开关的容量使用。

7. 国家规定低压断路器的文字符号是__________，图形符号是__________。

8. 断路器的额定工作电压是指与通断能力及使用种别相关的电压值，对多相电路是指__________的电压值。

9. 断路器额定电流是额定持续电流，也就是脱扣器能长期通过的__________。

10. 低压断路器又称自动__________开关，能在线路和电动机发生过载、短路、欠电压的情况下进行可靠的__________。

11. 断路器欠电压脱扣器额定电压__________线路额定电压。

12. 塑料外壳式断路器的主要特征是，所有部件都安装在一个__________外壳中，没有裸露的带电部分，提高了使用的__________。

二、思考题

1. 说明低压刀开关的功用、型号及选用标准。

2. 解释 HK1-30/3 型开启式刀开关、HD13-400/31 型开启式刀开关、HR3-100 熔断式刀开关文字符号的含义。

3. 说明低压断路器的功用、型号、选用标准。

4. 上网查找 DZ5、DZ10、DW17、DZL25 型断路器实物图，并简要分析其使用方法。

任务实施

低压开关设备的使用与选择

一、任务目的

1）能正确识别、拆装、检修常见低压刀开关、断路器。

2）能根据设备或线路要求正确选择低压刀开关、断路器。

二、实训材料与工具

1. 材料

HK1-30/3 型开启式刀开关、HD13-400/31 型开启式刀开关、HR3-100 熔断式刀开关、HH 系列低压负荷刀开关、HZ 系列低压组合刀开关每组 2 只；DZ47-63 型低压断路器、DZ47LE-63 型低压断路器、DZ20 型低压断路器每组 2 个。

2. 工具与仪表

1）电工钳、尖嘴钳、组合扳手、螺钉旋具、抹布、记号笔等每组一套。

2）MF47 型万用表、绝缘电阻表每组一块。

三、任务内容

1）在教师的指导下，仔细观察各种不同类型、规格刀开关和断路器的外形和结构特点。将各种刀开关和断路器的应用场合、主要结构填入表 3-2-2 中。

表 3-2-2　刀开关和熔断器识别表

名　称	HK1-30/3 型开启式刀开关	HD13-400/31 型开启式刀开关	HR3-100 熔断式刀开关	DZ47-63 型低压断路器	DZ20 型低压断路器
应用场合					
主要结构					

2）在教师指导下拆装 HK1-30/3、HD13-400/31、HR3-100 型开启式刀开关，要求会检查动、静触头，上、下接线端子的质量。

3）对比拆装 DZ47-63 型和 DZ20 型低压断路器，要求会检查上、下接线端子的质量，会识别其产品标识，会安装低压断路器。

4）用 MF47 型万用表检查断路器触头的接触电阻。用绝缘电阻表测量刀开关的绝缘电阻。

四、任务评价

根据表 3-2-3 对学生们完成本次工作任务中的表现进行评价。

表 3-2-3 学生完成任务评价表

任务	评价标准		配分	得分
HK1-30/3 型开启式刀开关	(1)拆装不合理 (2)检查不合理	扣 1~5 分 扣 1~5 分	10	
HD13-400/31 型开启式刀开关	(1)拆装不合理 (2)检查不合理	扣 1~5 分 扣 1~10 分	20	
HR3-100 型熔断式刀开关	(1)拆装不合理 (2)检查不合理	扣 1~10 分 扣 1~10 分	20	
Z47-63 型低压断路器	(1)拆装不合理 (2)检查不合理	扣 1~10 分 扣 1~10 分	20	
DZ20 型低压断路器	(1)拆装不合理 (2)检查不合理	扣 1~10 分 扣 1~10 分	20	
安全文明生产	(1)不能及时整理现场和器具 (2)不能与周围同学密切合作	扣 1~5 分 扣 1~5 分	10	
合计			100	

学生自评：

学生签字：　　　　　年　月　日

教师评价：

教师签字：　　　　　年　月　日

任务三　仪用互感器的使用

学习目标

1）掌握电流互感器、电压互感器的结构特点及安装使用方法。

2）能够利用电流表、电流互感器测量电气设备的工作电流。

知识链接

一、电流互感器、电压互感器的基本知识

互感器是一种特殊的变压器，分为电流互感器和电压互感器两种。工业中通常利用互感器和相应的电流表、电压表来监测设备或线路的电流与电压值，为设备或线路的运行维护提供依据。互感器的主要作用为：第一，保证仪表、继电器等二次设备与主电路（一次设备）的绝缘。避免主电路的高电压或大电流直接引入二次设备，同时又可防止二次设备的故障影响主电路，提高一、二次电路的安全可靠性。第二，用来扩大仪表、继电器等二次设备的应用范围。例如，一只5A量程的电流表，通过采用不同电流比的电流互感器就可以测量任意大的电流。同样，一只100V量程的电压表，通过采用不同电压比的电压互感器就可以测量任意高的电压。

（一）电流互感器

1. 电流互感器的结构与工作原理

（1）电流互感器的结构

电流互感器的结构和接线图如图3-3-1所示。电流互感器实质是一种升压变压器，其结构与普通变压器相似，由铁心、一次绕组和二次绕组组成。

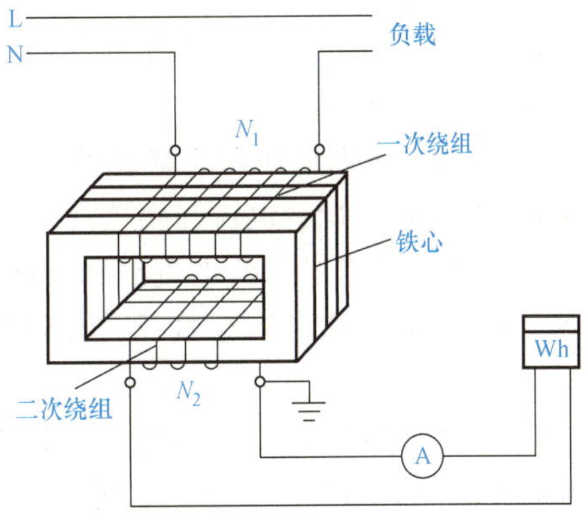

图3-3-1　电流互感器的结构和接线图

（2）电流互相器的工作原理

电流互感器的一次绕组与被测电路串联，二次绕组与电流表串联。由于电流表内阻很小，电流互感器串入电路后对被测电路的工作状态影响很小。

电流比 K_{IN} 是电流互感器的一个重要参数，它等于电流互感器一次额定电流 I_{1N} 与二次额定电流 I_{2N} 之比，即 $K_{IN}=I_{1N}/I_{2N}$。通常要标在电流互感器的铭牌上。

在实际测量中，与电流互感器配合使用的电流表，是按一次电流来刻度的，这样可直接方便地读取测量数据。

2. 电流互感器的型号与电气符号

（1）型号

国产电流互感器的型号通常由汉语拼音字母及阿拉伯数字组成，它可以表示电流互感器

的线圈形式、绝缘结构、使用场合、电压等级准确度等参数。电流互感器型号规定如图 3-3-2所示（第 4、5 位可以不写）。其中，前 4 位文字符号所代表的含义见表 3-3-1 所示，5~8 位数字符号表示相应参数的数量等级。

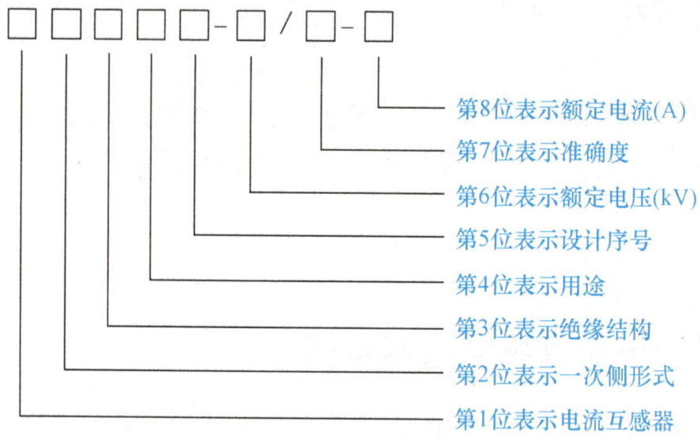

图 3-3-2　电流互感器型号含义图

表 3-3-1　电流互感器型号中字母的含义

位数	字 母 含 义
1	L—电流互感器
2	D—单匝贯穿式；F—复匝贯穿式；Q—线圈式；M—母线式；A—穿墙式；C—瓷套式
3	Z—浇注绝缘；C—瓷绝缘；J—加强型；W—户外型；G—干式绝缘；D—差动保护
4	C、D—差动保护；Q—加强型；J—加大容量

例如：LFC-10 / 0.5-300 型，表示为复匝贯穿式瓷绝缘的电流互感器，其额定电压为 10kV、准确度等级为 0.5 级、额定电流为 300A

（2）电气符号

图 3-3-3 所示为电流互感器的图形符号。一次绕组端钮用符号 P_1 和 P_2 表示，二次绕组端钮用符号 S_1 和 S_2 表示。

3. 电流互感器的使用注意事项

1）接线要正确，电流互感器应遵守“串联”接线规则，即一次绕组与被测电路串联，二次绕组接入所用仪表的电流线圈。注意接线的同名端极性，其中 P_1 和 S_1 为同名端，P_2 和 S_2 为同名端，如果极性接反，测量仪表指针将反转。

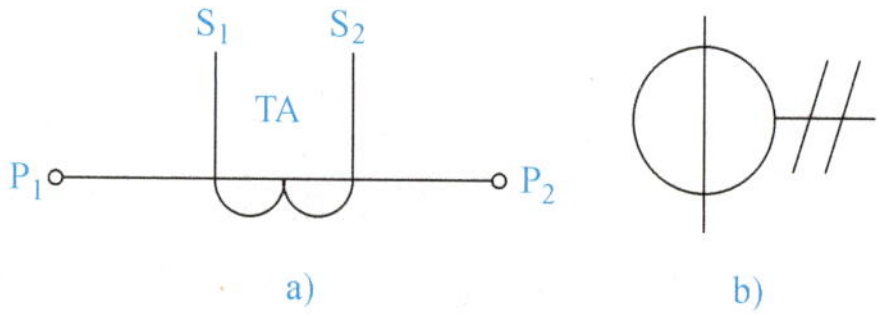

图 3-3-3　电流互感器的图形符号
a）多线图　b）单线图

2）实际选择电流互感器时，可根据测量要求的准确度等级进行确定。电流互感器的一次电流包括 10A、20A、30A、40A、50A、75A、100A 等多个等级，但是，二次电流一般为 5A；额定功率包括 5V·A、15V·A、20V·A 等多个等级；额定电压包括 0.5kV、10kV、15kV、35kV 等多个等级；通常 380V/220V 三相四线制电路的电流测量均采用额定电压为 0.5kV 的电流互感器。

3）运行时电流互感器的二次侧严禁开路。因此，电流互感器的二次侧不允许装设熔断器，运行中的互感器在维修时应先将二次侧短路。

4）电流互感器二次绕组、铁心及外壳必须可靠接地，以保证人身安全。

（二）电压互感器

1. 电压互感器的结构与工作原理

电压互感器的原理模型如图 3-3-4 所示。电压互感器是一种降压变压器，由一、二次绕组和铁心组成。一次绕组与被测电路并联，二次绕组与电压表、功率表或电能表等仪表的电压线圈相连。由于一次电压线圈的阻抗都很大，并入电路后对被测电路的工作状态影响很小。

在电压互感器的铭牌上常标有额定电压比 K_{UN}，它等于电压互感器一次额定电压 U_{1N} 与二次额定电压 U_{2N} 之比。即 $K_{UN}=U_{1N}/U_{2N}$。

K_{UN} 常标在电压互感器的铭牌上。当电压互感器二次侧上的电压表读数为 U_2 时，则一次侧上的被测电压 U_1 可由下式算出：$U_1=K_{UN}\times U_2$。在实际测量中，与电压互感器配合使用的电压表，一般都是按一次电压来刻度的，故可直接获取测量数据。

2. 电压互感器的型号与电气符号

（1）型号

国产电压互感器的型号通常由以下五部分组成，电压互感器型号的含义规定如图 3-3-5 所示。电压互感器型号中字母的含义见表 3-3-2。

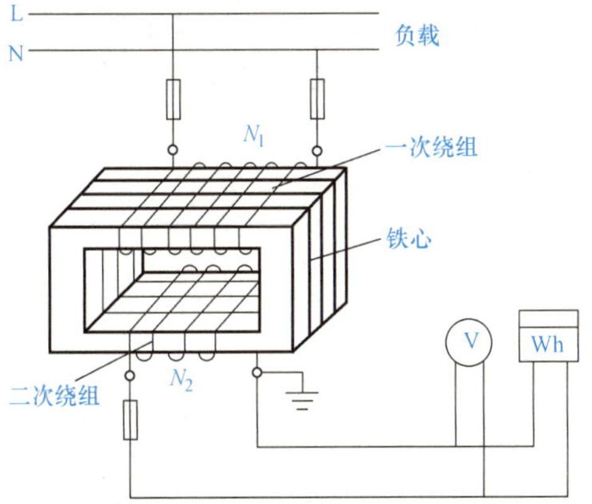

图 3-3-4　电压互感器的结构和接线图

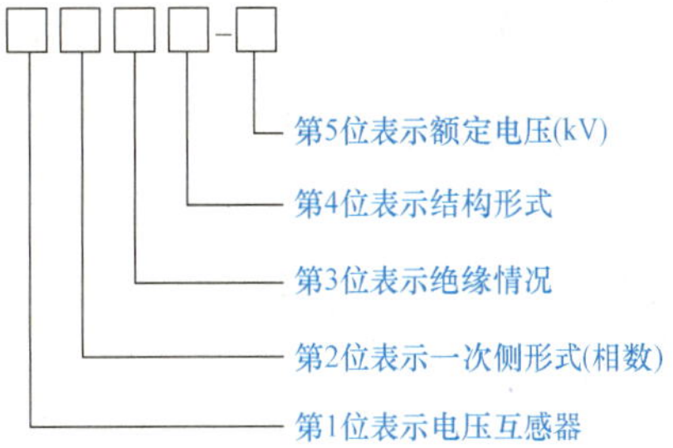

图 3-3-5　电压互感器型号含义图

表 3-3-2　电压互感器型号中字母的含义

位　数	字母含义
1	J—电压互感器
2	D—单相；S—三相
3	J—油浸式绝缘；G—干式绝缘；Z—浇注绝缘；C—瓷绝缘
4	J—接地保护；W—五铁心柱三绕组；B—带补偿绕组
例如：JDG—0.5 型，表示单相干式电压互感器，额定电压 500V	

（2）电气符号

图 3-3-6 所示为电压互感器的电气符号。一次绕组端钮用符号 A 和 X 表示，二次绕组端钮用符号 a 和 x 表示。

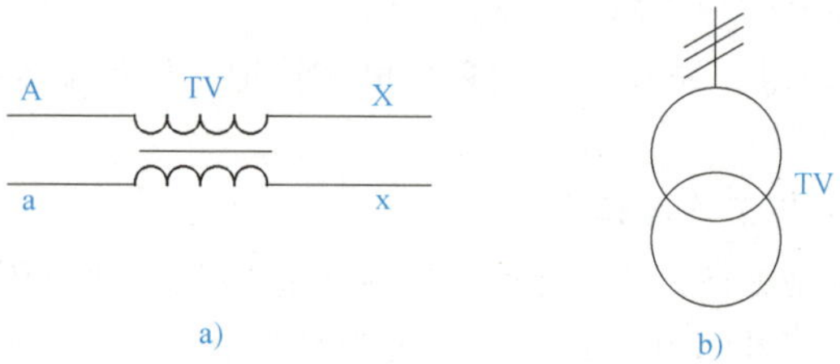

图 3-3-6 电压互感器的电气符号
a）多线图 b）单线图

3. 电压互感器的使用注意事项

1）接线要正确，电压互感器应遵守“并联”接线规则，即一次绕组与被测电路并联，二次绕组接入所用仪表的电压线圈。注意接线的极性，防止测量仪表指针反转。电压互感器A、a 端钮是同名端，X、x 端钮是同名端。

2）电压互感器的铭牌一般都标有额定功率、额定电压比、准确度等级等参数。应该说明，电压互感器只有在额定条件下，才能保证电压比不超过规定值，因此，使用时要选用功率相当的电压互感器。凡是电压表上注有外附电压互感器标注时，必须注意与电压互感器的配套使用，因为这些电压表虽然标尺刻度为 35kV，但它们实际上是 100V 的电压表，配上电压互感器之后才能够使用。

3）电压互感器的一、二次侧严禁短路。因此，电压互感器的一、二次侧都要装设熔断器，以防止电压互感器绕组短路而影响到被测的高压供电系统，避免因二次侧短路而烧毁电压互感器。

4）电压互感器二次绕组、铁心及外壳必须可靠接地，以保证人身安全。

二、典型产品介绍

1. LKZB-0. 5 型电流互感器

LKZB-0. 5 型电流互感器为户内装置，是专门为 35kV 户内电缆头出线而设计的电流互感器，应用在额定频率 50Hz、额定电压 6~35kV 的电力系统中。结构特点为开合式，安装时可将互感器分为两半，中间窗孔供一次母线穿过，然后用螺栓拧紧，二次绕组及铁心均浇注在聚酯树脂内。图 3-3-7 所示为其实物图。

2. LQZJI-0. 66 型电流互感器

LQZJI-0. 66 型电流互感器为浇注式电流互感器，其安装采用底板固定安装方法。主要用于户内、供额定电压为 0. 66kV 及以下、额定频率为 50Hz 的电力系统中。图 3-3-8 所示为其实物图。

3. LDJ1-10Q 型电流互感器

LDJ1-10Q 型电流互感器为环氧树脂浇注绝缘、户内型、单匝贯穿全封闭结构的电流互感器，适用于 10kV、50Hz 的交流电力系统电流、电能测量及继电保护电路中。其结构特征是，一次导电杆（1000A 以上者为铜母线）穿入带有铁心的二次绕组中，一起浇注在环氧树脂里，具有优良的绝缘性能和防潮能力，并容易做到表面清洁。一次绕组出线端标志为 P_1、P_2，二次绕组出线端标志为 $1S_1$、$1S_2$、$2S_1$、$2S_2$，面板上有接地螺栓及 4 个安装孔。一次额定电流为 200~1500A；二次额定电流为 5A。图 3-3-9 所示为其实物图。

图 3-3-7　LKZB-0.5 型电流互感器实物图

图 3-3-8　LQZJI-0.66 型电流互感器实物图

4. JDZ-10 型电压互感器

JDZ-10 型电压互感器适用于额定频率为 50Hz、额定电压为 3～10kV 的交流电力系统中的电能计量、电压监测和继电保护电路中。电压互感器为半封闭环氧浇注式，浇注体中有圆筒式同心组合的一次、二次绕组。产品底部夹件上有接地螺栓及供安装用的四个安装孔。图 3-3-10 所示为其实物图。

图 3-3-9　LDJ1-10Q 型电流互感器实物图

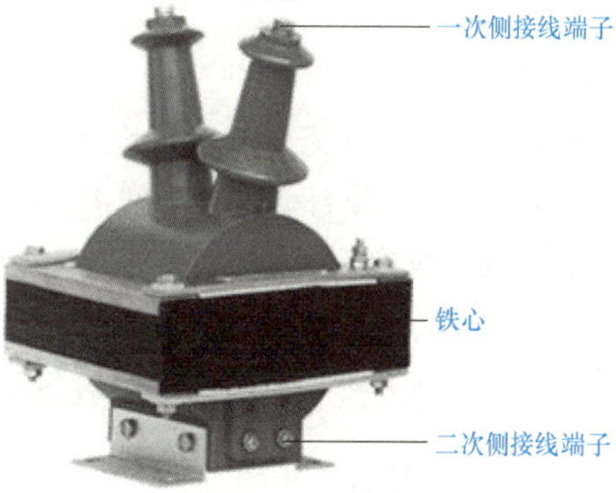

图 3-3-10　JDZ-10 型电压互感器实物图

思考与练习

一、填空题

1. 国家规定电压互感器的文字符号是__________，图形符号是__________；电流互感器的文字符号是__________，图形符号是__________。

2. 电压互感器二次侧不允许__________，电流互感器二次侧不允许__________，但是都需要__________。

3. 电流互感器__________与二次绕组 I_2 的电流比，叫作实际电流比。

4. 电流互感器是__________变压器，电流互感器将__________按比例转换成小电流，电流互感器一次侧接在一次系统，二次侧接__________等。

5. 电压互感器是__________变压器，电压互感器将高电压按比例转换成__________，电压互感器一次侧接在一次系统，二次侧接__________。

6. 电流互感器基准的二次电流值，通常为__________。

二、思考题

1. 说明电压互感器的功用、结构特点及使用注意事项。
2. 说明电流互感器的功用、结构特点及使用注意事项。

任务实施

电压互感器与电流互感器的使用训练

一、任务目的

1）学习电流互感器的使用与安装方法。

2）利用电流互感器与交流电流表，测量电动机绕组的工作电流。

二、实训材料与工具

1. 材料

量程为 10A 的交流电流表每组 3 个、LMZ0.5-10/5 的电流互感器每组 3 个、0.5kW 三相交流异步电动机 1 台、连接导线若干。

2. 工具与仪表

1）电工钳、尖嘴钳、组合扳手、螺钉旋具、抹布、记号笔等每组一套。

2）MF47 型万用表、绝缘电阻表每组一块。

三、任务内容

1）将三相异步电动机接成星形接法，并通电试运行。

2）将电流互感器和交流电流表安装在控制版面板上。

3）按图 3-3-11 所示搭接电路。将三相异步电动机电源线分别穿过三个互感器的中心孔；三个互感器二次侧首端分别与三个电流表的首端相连；三个互感器二次侧尾端连接在一

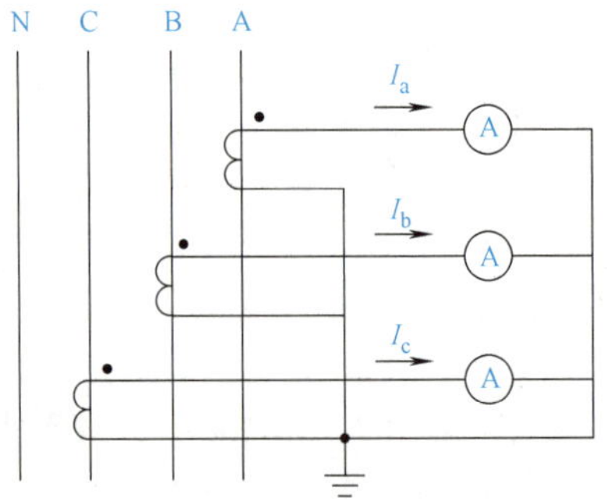

图 3-3-11 利用互感器测量电流电路图

起接地，并且同时与三个电流表的尾端相连。

4）检查无误后通电运行，记录三相异步电动机的起动电流、运行电流，将测量结果填入表 3-3-3 中。

表 3-3-3　测量数据记录表

测量方式 \ 电动机电流		A 相/A	B 相/A	C 相/A
计算值	额定电流			
测量值	起动电流			
	运行电流			

四、任务评价

根据表 3-3-4 对学生们完成本次工作任务中的表现进行评价。

表 3-3-4　任务评价表

任　务	评 价 标 准	配　分	得　分
工具选择与检查	(1)工具选择有误　扣 1~5 分 (2)工具检查不合理　扣 1~5 分	10	
电流互感器使用	(1)电流互感器安装不合理　扣 1~10 分 (2)电流表接线不合理　扣 1~20 分 (3)电流表读数不正确　扣 1~10 分	40	
电压互感器使用	(1)电压互感器安装不合理　扣 1~10 分 (2)电压表接线不合理　扣 1~20 分 (3)电压表读数不正确　扣 1~10 分	40	
安全文明生产	(1)不能及时整理现场和器具　扣 1~5 分 (2)不能与周围同学密切合作　扣 1~5 分	10	
合　　计		100	

学生自评：

学生签字：　　　　　　年　月　日

教师评价：

教师签字：　　　　　　年　月　日

任务四 工厂照明电路的安装与使用

学习目标

1）掌握工厂照明光源、灯具的种类、特征、应用。

2）正确识读工厂照明线路电气施工图。

3）养成安全文明生产意识，发扬爱岗敬业精神。

知识链接

照明光源与灯具基本常识。

一、工厂照明常用电光源的选择

常用电光源按其发光原理可分为热辐射光源和气体放电光源两大类。气体放电光源按其光物质不同又可分为金属类光源（如低压汞和高压汞灯）、惰性气体类光源（如氙灯及汞氙灯）和金属卤化物光源（如钠铊铟灯）等。

1. 工厂照明常用光源

（1）白炽灯

白炽灯是热辐射光源，白炽灯灯丝为金属钨，工作时灯丝温度很高，平均寿命一般只有1000h。功率大于40W的灯泡抽真空后充入惰性气体氩或氮等，以免灯丝氧化。具有构造简单、成本低廉、使用方便、显色性好、点燃迅速、无频闪等特点。图3-4-1为白炽灯的实物图与结构图。

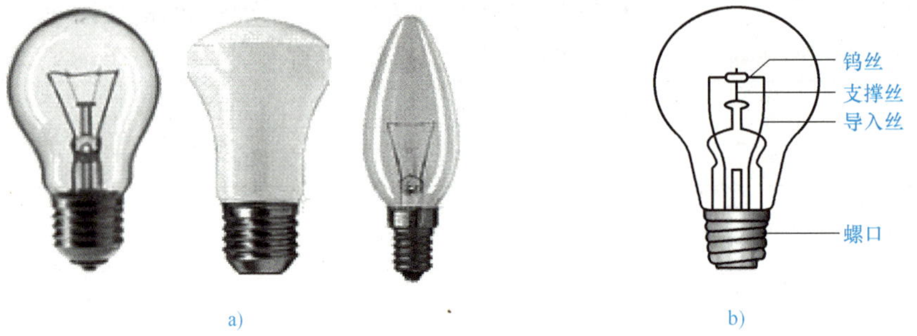

图3-4-1 白炽灯实物图与结构图

a）实物图 b）结构图

（2）荧光灯

荧光灯的形状有直管形、H形、螺旋紧凑形、环形等，图3-4-2为荧光灯实物图。荧光灯的显色性好，常用于图书馆照明、办公室照明、隧道照明、地铁照明、商店照明及其他对显色性要求较高的场合。荧光灯内荧光粉的化学成分可决定其发光颜色。

（3）卤钨灯

卤钨灯是在白炽灯中充入微量卤族元素或卤化物的气体，利用卤钨循环原理来提高光效和使用寿命的一种光源，最常见的卤钨灯是灯内充有微量碘的碘钨灯。图3-4-3为两端接线

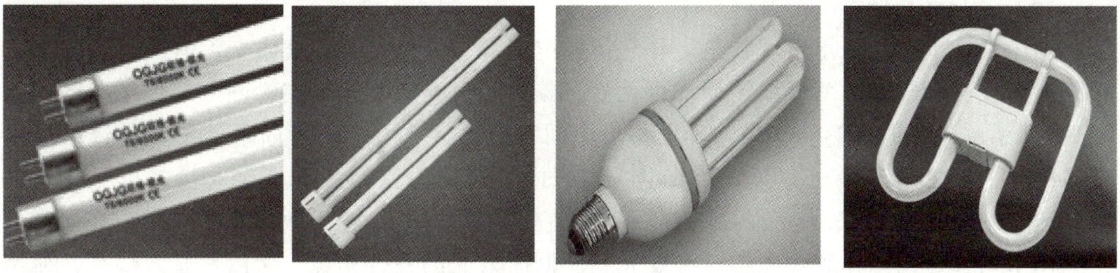

a) b) c) d)

图 3-4-2 荧光灯灯管实物图

a）直管形 b）H形 c）螺旋紧凑形 d）环形

卤钨灯的实物图。卤钨灯适用于照度要求高，显色性要求较高，且无振动、频闪效应小的场所。

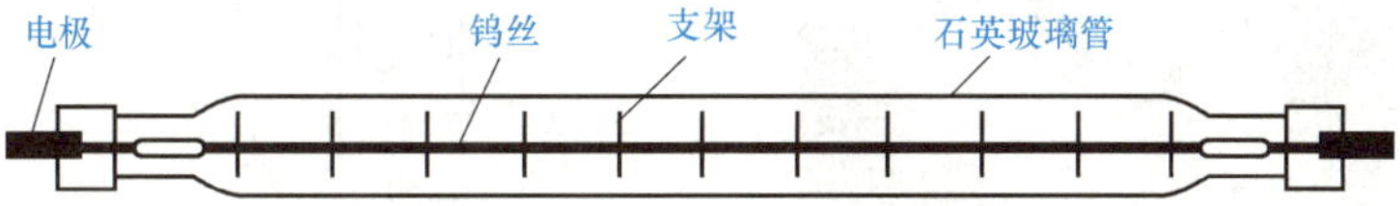

图 3-4-3 卤钨灯实物图

（4）高压钠灯

高压钠灯是利用钠蒸气放电发光而制成的一种气体放电光源。高压钠灯在外壳内装有放电管，放电管内充有钠、汞、氙气。接通电源后，电流通过镇流器和双金属片常闭触头形成通路，经过一段时间后，电阻发热使常闭触头断开，在断电的一瞬间，镇流器产生 3kV 的脉冲电压将钠灯点亮，开始放电时是通过氙气和汞进行的，随着放电管内温度的上升，从氙气和汞放电向高压钠蒸气放电转移。图 3-4-4 为高压钠灯实物图与内部结构图。高压钠灯发光效率高，属于节能型光源，具有结构简单、平均寿命长、不招飞虫、抗振性能好、辐射紫外线少、透雾性能好、发光量受环境温度变化影响小等特点；不足之处是显色性差。高压钠灯对供电电压的变化非常敏感，若电压突降 5%以上，可能自行熄灭，重新启动需要 10～15min。

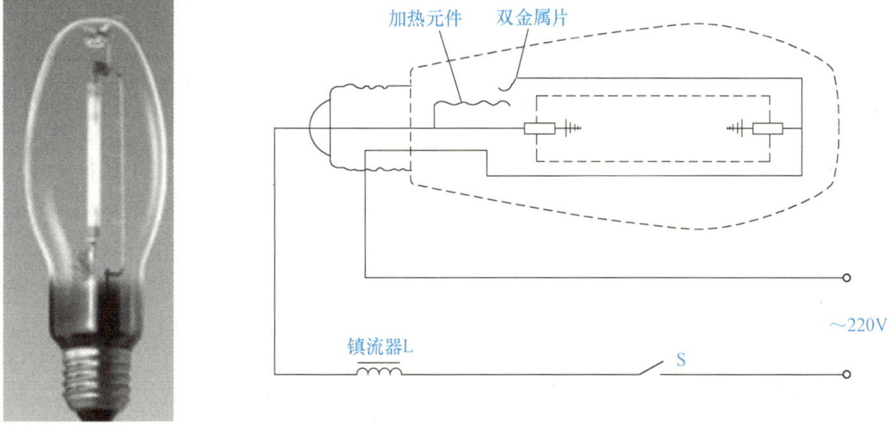

图 3-4-4 高压钠灯实物图与内部结构图

(5) 高压汞灯

高压汞灯也称高压水银灯，是一种气体放电光源。该灯外壳玻璃内壁涂有荧光粉，它能将壳内的放电管辐射的紫外线转变成可见光，提高了发光效率，其实物图与工作电路图如图3-4-5所示。工作时，第一主极与辅助主极之间首先击穿放电，使管内汞蒸发，导致第一主极与第二主极之间击穿，发生弧光放电，使管内的荧光粉受到激发产生大量的可见光。另外，还有一种高压汞灯，是自振式高压汞灯，它利用自身的钨丝兼做镇流器。由于高压汞灯是利用汞蒸气、白炽体和荧光粉三种发光物质同时发光的复合光源，所以发光效率高，使用寿命也较长，但是启动时间较长（4~8min），显色性较差，适合于大中型厂房、仓库、动力站房、露天堆场及作业场地。

a)

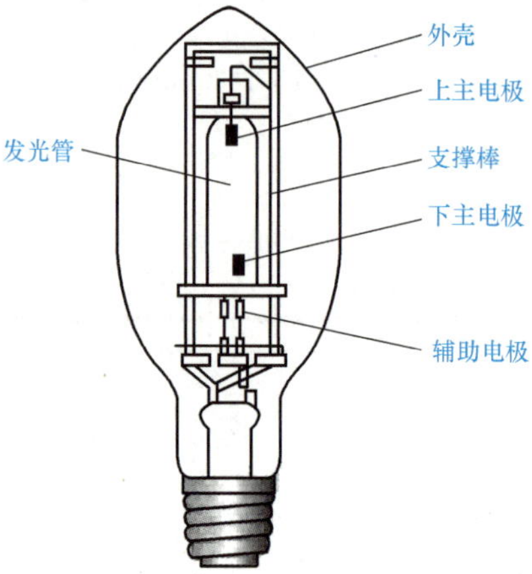

b)

图 3-4-5 高压汞灯实物图与内部结构图
a）实物图 b）结构图

2. 工厂常用光源的选择

工厂常用照明光源的类型应根据要求和使用场所特点而定，而且尽量使用高效和长寿命的光源。

1）需要频繁开闭、及时点亮或调光的场所，及需要防止电磁干扰的场所，宜选用白炽灯作为光源。

2）一般生产车间、仓房、站房以及非生产性的建筑物、办公楼、宿舍厂区道路等，应优先选用结构简单、价格低廉的白炽灯或高效气体放电光源。

3）对于识别颜色要求较高、照度要求较高、观看条件要求较好的场所，如试验室、阅览室、设计室、印染车间、印刷车间等，宜采用荧光灯。

4）悬挂高度超过4m以上的场所，宜采用高压汞灯或高压钠灯，有悬挂条件需要大面积照射的场所宜采用金属卤化物灯或氙灯。

5）悬挂高度在4m以下的一般工作场所，考虑节约电能，宜优先选用荧光灯。

6）在同一场所，当采用一种光源的光色较差时，可以考虑采用两种或多种光源混合照明，以改善光色。

二、工厂常用照明灯具的使用

照明灯具主要是按照灯具的光通量在空间的分布情况及灯具的结构特点、用途、固定方式等进行分类。

1. 灯具的分类

（1）按用途和安装方式分类

1）灯具按安装方式分类可分为悬挂式、落地式、庭院式、顶棚嵌入式、壁式、吸顶式、台式、道路广场式等。图 3-4-6 为照明灯具按安装方式分类示意图。

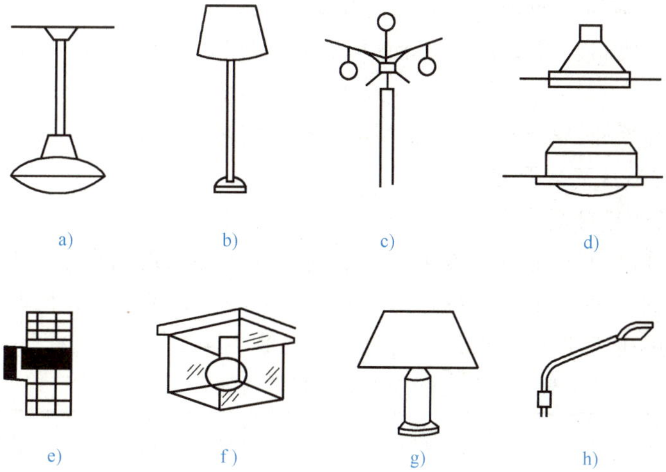

图 3-4-6 照明灯具按安装方式分类示意图

a）悬挂式 b）落地式 c）庭院式 d）顶棚嵌入式 e）壁式 f）吸顶式 g）台式 h）道路广场式

2）按用途分类

灯具按用途不同可分为实用照明灯具、应急障碍照明灯具和装饰照明灯具。

（2）按灯具外壳结构和防护等级分类

1）按灯具外壳结构分类。

灯具按外壳结构不同可分为闭合型、密闭型、开启型、防爆安全型、隔爆型、防腐型等，图 3-4-7 为照明灯具按外壳结构分类示意图。

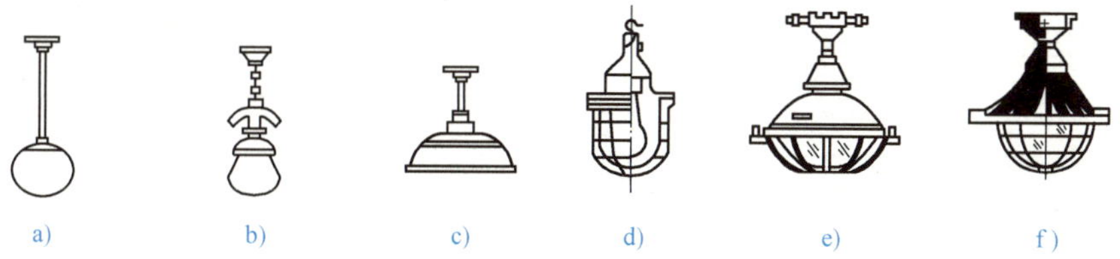

图 3-4-7 照明灯具按外壳结构分类示意图

a）闭合型 b）密闭型 c）开启型 d）防爆安全型 e）隔爆型 f）防腐型

2）按灯具外壳防护等级分类。

灯具外壳防护等级采用特征字母“IP”后面跟两个数字来表示灯具的防尘、防水等级。若仅需用一个特征数字表示防护等级，被省略的数字必须用字母 X 代替。灯具的等级至少为 IP2X，防护等级 IP20 的灯具不须标上标记。

2. 工厂常用照明灯具类型的选择

灯具的选择应在满足使用功能、照明质量、运行费用、安装维护等因素的要求前提下，优先选用高效节能电光源和高效灯具。

1）空气干燥和少尘的车间，可选用开启型的各种灯具；空气潮湿和多尘的车间，可选用防水、防尘的各种密闭型灯具。

2）一般办公室、会议室，可选用开启型或闭合型的各种灯具。

3）有爆炸性气体或粉尘的厂房内，应选用防尘、防水或LED防爆灯，控制开关不应装在同一场所，需要装在同一场所时应采用防爆式开关。

4）考虑维修方便和使用安全，在灯具可能受到机械损伤的厂房内，应采用有保护网的灯具。

5）门厅、走廊等处，一般选用闭合型的各种吊灯或吸顶灯。

3. 室内灯具的悬挂高度及布置

（1）室内灯具的悬挂高度

室内灯具的悬挂高度要适宜，如果悬挂过高，要满足照度的要求，势必增大光源功率，同时维护、维修也不方便；如果悬挂过低，容易被人碰撞，不安全，同时还会产生眩光，降低人的视力。室内一般照明灯具的最低悬挂高度见表3-4-1。

表3-4-1　室内一般照明灯具的最低悬挂高度

光源种类	反射器类型	灯泡容量/W	最低悬挂高度/m
白炽灯	搪瓷反射器	100及以下	2.5
		150~200	3
		300~500	3.5
		500以上	4
	乳白玻璃漫射罩	100及以下	2
		150~200	2.5
		300~500	3
高压汞灯	搪瓷反射器	250及以下	5
	铝抛光反射器	400及以上	6
卤钨灯	搪瓷反射器	500	6
	铝抛光反射器	1000~2000	7
荧光灯	无反射器		2
金属卤化物灯	搪瓷反射器	400	6
	铝抛光反射器	1000	14以上
高压钠灯	搪瓷反射器	250	6
	铝抛光反射器	400	7

（2）室内灯具的布置

室内灯具的布置与房间的结构及照明的要求有关，既要经济实用，又要尽可能协调美观，同时还要便于维护与维修。车间内一般照明灯具通常有两种布置方案。

1）选择布置：灯具的布置与生产设备的位置有关。大多按工作面对称布置，力求使工作面获得最有利的光照并消除阴影。

2）均匀布置：灯具在整个车间内均匀分布，灯具布置与生产设备的位置无关。

均匀布置较之选择布置更为美观，均匀布置的灯具可排列成正方形、矩形、菱形等布置形式。均匀布置时整个车间照度无变化，工作重点不突出，往往需要增加局部照明。灯具间的距离应根据灯具的光强分布、悬挂高度、房屋结构及照度要求等多种因素而定。为了使工作面上获得较均匀的照度，灯具悬挂高度要满足灯具所规定的高度要求。

4. 灯具的标注

（1）工厂常用灯具类型的表示方法

工厂常用灯具类型的表示方法见表 3-4-2。

表 3-4-2　工厂常用灯具类型的表示方法

灯具类型	文字符号	灯具类型	文字符号	灯具类型	文字符号
壁灯	B	卤钨探照灯	L	花灯	B
吸顶灯	D	普通吊灯	P	水晶底罩灯	J
防水防尘灯	F	搪瓷伞罩灯	S	荧光灯灯具	Y
工厂一般灯具	G	视光灯	T	柱灯	Z

（2）工厂常用灯具安装方式的表示方法

工厂常用灯具安装方式的表示方法见表 3-4-3。

表 3-4-3　工厂常用灯具安装方式表示方法

序号	灯具安装方式	代号	序号	灯具安装方式	代号
1	线吊式	CP	9	嵌入不可进入的棚顶	R
2	固定线吊式	CP1	10	嵌入可进入的棚顶	CR
3	防水线吊式	CP2	11	墙壁内安装	WR
4	吊线器式	CP3	12	支架上安装	SP
5	链吊式	CH	13	台上安装	T
6	管吊式	P	14	座装	HM
7	壁管式	W	15	柱上安装	CL
8	吸顶式	S			

5. 照明平面图中灯具的标注方法

在照明平面图中灯具的标注方法：$a-b\dfrac{c\times d}{e}f$

式中，a 为灯具的套数；b 为灯具的型号；c 为灯泡或灯管的个数；d 为单个灯的容量（W）；e 为灯具的安装高度（m）；f 为灯具的安装方式。

例如，某居室照明平面图中标有：$4\text{-P}\dfrac{2\times40}{2.8}\text{Ch}$

表示这部分平面图中有 4 个链吊式（Ch）普通吊灯（P），每个吊灯内装 2 个功率为 40W 的灯管，安装高度为 2.8m。

三、工厂照明配电系统的接线方式

工厂照明电源从低压配电屏到用户配电箱之间的配电设备称为照明配电系统，主要由馈电线、干线、分支线及配电盘组成。馈电线是指电能从变电所的低压配电屏到用户总配电柜之间的线路；干线是指电能从总配电柜到各个分照明配电箱之间的线路；分支线指电能从各分配电箱到用户配电箱（灯具）之间的线路。图 3-4-8 为照明配电系统的组成图。

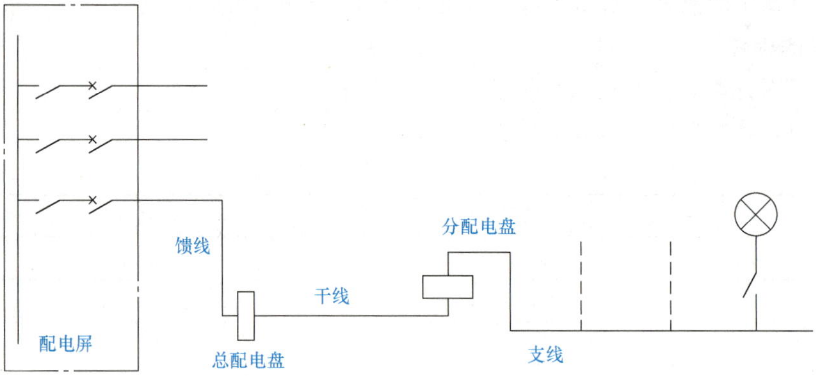

图 3-4-8　照明配电系统组成图

1. 工厂照明配电系统的基本接线方式

工厂照明配电系统有放射式、树干式和混合式等几种基本接线方式。图 3-4-9 为照明配电系统基本接线方式图。

(1) 放射式

图 3-4-9a 为放射式接线图，它的特点是：发生故障时互不影响，供电可靠性较高，但在一般情况下，其导电材料消耗量较多，使用的开关设备也较多。这种线路多用于供电可靠性要求较高的照明线路。

(2) 树干式

树干式接线即链式接线，图 3-4-9b 为树干式接线图。树干式接线的特点是：供电系统灵活性好，并且采用开关设备少，一般情况下导电材料消耗量较少。有故障时停电范围大，所以供电可靠性较低，适用于供电容量小且分布较均匀的照明线路。

(3) 混合式

在照明配电网络中，往往是几种接线方式的有机结合，即混合式接线方式，该种形式接线的优缺点介于放射式和树干式之间，图 3-4-9c 为混合式接线图。

2. 多层建筑照明配电系统典型的接线方式

图 3-4-10 为照明配电系统典型的接线方式图，其中图 a 为无单元配电箱接线方式图，图 b 为有单元配电箱接线方式图。图 3-4-10a 进户线进入大楼的配电间的总配电箱，由总配电箱采取干线或立管方式直接向各层分配电箱馈电，再经分配电箱引出支线向各房间照明设备供电，我国的早期多层建筑经常采用这种配电系统。图 3-4-10b 进户线进入大楼的配电间的总配电箱后，首先进入单元配电箱，然后由单元配电箱采用放射式向各层分配电箱馈电。由于这种接线方式更为灵活、

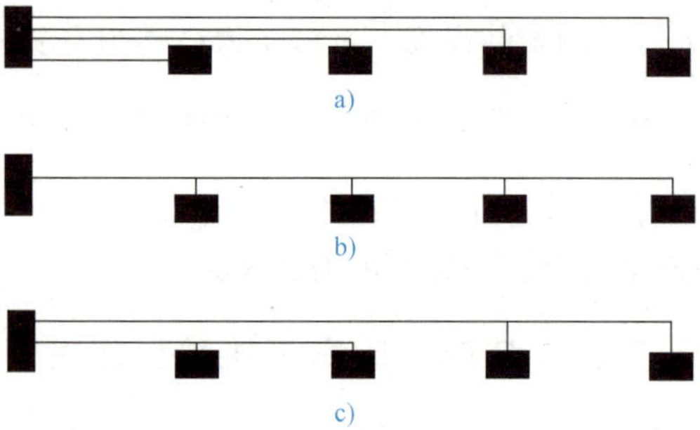

图 3-4-9　照明配电系统基本接线方式图
a）放射式　b）树干式　c）混合式

可靠，现代多层建筑经常采用这种配电系统。

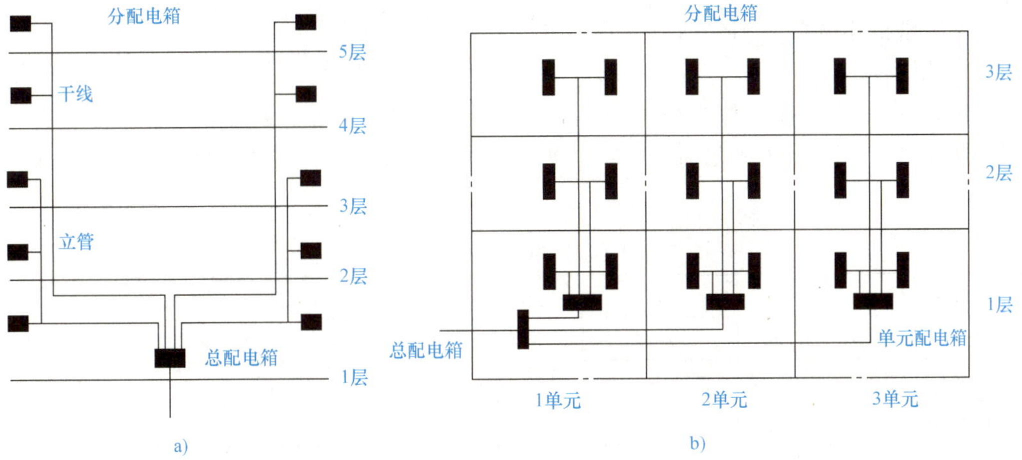

图 3-4-10　多层建筑照明配电系统典型的接线方式图
a）无单元配电箱接线方式图　b）有单元配电箱接线方式图

3. 高层建筑照明配电系统的典型接线方式

高层建筑照明配电系统有四种常用的接线方式，如图 3-4-11 所示。其中方案 a、b、c 为混合式，它是先将整幢楼按区域和层分为若干供电区，设置电气竖井，并划分每个供电区的层数为 2~6 层，每路干线向一个供电区供电，故又称为分区树干式配电系统。方案 a 和 b 基本相同，只是方案 b 增加了一个共用备用回路，共用回路采用了大树干式配电方式。方案 c 增加了一个分区配电箱，它与方案 a 和 b 比较更灵活可靠。方案 d 采用了大树干式配电方式，配电干线少，减少了低压配电屏及馈电回路数，安装维护方便，但供电的可靠性和控制的灵活性较差。

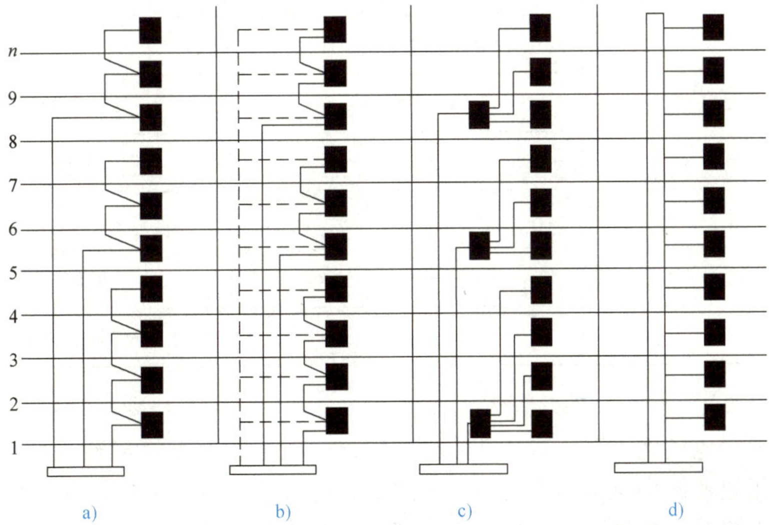

图 3-4-11　高层建筑照明配电系统的典型接线方式图

四、照明电气施工图的主要内容

一套完整的电气施工图包括以下几部分。

1. 图幅

图纸的幅面尺寸有六种规格，即 0 号、1 号、2 号、3 号、4 号、5 号，为了存档和使用方便，同一个项目尽量使用同一种规格的图纸。表 3-4-4 为各种图纸的具体尺寸表。

表 3-4-4　各种图纸的具体尺寸表　（单位：mm）

幅面代号	0	1	2	3	4	5
宽×长（B×L）	841×1189	594×841	420×594	297×420	210×297	148×210
边宽	10	10	10	10	10	10
装订侧边宽	25	25	25	25	25	25

2. 标题栏

标题栏又称图标，是用来标注图纸名称（项目名称或工程名称）、比例、图号、张次、设计单位、设计人员以及设计日期等内容的栏目，标题栏的位置通常在图纸的右下方，紧靠图纸边框线，图中的说明、符号均以看图的方向为准。

3. 比例

照明电气施工图中的设备与实物的大小往往不一致，必须按一定比例进行放大或缩小。例如，普通照明平面图和电力平面布置图多采用 1∶100 的比例绘制。

4. 图线

图线是照明电气施工图中使用的各种线条，常用的线型有粗实线、虚线、波浪线、点画线、双点画线、细实线等。表 3-4-5 给出了照明电气施工图中各种线条含义。

表 3-4-5　照明电气施工图中各种线条含义

线条名称	线条图例	表达含义
粗实线		主电路
细实线		控制电路或一般线路
虚线		事故照明线路
波浪线		移动式用电设备的软电缆或软电线
点画线		控制和信号线路
双点画线		36V 及以下的线路

5. 图例

为了简化照明电气施工图，对常见的材料构件、施工方法等规定了一些固定画法式样，称为图例。如果这些图例是由国家统一规定的则称为国标图例；由有关部委颁布的称为部标图例；一些大型设计院还规定了一些习惯图例。要看懂电气照明施工图，就要明白图中这些图例的含义。表 3-4-6 给出了常用照明电气设备图例含义。

表 3-4-6　常用照明电气设备图例含义

名称	图形符号	名称	图形符号	名称	图形符号
球形灯		安全灯	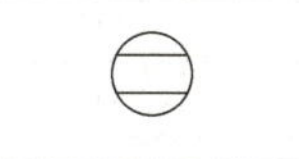	防爆灯	
防水防尘		天棚灯		有伞吊灯	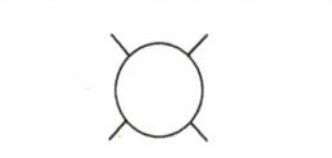
吊灯(花灯)		局部照明灯		广场型灯	
明装单极开关	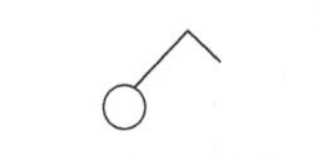	明装双极开关		明装三极开关	
暗装单极开关		暗装双极开关		暗装三极开关	
防爆单极开关		防水单极开关	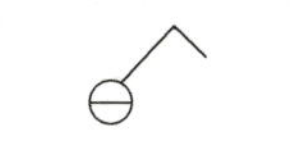	暗装四极开关	
明装单极拉线开关		暗装单极拉线开关		双线开关	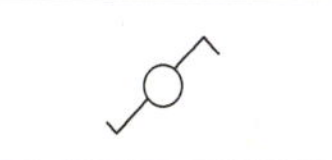
单管荧光灯	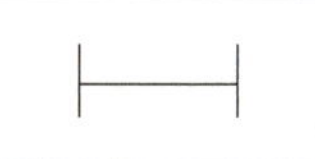	双管荧光灯	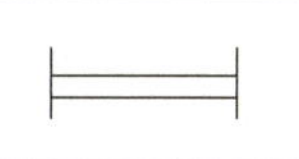	三管荧光灯	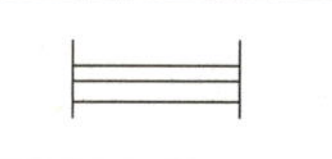
明装单相插座		暗装单相插座		明装带接地插孔三相插座	
明装带接地插孔单相插座		暗装带接地插孔单相插座		暗装带接地插孔三相插座	
吊扇		电阻加热装置	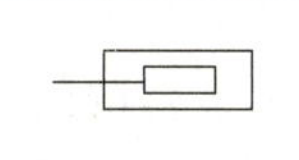	排风扇	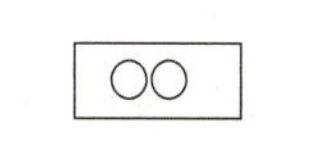
一般配电箱		照明和动力配电箱		照明箱	
母线		进户线		三根导线	

6. 设备材料表

为了便于施工单位采购电气设备、编制工程预算、编制施工计划等，在电气工程图样上要列出主要设备材料表。表内应列出所有电气材料的型号、规格、数量及有关的重要数据，要求与电气照明施工图一致，而且要按照序号编写。

7. 设计说明

主要说明电气设备的规格型号、工程特点、设计指导思想，以及使用的新材料、新工艺、新技术和对施工的要求等。

8. 导线敷设方式及敷设部位的标注方法

导线敷设方式及敷设部位标注方法见表 3-4-7。

表 3-4-7　导线敷设方式及敷设部位标注方法

序号	导线敷设方式	文字符号	序号	导线敷设部位	文字符号
1	穿焊接钢管敷设	SC	1	沿钢索敷设	SR
2	穿电线管敷设	TC	2	沿屋架或跨屋架敷设	BE
3	穿水煤气管敷设	RC	3	沿柱或跨柱敷设	CLE
4	穿硬聚氯乙烯管敷设	PC	4	沿墙面敷设	WE
5	穿阻燃半硬聚氯乙烯管敷设	FPC	5	沿顶棚面或顶板面敷设	CE
6	金属线槽敷设	MR	6	暗敷设在梁内	BC
7	塑料线槽敷设	PR	7	暗敷设在柱内	CLC
8	钢线槽敷设	SR	8	暗敷设在墙内	WC
9	电缆桥架敷设	CT	9	暗敷设在地面或地板内	FC
10	塑料夹敷设	PCL	10	暗敷设在屋面或顶棚内	CC
11	穿蛇皮金属软管敷设	CP	11	在能进入的吊顶内敷设	ACE
12	穿聚氯乙烯塑料波纹管敷设	KPC	12	暗敷设在不能进入的吊顶内	ACC
13	穿阻燃材料管敷设	PVC			
14	直埋敷设	DB			
15	电缆沟敷设	TC			
16	混凝土排管敷设	CR			

五、识读照明电气施工图

1. 照明电气原理图

按照照明电气设备控制要求，采用国家统一的电气符号，根据照明电气照明设备的工作顺序，表示电路、设备的全部组成和连接关系，而不考虑实际位置的一种图。照明电气原理图主要表明下列内容：

1）建筑物内照明电气系统的组成和连接关系。

2）各回路的去向、各回路配电装置的组成、用电容量值等。

3）导线和器材的规格、型号、数量、敷设方法，穿线管的名称、管径，线路中设备、器材的接地方式等。

2. 照明电气施工平面图

照明电气施工平面图是在照明电气原理图的基础上绘制而成的，主要表明下列内容：

1）电源进户线的位置、型号、根数、导线规格、引入方法（从地下敷设引入时注明穿管材料、名称、管径等，架空引入时注明架空高度）。

2）各用电器材、设备的平面位置、安装方法、安装高度、用电功率等。

3）主配电箱、分配电箱的位置；各配电箱引出回路的编号。

4）线路的敷设方法，穿线器材的名称、规格、管径、导线名称、根数。

3. 读图步骤和方法

1）先看图上的文字说明，主要包括图样目录、器件明细表、施工说明等。

2）读图时，按照从电气原理图到施工平面图、从电源进户线到总配电箱、从总配电箱到分配电箱、从分配电箱到各个负载的顺序。照明电气施工图有较多的图例符号，在识读前必须首先弄懂这些符号、代号、图例的含义。同时，读图时要注意把握好以下几个基本要点：

① 搞清楚该工程的供电方式和电压。电气设备的平面布置、安装方式和安装高度等。

② 电源进户线方式：常用的进户线方式有电缆进户、户外电杆引线入户、沿墙预埋支架敷设导线入户等。

③ 干线及支线情况：主要是干线在各层或配电箱之间的连接情况，各条干线或支线接入三相电路的相别，干线和支线的敷设方式和部位。

④ 配线方式：照明配线方式常用的有明敷设和暗敷设两种。

3）照明电气施工图，总体上反映了照明线路用电设备的结构特征、安装方法等情况，在电气照明施工图中不可能一一列出，施工时还要参见产品的说明书及有关电气设备的安装规范、规定。

4. 读图举例

（1）照明电气原理图转化为施工平面图

照明电气施工平面图是表达照明供电系统的原理和施工方法的图样，照明电气原理图与照明电气施工平面图之间就存在着对应转换关系，照明电气原理图可以转化为照明电气施工平面图。图 3-4-12 为照明电气原理图转化为施工平面图的图样，其左半部分为照明电气原理图，其右半部分为照明电气施工平面图。在图 a 和图 b 中，左半部分都是一个开关控制一盏灯的电气原理图，开关的敷设方式和灯的种类都没有标明，右半部分分别是一个开关控制一盏灯的电气施工平面图。图 a 右半部分为一个明装单极拉线开关控制一盏普通白炽灯的电气施工平面图，图 b 右半部分为一只暗装单极开关控制一盏球形灯的电气施工平面图。图 c 中，左半部分是一个开关控制一台风扇的电气原理图，右半部分为一个明装单极开关控制一台风扇的电气施工平面图。图 d 中，左半部分是一个荧光灯的电气原理图，右半部分为一个暗装单极开关控制一个荧光灯的电气施工平面图。

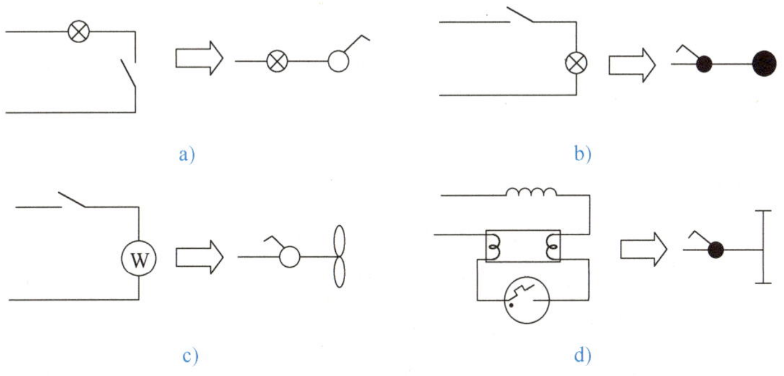

图 3-4-12　照明电气原理图转化为施工平面图

（2）阅读照明系统配电箱平面图

图 3-4-13 为某住宅的照明系统配电箱平面图。由图中可以看出，该住宅共有 3 个单元，每个单元为 6 层，每层 2 户。现以 1 单元为例分析其配电箱的平面图，L1 为 1 单元总配电箱，进线端 4 芯电力电缆的型号为 YJV-23，其中 3 条相线的截面积为 120mm^2，中性线的截面积为 70mm^2，穿直径为 125mm 的钢管敷设。配电箱内第一级断路器的输入端接电力电缆，输出端接第二级断路器控制 A 和 B 两用户配电箱，第一级断路器的型号为 DZ20L-200/3P-

160，第二级断路器的型号为 DZ20Y-200/2P-125。A 和 B 为用户配电箱，输入端均为 3 条 BV 线，其中 2 条相线的截面积为 $50mm^2$，1 条中性线的截面积为 $25mm^2$，穿直径为 50mm 的钢管敷设；输出端 3 条 BV 线的截面积均为 $10mm^2$，穿直径为 32mm 的钢管暗敷设在墙内。

L1 与 L2 以及 L2 与 L3 之间的电源线均为 4 芯 YJV 电力电缆，电源线的截面积均为 $70mm^2$，穿直径为 100mm 的钢管敷设。L2、L3 箱的箱体、安装方式及内部元件均与 L1 箱相同。

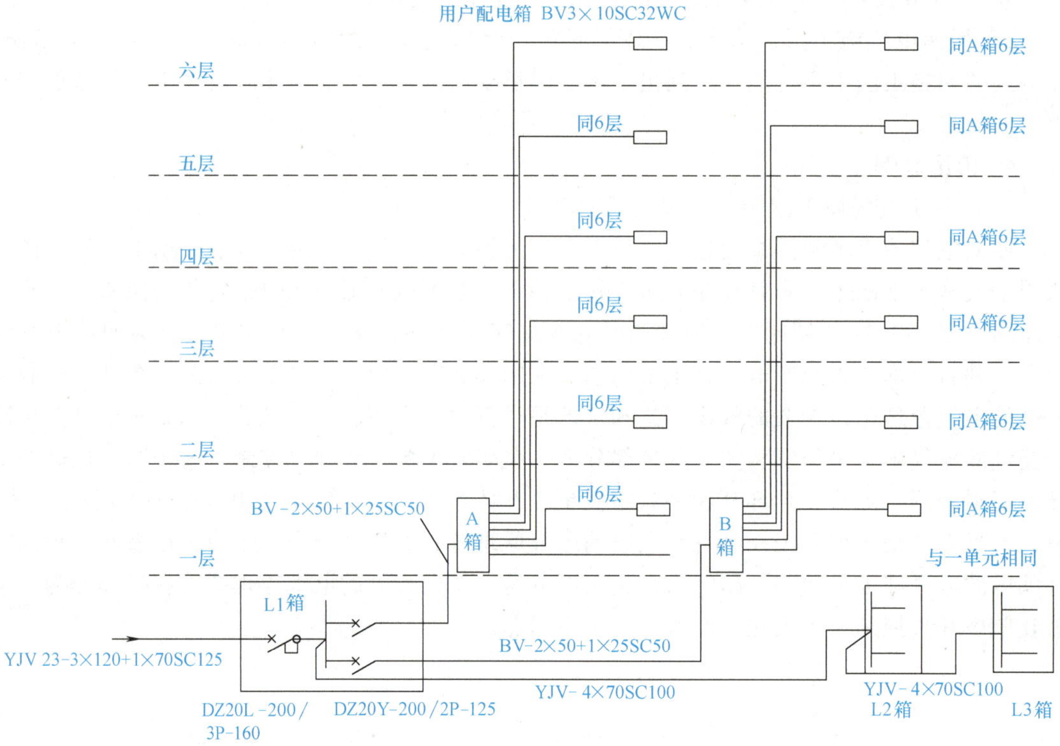

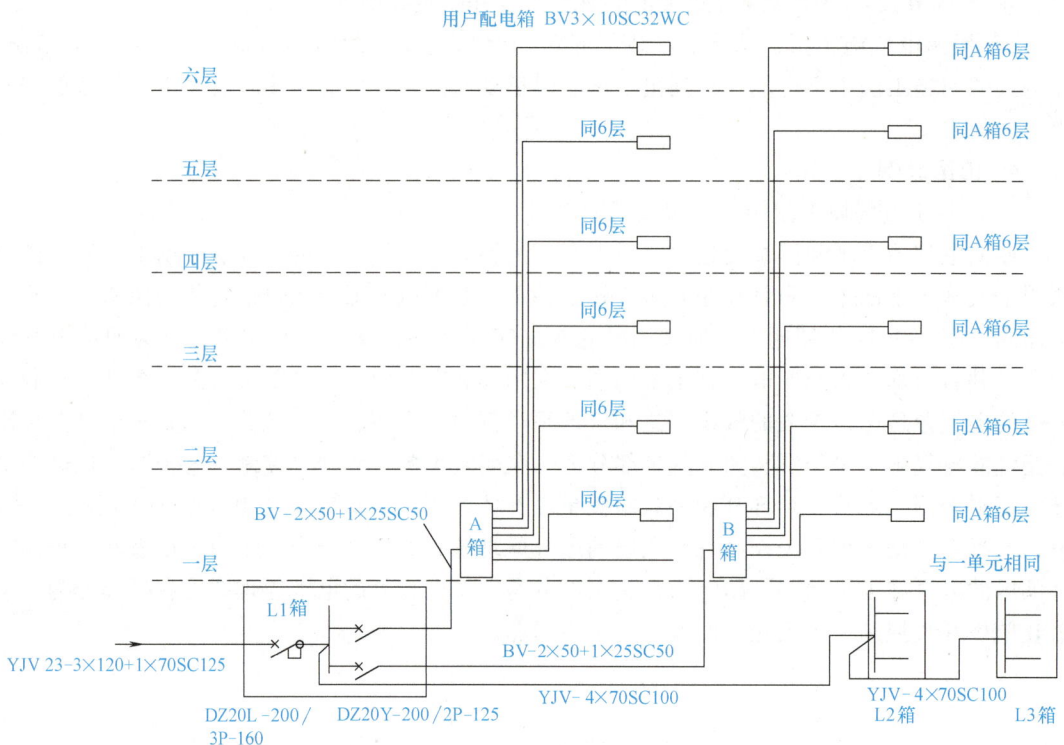

图 3-4-13 某住宅照明系统配电箱平面图

（3）阅读照明系统平面图

图 3-4-14 为某工厂会议室和接待室的配电平面图。由图中可以看出，会议室共有 9 套灯具、接待室共有 4 套灯具，每套灯具有 2 根 40W 的荧光灯灯管，安装高度为 2.7m，其安装方式为链吊式；会议室 3 列水平排列的荧光灯由 1 个明装 3 极开关控制，接待室 2 列垂直排列的荧光灯由 1 个明装 2 极开关控制；会议室和接待室的墙壁上都安装 2 个暗装带接地插孔单相插座。

（4）阅读照明系统图

图 3-4-15 为某工厂会议室配电系统图。在该系统图中，总电源来自低压配电室，进线端为 5 条 BV 导线（L1、L2、L3、N、PE），其截面积均为 $10mm^2$，穿直径 40mm 的钢管敷设；总配电箱的功率为 9.6kW，总断路器型号为 S253S-C40；共有 6 条支线，支线断路器型号均为 S251S-C16；WL1、WL2、WL3、WL4 为 4 条照明支线，每条支线均为 2 根、截面积为 $2.5mm^2$ 的 BV 线，穿直径为 15mm 的钢管，暗敷设在顶棚或墙面内；WL5 为 3 根截面积为 $4mm^2$ 的 BV 线，穿直径为 20mm 的钢管，暗敷设在地面或墙面内；WL6 为备用支线，不穿线。

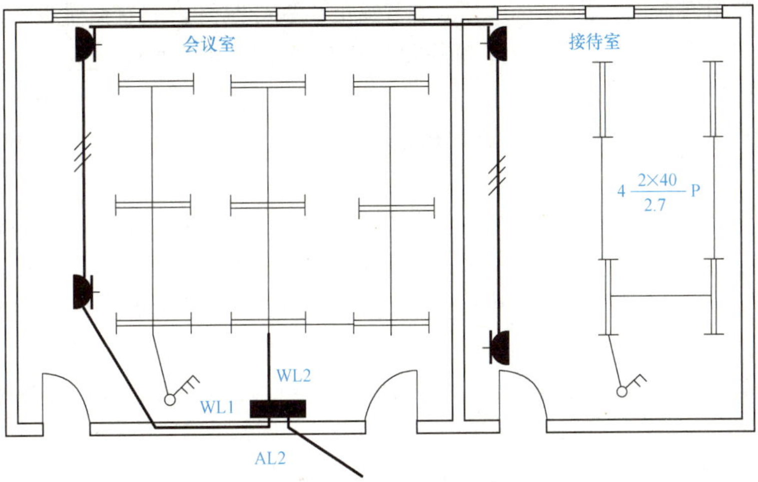

图 3-4-14 某工厂会议室和接待室的配电平面图

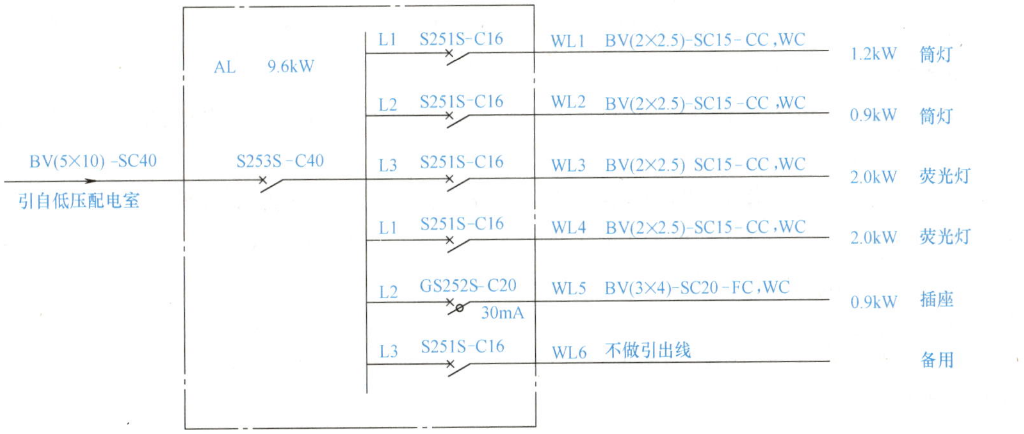

图 3-4-15 某工厂会议室配电系统图

拓展阅读

太阳能路灯电气施工方案

思考与练习

一、填空题

1. 常用电光源按其发光原理可分为________光源和气体放电光源两大类。气体放电光源按其光物质不同又可分为________、________类和________光源等。

2. 卤钨灯是在白炽灯中充入微量卤族元素或卤化物________，利用“卤钨循环”原理来提高光效和使用寿命的一种________，最常见的卤钨灯是灯内充有微量碘的________。

3. 荧光灯是一种________，荧光粉的化学成分可决定其发光________，装饰用的彩色荧光灯应用也很广泛。

4. 高压钠灯对供电电压的变化非常敏感，若电压突降________以上，可能自行熄灭，重新启动需要________ min。

5. 高压汞灯也称________，是一种气体放电光源，该灯外壳玻璃内壁涂有荧光粉，它能将壳内的放电管辐射的________转变成可见光，提高了发光效率。

6. 在同一场所，当采用一种光源的________较差时，可以考虑采用两种或多种光源混合照明，以改善________。

7. 灯具的选择应在满足使用功能、照明质量、运行费用、安装维护等因素的要求前提下，优先选用高效________和高效________。

8. 灯具选择布置时，灯具的布置与生产设备的位置________。大多按工作面对称布置，力求使工作面获得最有利的光照并消除________。

9. 照明配电系统有________、________和________等几种基本接线方式。

10. 图纸的幅面尺寸有六种规格，即 0 号、1 号、2 号、3 号、4 号、5 号，为了存档和使用方便，同一个项目尽量使用________的图纸。

11. 标题栏的位置通常在图纸的________，紧靠图纸边框线，图中的说明、符号均以看图的________为准。

12. 照明电气施工图中使用的各种线条，常用的线型有粗实线、虚线、波浪线、点画线、双点画线、细实线等。其中粗实线表示________，点画线表示________。

13. 为了简化照明电气施工图，对常见的材料构件、施工方法等规定了一些固定画法式样，称为________。

14. 暗装单极开关的图例符号是________，明装双极开关的图例符号是________，双管荧光灯的图例符号是________，一般配电箱的图例符号是________。

15. 导线穿焊接钢管敷设时的文字符号是________，导线穿阻燃半硬聚氯乙烯管敷设时的文字符号是________，导线沿墙面敷设时的文字符号是________，导线暗敷设在墙内的文字符号是________。

二、简答题

1. 工厂照明光源、灯具应如何选择？
2. 分析放射式、树干式和混合式照明配电系统的特点。
3. 熟记常用照明电气设备图例符号的含义。
4. 熟记导线敷设方式和部位表示文字符号的含义。

任务实施

认识工厂照明光源与灯具

一、任务目的

掌握工厂照明光源与灯具的种类与结构特点、使用方法。

二、实训材料与工具

1. 材料

40W 白炽灯每组 5 个；环形 16W 荧光灯每组 5 个；H 型 16W 荧光灯每组 5 个；高压钠灯每组 5 个；高压汞灯每组 5 个；碘钨灯每组 5 个；吸顶式灯具每组 5 个；防爆式灯具每组 5 个。

2. 工具

MF47 型万用表每组 1 块；大号两用螺钉旋具每组 5 个、中号两用螺钉旋具每组 5 个。

三、任务内容

1）用 MF47 型万用表检测各种光源的质量。

2）拆装已准备好的各种灯具。

3）说明教室、实训室照明光源、灯具的结构特点。

4）解读某工厂车间照明的平面图和系统图。

四、任务评价

根据表 3-4-8 对学生们完成本次工作任务中的表现进行评价。

表 3-4-8　任务评价表

任务	评价标准	配分	得分
光源检测	(1)工具、仪表使用不当　扣 1~10 分 (2)检测数据分析有误　扣 1~15 分	25	
灯具拆装	(1)工具使用不当　扣 1~10 分 (2)拆装工序不合理　扣 1~15 分	25	
教室、实训室照明光源、灯具分析	(1)光源分析不准确　扣 1~10 分 (2)灯具分析不准确　扣 1~10 分	20	
路灯照明光源、灯具分析	(1)光源分析不准确　扣 1~10 分 (2)灯具分析不准确　扣 1~10 分	20	
安全文明生产	(1)不能及时整理现场和器具　扣 1~5 分 (2)不能与周围同学密切合作　扣 1~5 分	10	
合　计		100	

学生自评：

学生签字：　　　年　月　日

教师评价：

教师签字：　　　年　月　日

项目四 高低压开关柜的安装与调试

任务一 低压开关柜柜体的安装与调试

学习目标

1）掌握低压开关柜的型号含义、结构特点、适用范围。
2）掌握低压开关柜柜体的安装方法。
3）养成安全文明生产的职业习惯。

知识链接

开关柜的主要作用是在电力系统进行输电、配电和电能转换的过程中，承担控制和保护功能的电气设备。主要适用于发电厂、变电站、石油化工、冶金轧钢、轻工纺织、厂矿企业和住宅小区、高层建筑等各种不同场合。开关柜内的部件主要由隔离开关、负荷开关、断路器、操作机构、互感器以及各种保护装置等组成。

一、GGD 系列低压开关柜

1. 型号含义

GGD 系列低压开关柜型号含义如图 4-1-1 所示。

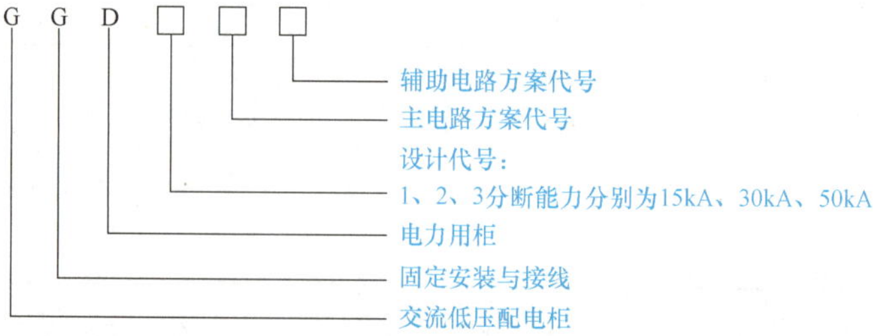

图 4-1-1 GGD 系列低压开关柜型号含义

2. 结构特点

1）低压配电柜的柜体采用通用柜形式，构架用 8MF 冷弯型钢局部焊接组装而成，并有

20 模的安装孔，通用系数高。

2）在柜体上下两端均有不同数量的散热槽孔，当柜内电器元件发热后，通过上端槽孔排出，冷风由下端槽孔补充进柜，使柜体自下而上形成一个自然通风道，从而达到散热的目的。

3）柜体的顶盖可根据需要拆除，便于现场主母线的装配和调整，柜顶的四角装有吊环，用于起吊和装运。

4）GGD 柜按照现代化工业产品造型设计的要求，采用黄金分割比的方法设计柜体外形和各部分的分割尺寸，使整柜美观大方。

3. 适用范围

GGD 系列交流低压配电柜适用于变电站、发电厂、厂矿企业等电力用户的交流 50Hz、额定工作电压 380V、额定工作电流 3150A 以下的配电系统，作为动力、照明及其他配电设备的电能转换、分配与控制之用。

4. 实物介绍

图 4-1-2 为 GGD 系列交流低压配电柜实物图，图中从左向右的顺序为：GGD 电容补偿柜、GGD 馈出柜、GGD 计量柜。

图 4-1-2　GGD 系列交流低压配电柜实物图

二、GCK 系列低压开关柜

1. 型号含义

GCK 系列低压开关柜型号含义如图 4-1-3 所示。

2. 结构特点

1）柜架的全部结构件经过镀锌、喷塑处理，通过螺钉紧固相互连接成基本柜架。按需要加上门、隔板、挡板、抽屉、安装支架以及母线和电器组件等部件，采用拼装式组合结构，模数孔安装，零部件通用性强，适用性好，标准化程度高。

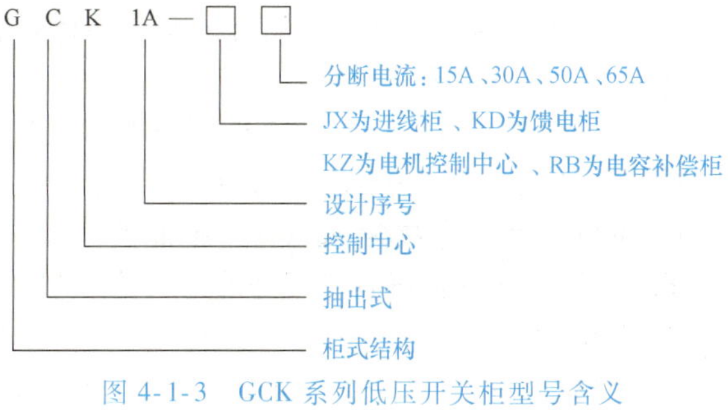

图 4-1-3　GCK 系列低压开关柜型号含义

2）柜体上部为母线室、前部为电器室、后部为电缆进出线室，各室间有钢板或绝缘板作隔离，柜内所有抽屉的导轨等通用部件均采用镀锌处理。

3）开关柜可以安装国产、进口的多种断路器。柜的抽屉室的门与断路器或隔离开关的操作手柄设有机械联锁，只有手柄在分断位置时柜门才能开启。柜的抽屉具有三个位置：接通位置、试验位置、断开位置。

4）开关柜适用于三相四线或三相五线配电系统中，其保护接地母线 PE 线安装在柜底下侧；开关柜的顶部装设母线桥，出线端用母线连接，目的是方便电缆的连接。

3. 适用范围

开关柜适用于交流 50Hz、额定工作电压小于等于 660V、额定电流 4000A 及以下的配电系统作为动力配电、电动机控制及照明等配电设备。按用途可分为进线柜、母线联络柜、馈电柜、电动机控制柜、电源切换柜和电容器柜等。

4. 实物介绍

图 4-1-4 为 GCK 低压抽出式开关柜实物图。

三、GCS 系列低压开关柜

1. 型号含义

GCS 系列低压开关柜型号含义如图 4-1-5 所示。

图 4-1-4　GCK 低压抽出式开关柜实物图

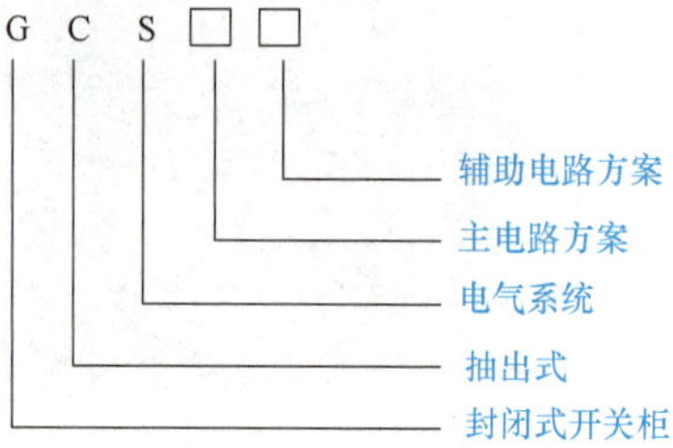

图 4-1-5　GCS 系列低压开关柜型号含义

2. 结构特点

1）框架采用 8MF 型开口型钢，主构架上安装模数为 $E=20\text{mm}$ 和 100mm 的 $\phi9.2\text{mm}$ 的安装孔，框架组装灵活方便。

2）各功能室相互隔离，相对独立，分为功能单元室、母线室和电缆室。

3）为增强母线抗电动力的能力，水平母线采用柜后平置式排列方式。电缆隔室的设计使电缆上、下进出均十分方便。

4）抽屉面板具有分、合、试验、抽出等位置的明显标志，抽屉单元设有机械联锁装置。同时具有抽出式和固定性，可以混合组合，任意使用。

5）抽屉高度的模数为 160mm。抽屉改变仅在高度尺寸上变化，其宽度、深度尺寸不变。相同功能单元的抽屉具有良好的互换性。

3. 适用范围

GCS 型低压抽出式开关柜适用于三相交流频率为 50Hz、额定工作电压为 400V、额定电流为4000A及以下的发电厂、石油、化工、冶金、纺织、高层建筑等场所供配电系统中。

4. 实物介绍

图4-1-6为GCS低压抽出式开关柜实物图。

四、MNS系列低压开关柜

1. 结构特点

1）基本骨架全部经过镀锌处理，通过自攻螺钉或六角螺栓连接而成，开关柜内部尺寸、零部件尺寸、隔室尺寸均按照模数化（$E=25$mm）变化。

2）每一个柜体分为水平母线室、抽屉小室、电缆室。室与室之间用钢板或高强度阻燃塑料功能板相互隔开，上下层抽屉之间由带通风孔的金属板隔离。

3）进出线方案可选择：上进上出、上进下出、下进上出、下进下出。

4）结构件通用性强、组装灵活，结构及抽出式单元可以任意组合，以满足不同的需要。

5）母线用高强度阻燃型、高绝缘强度的塑料功能板保护，具有抗故障电弧性能，使运行维修安全可靠。

6）各种大小抽屉的机械联锁机构符合标准规定，有连接、试验、分离三个明显的位置，安全可靠。

2. 适用范围

MNS型低压抽出式成套开关柜参考国外MNS系列低压开关柜设计，产品符合国家标准，满足各种供电、配电的需要，能广泛用于发电厂、变电站、工矿企业、大楼宾馆、市政建设等各种低压配电系统。

3. 实物介绍

图4-1-7为MNS系列低压开关柜实物图。

图4-1-6　GCS低压抽出式开关柜实物图

图4-1-7　MNS系列低压开关柜实物图

思考与练习

一、填空题

1. 对于 GGD 系列低压开关柜，第一个 G 字符表示的含义是________；第二个 G 表示的含义是________；D 表示的含义是________。

2. 对于 GCK 系列低压开关柜，G 表示的含义是________；C 表示的含义是________；K 表示的含义是________。

3. 对于 GCS 系列低压开关柜，G 表示的含义是________；C 表示的含义是________；S 表示的含义是________。

4. GCK 抽屉室的门与断路器或隔离开关的操作________设有机械联锁，只有手柄在分断位置时门才能________。

5. GCK 柜的抽屉具有三个位置：________、________、________。

6. 框架顶端安装________的作用是提高框架的机械强度。

7. 开关柜的主要作用是在电力系统中进行输电、配电和电能转换的过程中，进行________和________的电气设备。

8. 低压开关柜内的部件主要由隔离开关、________、断路器、________、互感器以及各种保护装置等组成。

9. GGD 型交流低压配电柜适用于变电站、发电厂、厂矿企业等电力用户的交流 50Hz、额定工作电压________、额定工作电流________以下的配电系统，作为动力、照明及发配电设备的电能转换、分配与控制之用。

10. GCK 型交流低压配电柜柜体上部为________、前部为________、后部为________，各室间用钢板或绝缘板作隔离。

二、思考题

1. 说明安装柜体基本框架的步骤。

2. 说明安装开关柜门密封条的作用。

任务实施

GGD 低压配电柜柜体的安装与调试

一、任务目的

1）熟悉开关柜装配工具的使用方法。

2）掌握 GGD 低压配电柜柜体的安装与调试方法。

二、材料与工具

1. 材料

实训过程中每组可安排 6~8 人，每组材料如下：GGD 柜标准横梁 12 个，GGD 柜侧片 2 个，GGD 柜标准配件（眉头、门锁、吊环等）1 套，GGD 柜前、后、上、下门板 5 个，连接螺栓若干。

2. 工具

活扳手，组合套筒扳手，大、中、小号螺钉旋具，卷尺等每组一套。

三、任务内容

1. 安装柜体基本框架

开关柜柜体框架由侧片和主横梁组成，GGD 柜侧片通常是由 8MF 型材焊接加工而成的，在两侧片分别有模数为 20 的 ϕ10. 2mm 的安装孔，其目的是便于安装横梁及其他标准件。组装时按照施工图要求将两组侧片、两根前主横梁、两根后主横梁用 M10 螺栓拧紧。图 4-1-8 为组装后的柜体基本框架图。

图 4-1-8　柜体框架图

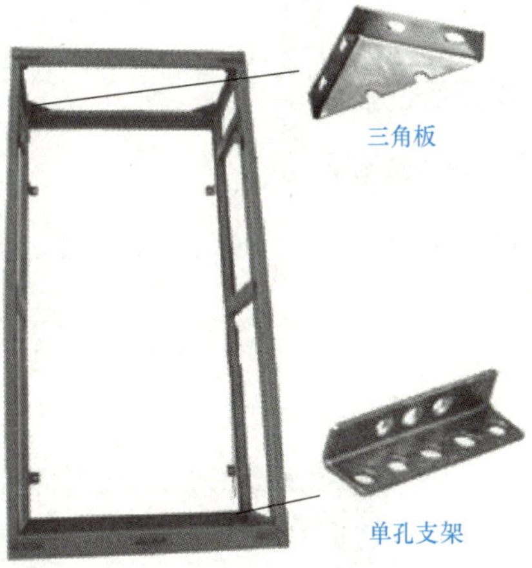

图 4-1-9　三角板和单孔支架安装实物图

2. 安装框架加固三角板和底板单孔支架

为加强框架机械强度，在上、下主横梁与侧片连接处安装 4 个三角板，在下框架四周安装 4 个单孔支架，用于支承开关柜的底板，图 4-1-9 为三角板和单孔支架安装实物图。

3. 安装前、后门横梁及双孔支架

前、后门横梁均按要求分别安装在左右侧片上，其中前后横梁各 1 对；双孔支架分别安装在前上主横梁、前上门横梁和前下门横梁的左右两端，共 6 个，用于安装开关柜的柜门。图 4-1-10为门横梁及双孔支架安装后的框架实物图。图 4-1-11 为双孔支架及连接件实物图。

4. 安装侧横梁、刀开关横梁、中立柱

侧横梁按照施工图要求安装在侧片上，刀开关横梁安装在两个左右侧横梁上的中间

处，中立柱安装在侧片的两个上下侧横梁上。图 4-1-12 为刀开关横梁、中立柱、侧横梁安装后的框架实物图，图 a 为刀开关横梁实物图，图 b 为中立柱实物图，图 c 为侧横梁实物图。

图 4-1-10 门横梁及双孔支架安装后的框架实物图

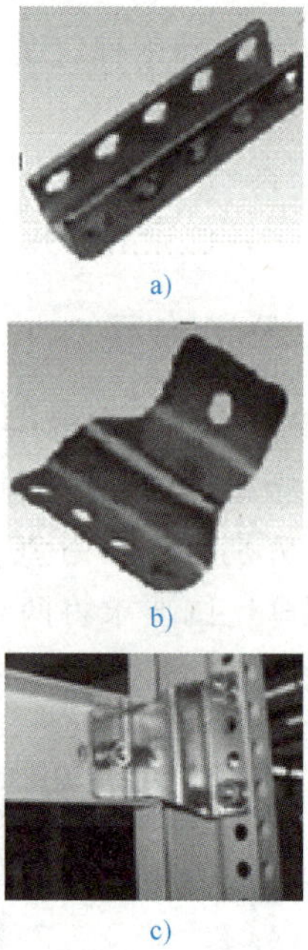

图 4-1-11 双孔支架及连接件实物图
a）双孔支架 b）门横梁连接件
c）门横梁连接后柜后视图

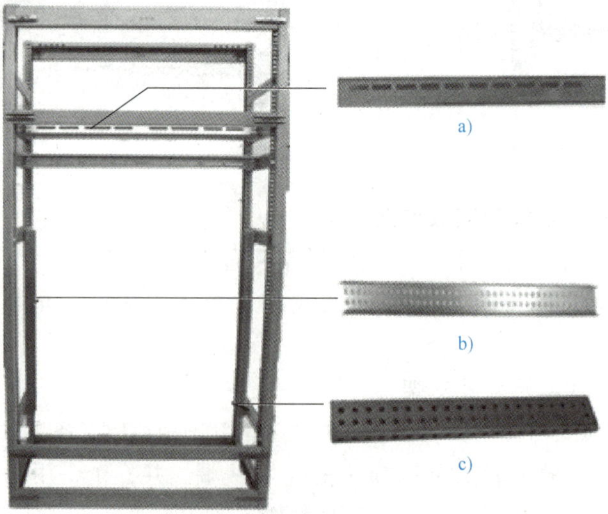

图 4-1-12 刀开关横梁、中立柱、侧横梁安装后的框架实物图
a）刀开关横梁 b）中立柱 c）侧横梁

5. 安装眉头、刀开关旋转机构安装板、下通风口

眉头用于安装开关柜标识，安装在前主横梁上方。刀开关旋转机构安装板通过连接件安装在左右侧片两端，用于安装 HD13 型刀开关旋转机构。下通风口板安装在下主横梁和侧片上，用于散发柜内热量。图 4-1-13 为眉头、刀开关旋转机构安装板、下通风口板安装后的框架实物图，其中图 a 为眉头，图 b 为刀开关旋转机构安装板，图 c 为下通风口板。

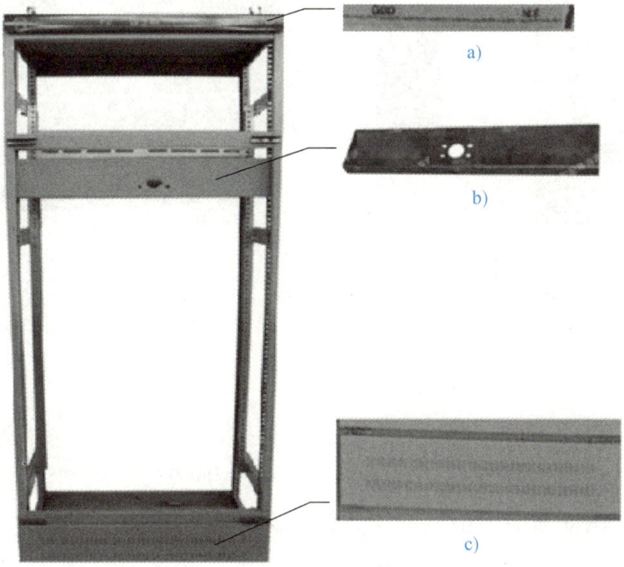

图 4-1-13　眉头、刀开关旋转机构安装板、下通风口板安装后的框架实物图
a）眉头　b）刀开关旋转机构安装板　c）下通风口板

6. 安装底板

底板安装在柜体框架下部，底板边缘有 4 个螺孔，安装时与单孔支架上的螺孔相对齐后用螺栓连接。根据设计方案不同，底板开孔数量不同，通常根据出线路数预留好电缆出线孔。图 4-1-14a 为底板安装前的俯视图，图 4-1-14b 为底板安装后的俯视图。

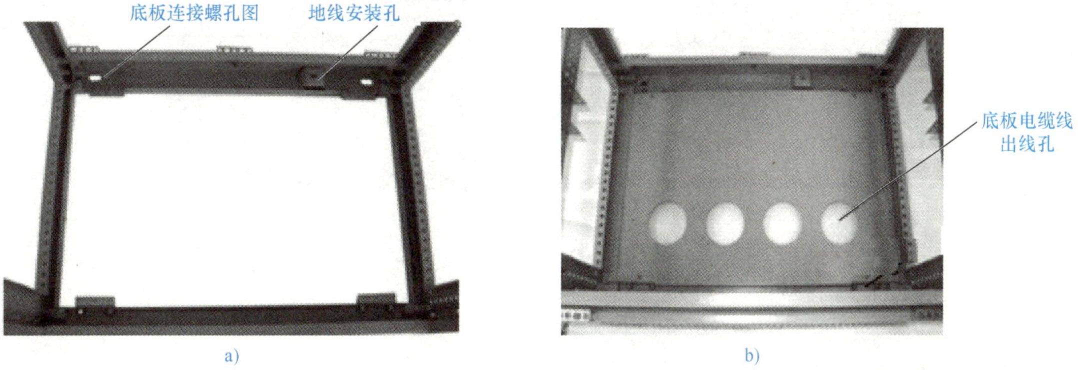

图 4-1-14　底板安装前、后框架俯视图
a）底板安装前的俯视图　b）底板安装后的俯视图

7. 安装底板过线胶圈与门密封条

底板过线胶圈的作用是保护电缆或导线穿过板孔时不受到损伤，保证其绝缘性能可靠。门密封胶条嵌于门的折边处，断面为“山”形，其作用是能防止门与柜体直接碰撞，同时起密封作用。底板过线胶圈还可以防止电缆被底板刮伤。图 4-1-15 为底板过线胶圈与门密封条安装实物图，其中图 a 为底板过线胶圈安装实物图，图 b 为过线胶圈实物图，图 c 为门密封条安装实物图，图 d 为门密封条实物图。

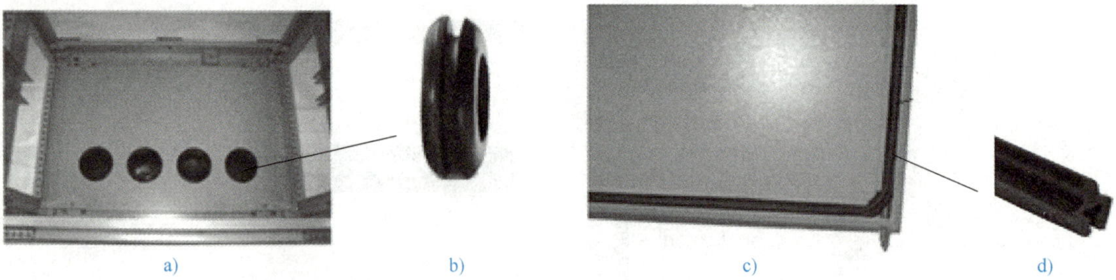

图 4-1-15 底板过线胶圈与门密封条安装实物图

a）底板过线胶圈安装实物图 b）过线胶圈实物图 c）门密封条安装实物图 d）门密封条实物图

8. 安装前门

前门包括前上门和前下门，安装时首先将门轴连接件安装于双孔支架上，然后用力将门板安装在门轴上，调整螺钉位置使门开启自如，安装完成后要求门缝一致。图 4-1-16 为门安装实物图，其中，图 a 为前上门实物图，图 b 为前下门实物图。

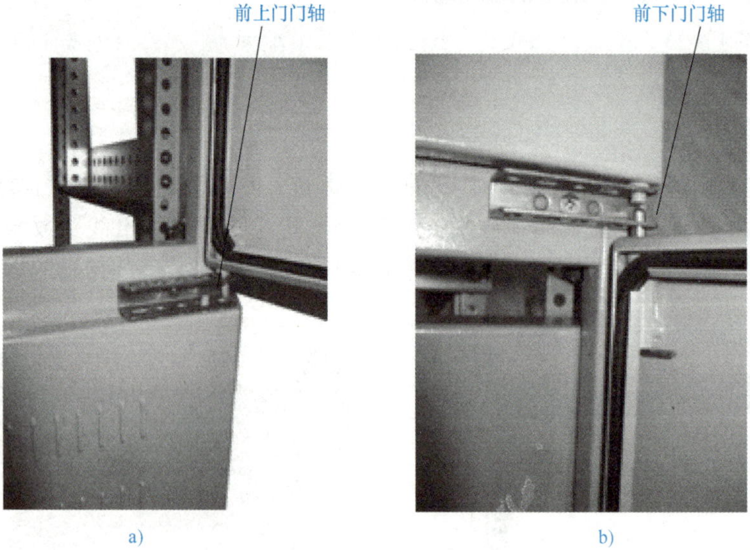

图 4-1-16 门安装实物图

a）前上门实物图 b）前下门实物图

四、任务评价

根据表 4-1-1 对学生们完成本次工作任务中的表现进行评价。

表 4-1-1　任务评价表

任务	评价标准		配分	得分
安装柜体基本框架	(1)安装不合理 (2)工具使用不合理	扣 1~10 分 扣 1~5 分	15	
安装框架加固三角板和底板单孔支架	(1)安装不合理 (2)工具使用不合理	扣 1~10 分 扣 1~5 分	15	
安装前、后门横梁及双孔支架	(1)安装不合理 (2)工具使用不合理	扣 1~5 分 扣 1~5 分	10	
安装侧横梁、刀开关横梁、中立柱	(1)安装不合理 (2)工具使用不合理	扣 1~5 分 扣 1~5 分	10	
安装眉头、刀开关旋转机构、下通风口	(1)安装不合理 (2)工具使用不合理	扣 1~5 分 扣 1~5 分	10	
安装底板	(1)安装不合理 (2)工具使用不合理	扣 1~5 分 扣 1~5 分	10	
安装底板过线胶圈与门密封条	(1)安装不合理 (2)工具使用不合理	扣 1~5 分 扣 1~5 分	10	
安装前门	(1)安装不合理 (2)工具使用不合理	扣 1~5 分 扣 1~5 分	10	
安全文明生产	(1)不能及时整理现场和器具 (2)不能与周围同学密切合作	扣 1~5 分 扣 1~5 分	10	
合　计			100	

学生自评：

学生签字：　　　　年　月　日

教师评价：

教师签字：　　　　年　月　日

任务二 GGD型低压开关柜的安装与调试

学习目标

1）掌握GGD型低压开关柜的种类、功能和结构特点。

2）学会低压开关柜安装与调试的一般方法。

3）树立自主创新和研发意识，发扬爱国主义精神。

知识链接

一、工厂供配电系统电气设备的分类

工厂供配电系统中的电路都是由一些主要电气设备按一定的顺序连接而成的。电路按其在系统中的作用分为两大类：负责输送和分配电能的部分称为一次回路，一次回路中的所有设备，称为一次设备或一次元件，高压一次设备主要由高压熔断器、高压开关电器组成；负责控制、指示、测量和保护一次回路及其设备运行的电路称为二次回路，二次回路中的所有电气设备，称为二次设备或二次元件。电气设备按降压值可分为高压设备和低压设备，通常额定交流电压在1000V以上的电气设备称为高压设备，1000V以下的电气设备称为低压设备。一次设备按其在电路中的作用可分为以下几类。

1）变换设备：负责传输电能、变换电压或电流的电气设备，包括电力变压器、电压互感器、电流互感器等。

2）保护设备：防止电路过电压或过电流的电气设备，如高低压熔断器、避雷器、继电器等。

3）控制设备：主要用于控制电路的通断，包括各种负荷开关、隔离开关、断路器等。

4）补偿设备：补偿电路功率因数的电气设备，如高、低压电容等。

5）成套设备：按照一定的接线方案，将一、二次设备集成为一体的电气设备，便于安装、操作、维修，例如高压开关柜、低压配电屏等。

二、元件安装要求

1）按照施工图核对元件型号、规格是否正确；将元件、指示牌粘贴、安装在仪表板上，要求元件横平竖直，整齐美观。

2）二次熔断器必须要安装在柜前，目的是使熔芯更换方便。

3）端子排安装在柜前后均可，在外接电缆较多（4组以上）时，端子排靠柜门侧要留出120~150mm的距离，以便于电缆连接及固定。

4）低压控制回路每组控制单元元件要求布置在同一区域，各组控制单元元件有明显的区域界限，以便于接线、查线、检修。

三、二次回路的接线

1. 配线原则

（1）过门线配线

过门线一律采用多股软铜线，线长以使门开启或关闭到极限位置时线束不受其拉力为原则，并和附近元件保持安全距离；从仪表门开始配线，向柜内延伸；线束两端要用支持件压紧，图 4-2-1 为过门线束示意图。

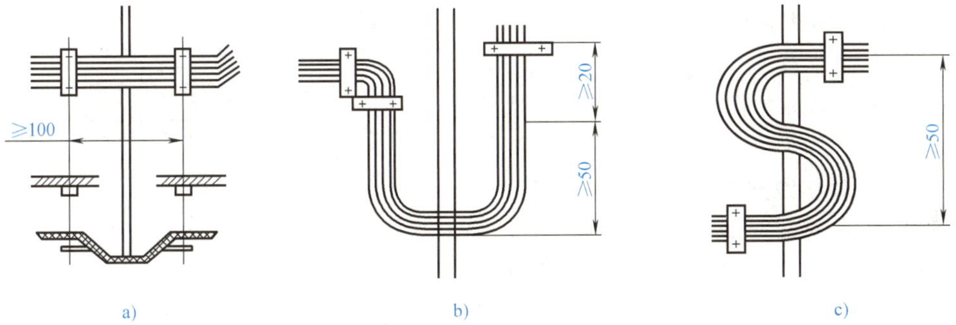

图 4-2-1　过门线束示意图

a）平铺过门线束　b）圆过门 U 形线束　c）圆过门 S 形线束

（2）仪表门配线

水平线束与仪表门的横边平行，垂直线束与仪表门的竖边平行。线束内导线用 100mm 长的扎扣捆绑，用 20mm×20mm 的吸盘固定，过门处的线束需要用蛇皮塑料管保护。捆绑时导线不应交叉，扎扣间距为 50~60mm。仪表门的线束应该捆绑在过门卡子上后进入柜内，卡子和线束之间缠绕 3~4 层黑色胶带（胶带要缠绕整齐）。图 4-2-2 为仪表门配线样图。

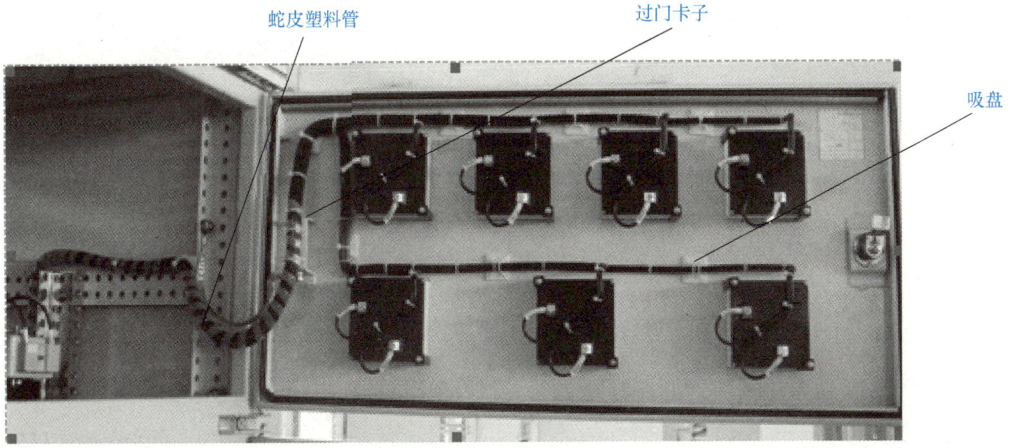

图 4-2-2　仪表门配线样图

(3) 配电柜内线束配线

线束要求横平竖直，层次分明，外层导线应平直，内层导线不扭绞，在排线时，要将贯穿上下的较长导线排在外层。线束沿安装梁的后面尽量用扎扣捆绑，确实无固定点时用30mm×30mm的吸盘固定，线束要和安装板边平行。分支线与主线成直角，分线点要对应电器元件的接线点，不得倾斜。分线时从线束背面或侧面引出，线束弯曲时，宜逐条用手弯成小圆角，其弯曲半径应大于导线直径的2倍，不准用钳子强行弯曲。图4-2-3为柜门二次线制作图样。

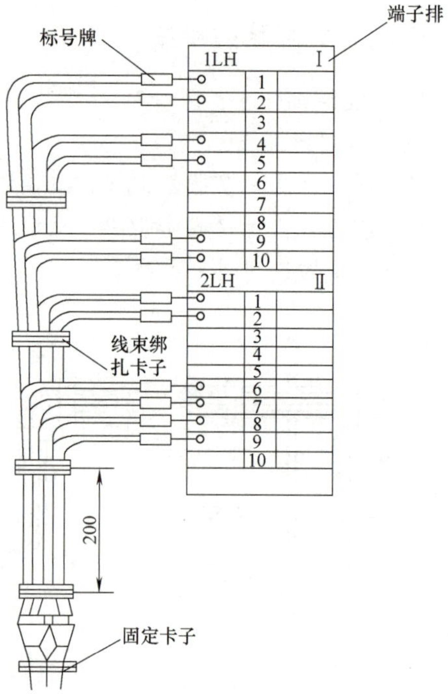

图4-2-3　柜门二次线制作图样

2. 电器元件接线方式

1）分路到继电器的线束，一律按水平居中两侧分开的方向行走，到接线端的每根线应略带圆弧弯，裕度连接，同屏内各种继电器接线的圆弧弯应力求一致，如图4-2-4所示。

2）分路到双排仪表的线束，采用由中间向两侧均匀分线的布置，如图4-2-5所示。

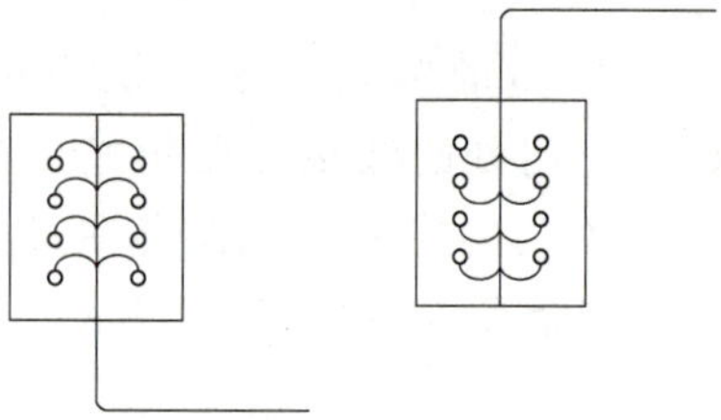

图4-2-4　分路到继电器的线束示意图

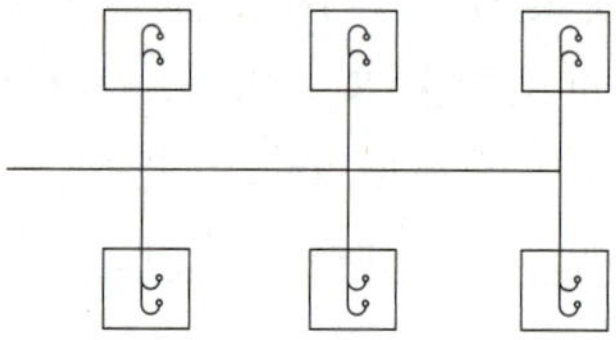

图4-2-5　分路到双排仪表的线束示意图

3）分路到单排仪表的线束布置，可采用图4-2-6所示的方式。

图4-2-6　分路到单排仪表的线束示意图

4）分路到断路器、信号灯、熔断器、按钮等组件的线束，原则上按对称行走线，如图4-2-7所示。

3. 导线压接

单股导线连接器件时需要预先制作羊角弯，多股导线连接器件时需要接冷压端子或

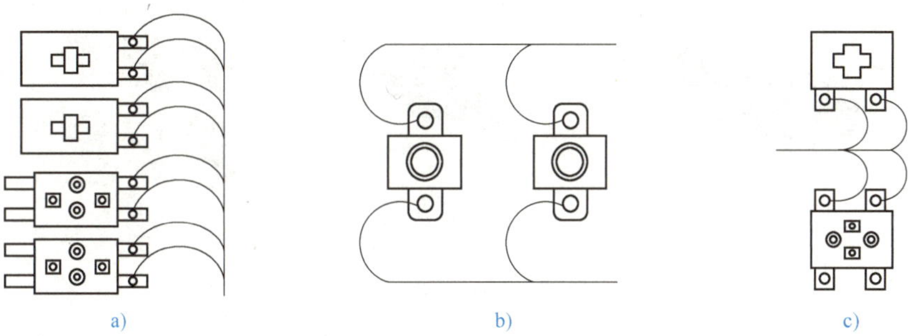

图 4-2-7　分路到断路器、信号灯、熔断器、按钮等组件的线束示意图

接线鼻子，其作用就是避免线芯散开、断裂，保证线芯的可靠连接。小于 $10mm^2$ 的导线使用冷压端子，大于 $10mm^2$ 的导线使用接线鼻子。

1）压线钳子：导线尺寸与冷压端子或接线鼻子规格应相匹配，如导线较细在端头内余量过大，则需用同型号的裸铜线填满后压接。要求压线钳子与冷压端子或接线鼻子型号匹配，并且钳口尺寸与端子尺寸匹配。图 4-2-8 为常用压线钳子的实物图。

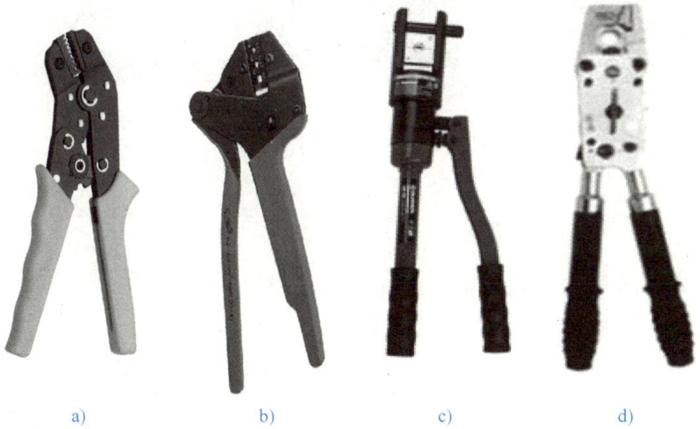

图 4-2-8　常用压线钳子实物图
a）小口径冷压端子钳子　b）大口径冷压端子钳子　c）液压式接线鼻子钳子　d）手动式接线鼻子钳子

2）套线号管：冷压端子或接线鼻子压接完成后，导线应套上线号管，线号管垂直放置时，线号应从下向上读；线号管水平放置时，线号从左向右读。

3）常用冷压端子的外形图如图 4-2-9 所示。常用接线鼻子的外形图如图 4-2-10 所示。

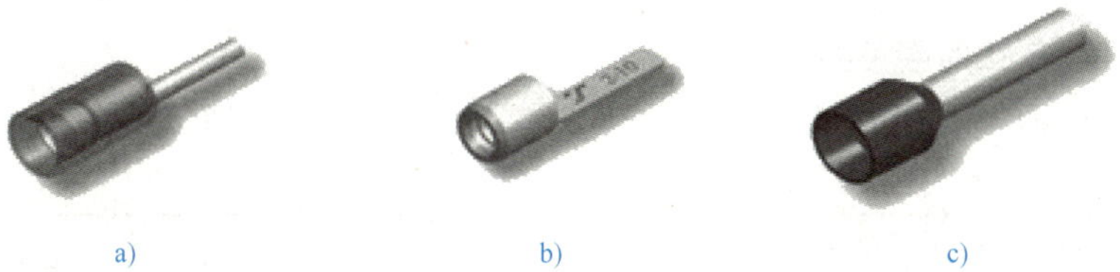

图 4-2-9　常用冷压端子的外形图
a）预绝缘针形端头　b）片形裸端头　c）管形预绝缘端头

图 4-2-9 常用冷压端子的外形图（续）

d）子弹形全绝缘接头 e）叉形裸端头 f）插片母端头

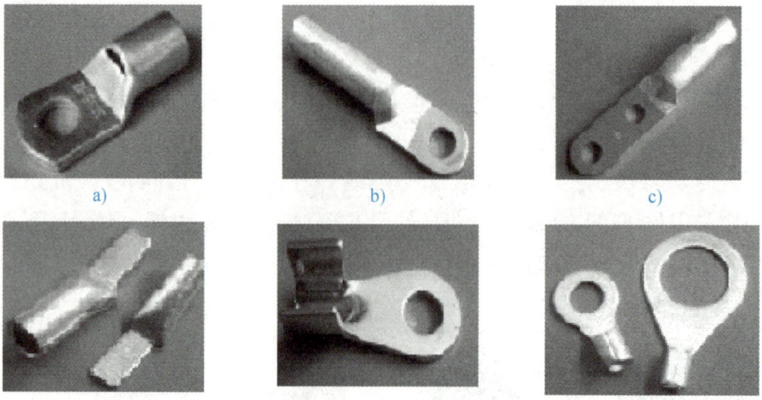

图 4-2-10 常用接线鼻子的外形图

a）镀锡 JG 铜鼻子 b）铜铝过渡接线鼻子 c）双孔接线鼻子

d）镀锡插片式接线鼻子 e）开口接线鼻子 f）OT 接线鼻子

4. 二次接线与高压导体之间的电气绝缘距离要求

二次接线与高压导体之间的电气绝缘距离要求见表 4-2-1。

表 4-2-1 二次接线与高压导体之间的电气绝缘距离要求

电压/kV	0.5	6~10
绝缘距离/mm	>20	>100

5. 二次回路电气间隙和爬电距离要求

二次回路电气间隙和爬电距离要求见表 4-2-2。

表 4-2-2 二次回路电气间隙和爬电距离要求

额定绝缘电压 U/V	电气间隙/mm	爬电距离/mm
$60<U\leqslant300$	5	6
$300<U\leqslant600$	8	10

6. 指示灯、按钮的颜色要求

指示灯、按钮的颜色如无特殊规定，按表 4-2-3 的要求进行确定。

表 4-2-3 指示灯、按钮的颜色要求

颜色 / 名称	红色	绿色
指示灯	断电	通电
按钮	停止	运行

7. 指示灯和按钮的安装位置要求

指示灯和按钮的安装位置要求如无特殊规定，按左停止右合闸布置，并且上下对应。

拓展阅读

冷缩电缆头

思考与练习

一、填空题

1. 当二次回路电压为220V时，其电气间隙为________________，爬电距离为________________。

2. 配电柜内线束要求横平竖直，层次分明，外层导线应平直，内层导线不扭绞，在排线时，要将贯空上下的较长导线排在________层。

3. 二次配线无特殊要求时，一般采用________色多股软线，电流回路选用 BVR-2.5mm^2，其余选用 BVR-1.5mm^2，屏蔽线按要求选用。

4. 过门线一律采用多股________，线长以使门开启或关闭到极限位置时线束不受其________为原则，并和附近元件保持________。

5. 上、下布置的交流母线，由上到下排列为________相；水平布置的交流母线，由盘后向盘面排列为________相。

6. 冷压端子或接线鼻子压接完成后，导线应套上线号管，线号管垂直放置时，线号应从________读，线号管水平放置时，线号从________读。

7. 仪表门配线要求为，水平线束与仪表门的________平行，________与仪表门的竖边平行。线束内导线用________长的扎扣捆绑，用________的吸盘固定。

8. 单股导线连接器件时需要预先制作________，多股导线连接器件时需要接________或________。

9. 分路到继电器的线束，一律按水平居中两侧分开的方向行走，到接线端的每根线应略带________，裕度连接，同屏内各种继电器接线的圆弧弯，应力求________。

10. 指示灯和按钮的安装位置要求如无特殊规定，按________停止________合闸布置，并且________对应。

二、思考题

1. 说明导线压接要求。
2. 说明母线搭接要求。
3. 说明开关柜的接地线应如何制作。

任务实施

GGD 型开关柜安装与调试

一、任务目的

1）掌握 GGD 型开关柜的安装与调试方法。

2）掌握开关柜安装工具的使用方法。

二、材料与工具

实训时可安排 6~10 人为 1 组，每组实训材料与工具要求见表 4-2-4。

表 4-2-4 实训材料与工具要求

序号	名称	型号	数量	备注
1	柜体安装梁	GGD 标准梁	若干	
2	GGD 侧扇		2 个	
3	GGD 标准配件	眉头、门锁、吊环等	1 个	
4	GGD 门板	前上、下门、后门	5 个	
5	GGD 板	上、下封板，侧封板等	5 个	
6	刀开关	HD13	1 个	
7	万能断路器	NA1-2000	1 个	
8	电流互感器	LMZJ-0.66 □/5	3 个	
9	电流互感器	BH0.66 □/5	6 个	
10	电流表	6L2-A □/5	3 个	
11	电压表	6L2-V □/5	6 个	
12	转换开关	LW5-16 YH3/3	1 个	
13	按钮	LA39-11	2 个	
14	指示灯	ND16-22D/2	3 个	
15	熔断器座及芯	RT28-32X 4A 3 只，6A 1 只	4 个	
16	接线端子	UK2.5B	20 个	
17	接线端子	URTK/S	10 个	
18	绝缘导线	1.5mm^2	若干	
19	绝缘导线	2.5mm^2	若干	
20	线鼻子	UT1.5-3	若干	
21	线鼻子	UT2.5-4	若干	
22	螺钉旋具	大、中、小	1 套	
23	组合扳手		1 套	
24	活扳手		1 套	

三、一次设备安装

图 4-2-11 为典型计量柜一次方案图，通过一次方案图可以了解计量柜一次元件的组成、规格型号、数量、连接方式、母线大小，以及进线为母线上进、侧进或电缆进线方式等技术要求。

1. 刀开关的安装

（1）安装步骤

1）将刀开关旋转操作机构预安装在其安装板上，然后调整四个 M8×12 外六角螺钉，使

主母线位置

主母线：TMY-3(80×6)

一次系统图

N：TMY-50×5

PE：TMY-40×4

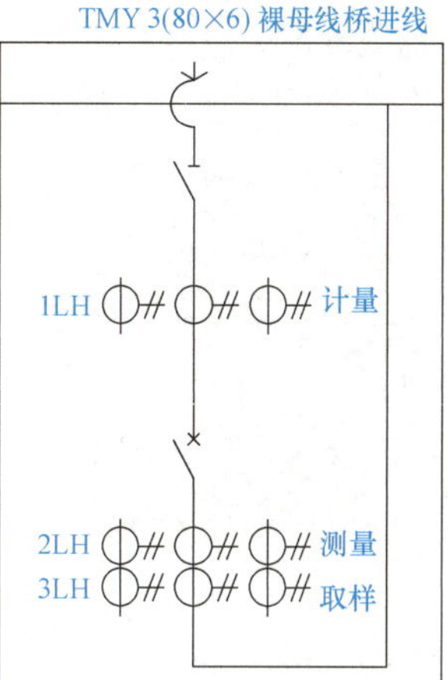

屏柜编号			P2
屏柜型号			GGD2
回路名称			1#变压器主柜
设备容量(kW)			630kV·A
额定电流(A)			909
主要元件	刀开关	HD13BX	1500/31
	万能式断路器	NA1-2000	1250A固定式M型控制器AC 220V
	塑壳断路器	NM1	
	电流互感器	BH-0.66	3×(1000/5 80Ⅱ取样)
	电流互感器	BH-0.66	3×(1200/5 80Ⅱ测量)
	电流互感器	LMZB	3×(0.5S 1000/5计量)
屏柜尺寸(宽×深×高 单位:mm)			800×600×2200
出厂编号			12KD11050

图 4-2-11　典型计量柜方案图

刀开关旋转操作机构与前门配合符合要求，再紧固四个螺钉。如图 4-2-12 圆圈部分所示为刀开关操作机构安装图样。

2）安装开关本体，应垂直安装，使夹座位于上方，以避免在分断位置由于刀架松动或闸刀脱落造成误合闸，同时保证电源进线接静触头，负载接动触头。调整操作连杆螺母位置，保证刀片合闸到位。图 4-2-13a 为刀开关本体安装后视图，图 4-2-13b 为刀开关本体安装后侧视图。

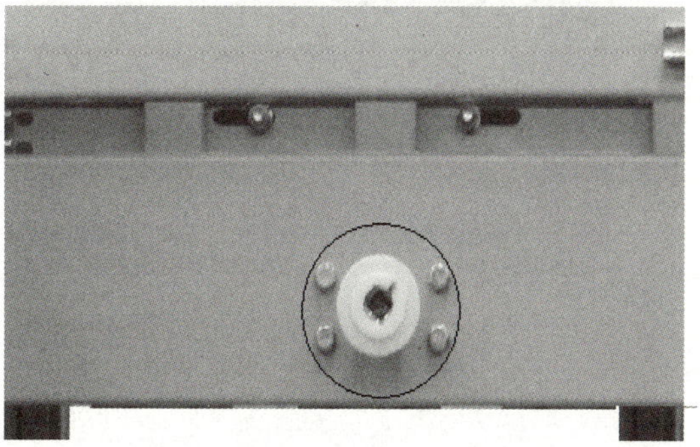

图 4-2-12　刀开关操作机构安装图样

3）连接刀开关本体与旋转机构，调整螺杆使合、分闸到位，螺杆调整位置如图 4-2-13b 中圆圈部分所示。

（2）安装要求

1）刀开关合闸同步性应良好，可动触头与固定触头的接触应良好，不同时接触距离相差小于 2mm。

a)　　　　b)

图 4-2-13　刀开关安装图

a）后视图　b）侧视图

2）安装杠杆操作机构时，调节杠杆长度，使操作到位且灵活，开关辅助触头指示应正确。

3）刀开关底座是石棉板或胶布纸等绝缘材料时，需要垫绝缘衬垫，安装时要抚平装准，不允许硬撬，不得有装配应力。

4）刀开关的动触头与两侧压板距离应调整均匀，合闸后接触面应压紧，刀片与静触头中心线应在同一平面，且刀片不应摆动。

2. 万能断路器的安装

（1）安装步骤

1）调整万能断路器的位置，将万能断路器固定在安装板上，图 4-2-14a 为万能断路器柜前正视图，其中椭圆部分为定位螺栓位置。

2）图 4-2-14b 为万能断路器柜后正视图，其中椭圆部分为定位螺栓位置。

a)　　　　b)

图 4-2-14　万能断路器安装图

a）柜前正视图　b）柜后正视图

（2）安装要求

1）安装前检查断路器外观无破损，接线柱及螺钉无松动，标识清晰，装箱单内附件齐全，断路器的规格正确，机械动作灵活可靠。

2）断路器应垂直安装，其倾斜度不应大于5°，并查看说明书的相关条件。塑壳必须是上进线下出线，并注意塑壳断路器下端电缆引出线与地面距离大于500~700mm。

3）万能断路器应可靠接地，接地钉处应有标记，螺钉为M8或M12。

4）同一组柜子断路器的安装孔应该一致，便于母线的制作，断路器安装结束后需要标明名称、相序及回路编号。

5）连接母线的形位尺寸不当时应事先对母线进行整形，不能使断路器发生变形，影响其动作的可靠性。

3. 电流互感器的安装

（1）安装步骤

1）穿心式电流互感器的安装位置要便于电缆穿过，中心对准接线端子中心及电缆孔。母线型电流互感器安装固定在母线上，母线制作时需要预留位置，图4-2-15为电流互感器安装图。

2）母线上安装电流互感器时，顶丝和母线的热缩管之间加电流互感器本身的垫片。如果母线截面和电流互感器的安装槽不匹配，则在母线的后面垫3~5mm黄色绝缘板，宽度以电流互感器的安装槽为准。

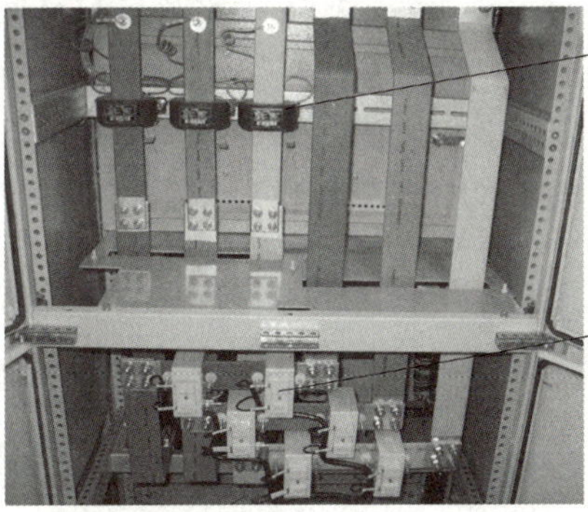

图4-2-15 电流互感器安装图

（2）安装要求

1）电流互感器的安装必须牢固，互感器外壳的金属外露部分应可靠接地。

2）同一组电流互感器应按同一方向安装，以保证该组电流互感器一次及二次回路电流的正方向均一致，并尽可能易于观察铭牌。看清电流互感器进线端（P_1/S_1）与出线端（P_2/S_2），进线端接在电源侧，极性不能接反。

3）三个电流互感器安装时，优先采用水平排列，电流互感器之间最少有3mm的间隙，有困难时采用“品”字形排列，但是要保证B相与A、C相电流互感器之间间隙大于10mm。

4）选择电流互感器固定位置，便于电缆穿线连接。一般穿心式电流互感器与上端元件间距应大于300mm，与柜底间距大于300~500mm。

4. 一次母线的安装

（1）一次母线安装步骤

1）将加工完成后的母线装配到开关柜内器件上相应位置。

2）装配完毕粘贴相序标识。

（2）安装要求

1）母线表面光洁平整，不应有裂纹、褶皱、夹杂物及变形和扭曲现象。母线电镀、涂漆应均匀，无起层、皱皮等缺陷。

2）用螺栓连接母线时，母线两侧必须加装有镀锌层平垫，螺栓紧固后应露出母线 2~5 个螺距，连接母线用的螺栓，应使螺母置于维护侧。

3）母线对导体和绝缘体及母线与母线之间的电气间隙和爬电距离应符合产品的技术条件规定，如果达不到要求应采取绝缘隔离措施。

4）母线截面积的选择应符合标准要求，相序排列、色标符合标准规定。

四、二次配线

1. 接线前工作

1）准备导线：无特殊要求时，一般采用黑色多股软线，电流回路选用 BVR-2.5mm^2，其余选用 BVR-1.5mm^2，屏蔽线按要求选用。

2）打印线号管：根据图样的不同要求，选择适当的线号管规格、长度。同一块板面短接线及到端子排线号放在一起。线号管剪成直角，长度应为 20~25mm。线号管的规格有 ϕ1mm、ϕ1.5mm、ϕ2.5mm、ϕ4mm、ϕ6mm。图 4-2-16 为打号机打号图样。

3）下线：下线即确定线束的长度，下线前核实所有的二次元件位置，考虑走线的方式，导线的余量不超过 200mm，下线后穿上相应的线号管。

4）套线号：将已准备好的线号按照图样要求套在对应的线上，要求线号字迹便于识读，以板面为准顺序为：自下而上，自左而右。图 4-2-17 为套线管图样。

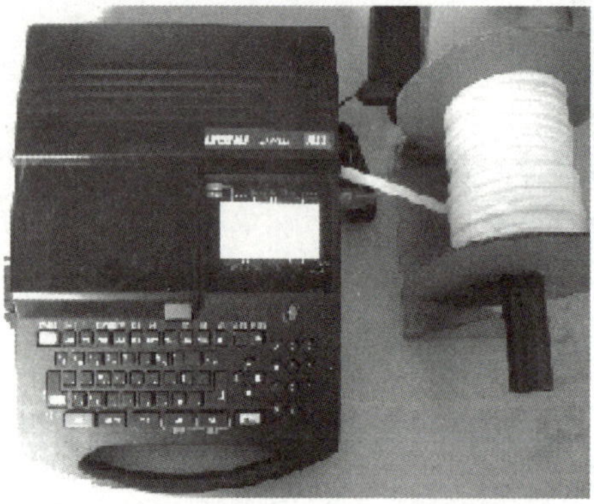

图 4-2-16　打号机打号图样

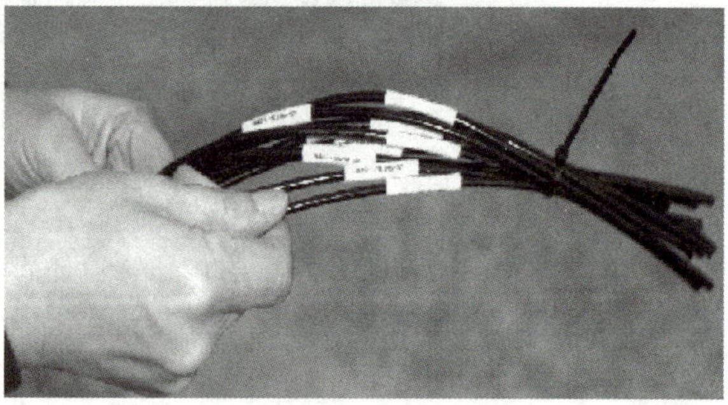

图 4-2-17　套线管图样

2. 安装二次元件

（1）端子排安装

按照图样安装端子排。端子排的安装顺序：终端端子→熔断器→标记端子→电流端子→电压端子→终端端子，图 4-2-18 所示为端子排图样。

（2）电流表、电压表、指示灯、转换开关、按钮等元件安装

按照图样及门板上对应开孔位置安装电流表、电压表、指示灯、转换开关、按钮等元件，在元件的下方或比较容易观察的地方粘贴标签，用于识别元件代号。图 4-2-19 所示为元件安装图样。

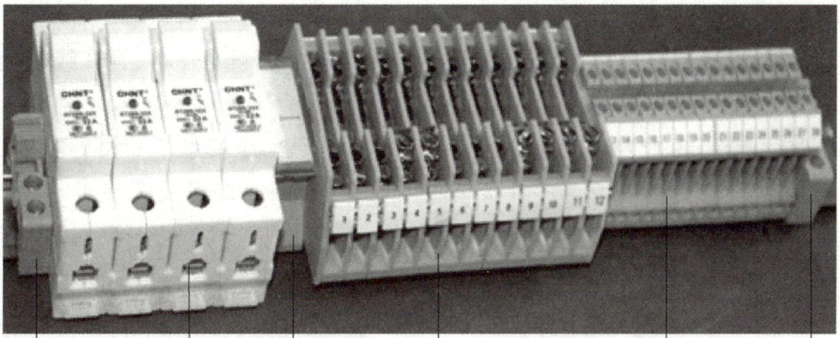

图 4-2-18　端子排图样

图 4-2-19　元件安装图样

3. 二次配线

配线步骤：分线→剥线头→弯线头或压接冷压端子。

1）分线：根据元件位置要求将线束分配到各个元件上，图 4-2-20 为分线图样。

2）剥线头：根据线径不同选取剥线钳，线头绝缘剥去长度应按连接螺栓直径及连接方式确定，图 4-2-21 所示为剥线头图样。

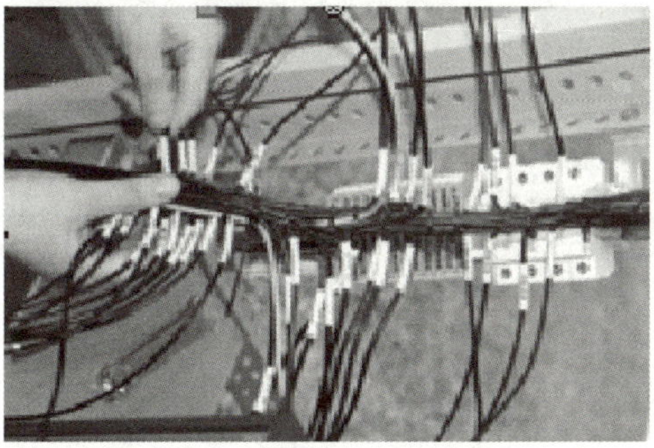
图 4-2-20　分线图样

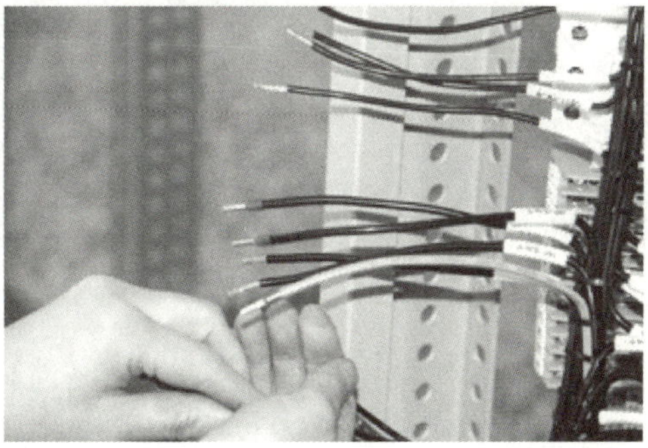
图 4-2-21　剥线头图样

3）弯线头或压接冷压端子：对于需要用螺钉直接紧固的导线，当选用 BV 导线时，导线应弯羊角弯；当选用 BVR 导线时，应在端头处压接冷压端子，注意冷压端子的口径应与导线线径匹配。图 4-2-22 为导线压接冷压端子图样。

4. 二次接线

步骤：仪表门接线→断路器接线→端子排接线→互感器接线→N、PE 线接线等。

（1）仪表门接线

对照接线图，按照线号要求将导线连接到仪表、转换开关、指示灯、按钮对应的端子上，并按工艺要求将线束捆绑好。图 4-2-23 所示为仪表门元件接线图样。

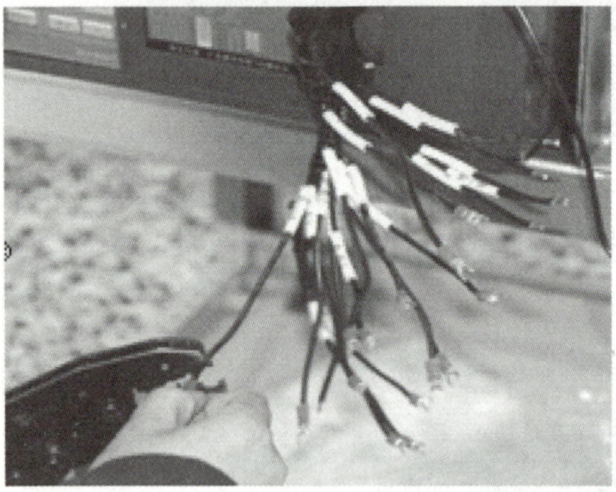

图 4-2-22　压接冷压端子图样

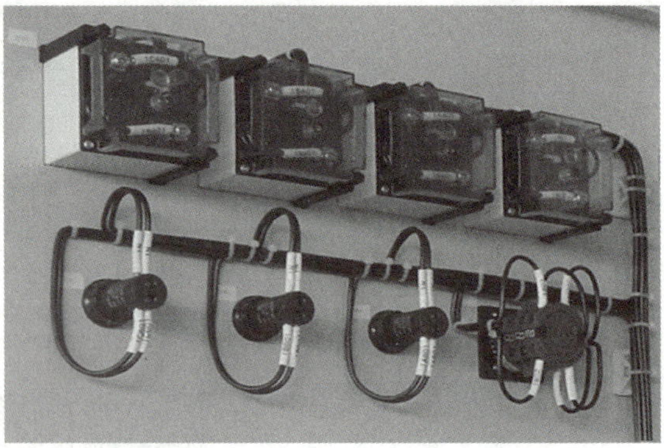

图 4-2-23　仪表门元件接线图样

（2）断路器接线

对照接线图，按照线号要求将导线连接到断路器对应的端子上，并按工艺要求将线束捆绑好。图 4-2-24 所示为断路器接线图样。

（3）端子排接线

对照接线图，按照线号要求将导线连接到端子排上，按工艺要求将线束捆绑好。图 4-2-25为二次配线端子排接线图样。

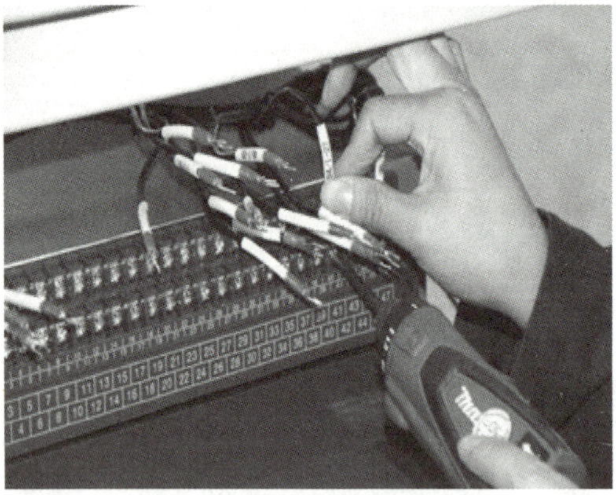

图 4-2-24　断路器接线图样

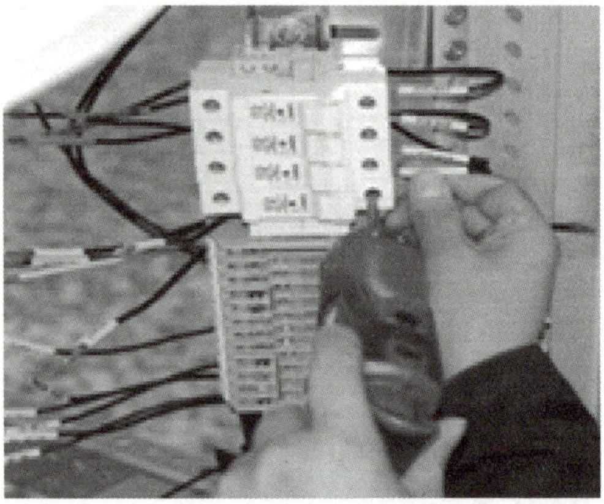

图 4-2-25　二次配线端子排接线图样

（4）互感器接线

对照接线图，按照线号要求将导线连接到电流互感器端子上，按工艺要求将线束捆绑好。图 4-2-26 所示为电流互感器接线图样。

（5）N、PE 线接线

将电源线中的 N 线用蓝色的 2.5mm^2 的硬铜线连接到“零排上”。将开关柜壳体、设备壳体用黄绿相间的 2.5mm^2 的硬铜线连接成一体，然后再接到“地排”上。注意导线端子要弯成羊角弯。图 4-2-27 所示为 N、PE 线接线图样。由图中可以看出上层为“零排”，下层为“地排”。

图 4-2-26　电流互感器接线图样

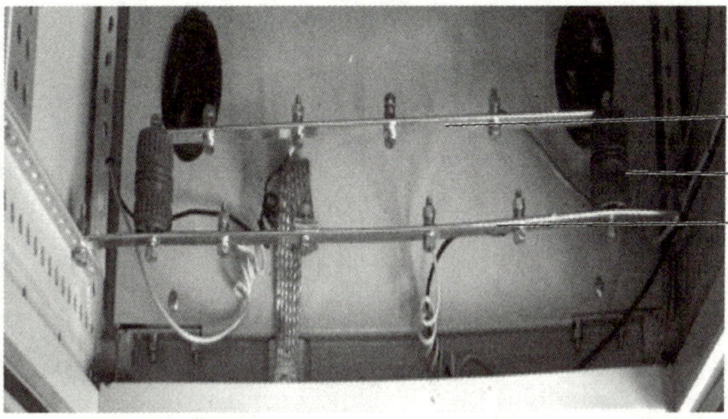

图 4-2-27　N、PE 线接线图样

五、任务评价

根据表 4-2-5 对学生们完成本次工作任务中的表现进行评价。

表 4-2-5　任务评价表

任务	评价标准	配分	得分
工具、材料选择与使用	(1)工具不合理　扣 1~10 分 (2)材料选择不合理　扣 1~10 分	20	
理解一次方案图	(1)不理解方案图含义　扣 1~10 分 (2)不熟悉元件表元件　扣 1~10 分	20	
刀开关安装	(1)安装位置不合理　扣 1~10 分 (2)不会调整元件　扣 1~10 分	20	
万能断路器安装	(1)安装位置不合理　扣 1~10 分 (2)不会调整元件　扣 1~10 分	20	
电流互感器安装	(1)安装位置不合理　扣 1~10 分 (2)不会调整元件　扣 1~10 分	20	
一次母线安装	(1)安装位置不合理　扣 1~10 分 (2)不会调整元件　扣 1~10 分	20	
二次元件安装	(1)安装位置不合理　扣 1~10 分 (2)不会调整元件　扣 1~10 分	20	
二次配线	(1)长度不合理　扣 1~10 分 (2)冷压端子安装不良　扣 1~10 分	20	
二次接线	(1)接线位置错误　扣 1~10 分 (2)接线工艺不良　扣 1~10 分	20	
安全文明生产	(1)不能及时整理现场和器具　扣 1~10 分 (2)不能与周围同学密切合作　扣 1~10 分	20	
合　计		200	

学生自评：

学生签字：　　　　年　月　日

教师评价：

教师签字：　　　　年　月　日

任务三 高压开关柜的操作

学习目标

1）掌握高压开关柜的型号含义、结构特点、适用范围。

2）会分析高压开关柜的操作方法。

3）养成安全文明生产的职业习惯。

知识链接

高压开关柜是指在电压等级为3.6~550kV的输、变、配电系统中，起通断、控制或保护等作用、以断路器为主的电气设备，是生产厂家根据电路图的要求，将有关的断路器、隔离开关、互感器及测量、保护、控制等设备装配在一个封闭的或敞开的金属柜体内而形成的电气设备。主要应用于输、变、配电系统电能的分配、测量、保护、控制与调整。

一、高压开关柜基本知识

1. 高压开关柜的种类

（1）按柜体结构特点划分

按柜体结构特点可分为开启式和封闭式两种，开启式开关柜的高压母线外露，柜内各元件也不隔开，结构简单，成本较低。封闭式开关柜的断路器、母线、电缆头和测量仪表等均互相隔开，运行时较为安全，适合工作条件差、要求条件较高的场所。主要有金属封闭式、金属封闭铠装式、金属封闭箱式和六氟化硫封闭式组合电器等。

（2）按固定方式划分

可分为固定式和移开式（手车式）两种，固定式开关柜的全部电气设备均固定在开关柜内。移开式开关柜的断路器（互感器、熔断器等）及其操作机构安装在可从柜内移出的小车上，其目的是便于检修和更换元件。开关柜的断路器在柜内通过插入式触点与柜内电路连接，因此可以取代隔离开关。

（3）按母线套数划分

可分为单母线和双母线两种，35kV以下的配电装置一般采用单母线。

2. 高压开关柜的型号

目前，我国高压开关柜新标准的型号含义如图4-3-1所示。

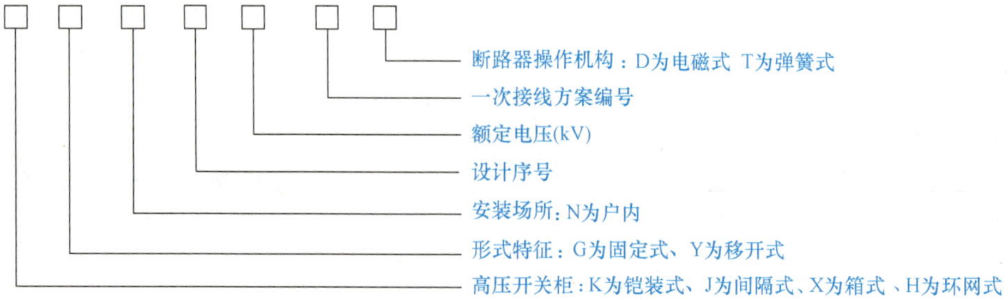

图4-3-1 我国高压开关柜新标准的型号含义

例如：KYN28A-12 型为金属铠装移开户内式高压开关柜；XGN15-12 型为箱型固定式户内交流金属封闭开关柜等。

3. 高压开关柜的五防功能

1）防止误分合断路器：断路器手推车只有在工作或试验位置时，才能进行分、合闸操作。

2）防止带电接合接地开关：断路器手推车只有在试验位置时，才可以对接地开关进行合闸操作。

3）防止误入带电间隔：接地开关处于合闸状态时，才能打开后门；没有接地刀的开关柜必须在高压停电后，才能打开后门。

4）防止带负荷移动断路器手推车：断路器手推车只有在断路器处于分闸状态时才能进行推入或拉出。

5）防止接地开关在合闸时送电：接地开关位于分闸位置时，断路器手推车才能推入工作位置进行合闸操作。

4. 高压开关柜现场安装注意事项

开关柜现场安装主要内容包括：柜体就位和并柜、主母线之间及下母线之间连接、电缆头制作和连接、二次电缆引线连接及二次端子排接线等。施工过程的注意事项有：

1）柜体与骨架不应受碰撞而变形，表面涂层不应出现划伤。

2）柜体基础槽钢安装时要求水平，每米允许误差小于 1mm。

3）对于移开式开关柜，要求手推车进出方便、自如。

4）运输、安装过程要切实保护真空灭弧室，特别是装设柜顶的主母线时，须用硬板盖住真空开关顶部，防止工具、螺钉掉下砸伤灭弧室。

5）自配主母线安装时须做到以下几点。

① 母线连接头必须稳定可靠，以免影响通流能力。

② 电流较大时，母线接头须搪锡。

③ 裸铜母线连接面必须涂凡士林等防护剂，以达到防氧化、防潮的目的。

6）柜体的接地主母线应与安装基础的预埋接地网牢固连接，确保接地的连续可靠性。柜体安装工程完成后，按照有关规程进行交接试验。

5. 高压开关柜的运行维护注意事项

1）观察高压开关柜内各元件的状态，检查是否有过热变色、发出响声、接触不良等现象。检查绝缘子、绝缘套管、穿墙套管等绝缘是否清洁，有无破损、裂纹及放电痕迹。

2）所有金属器件应防锈蚀（涂上清漆或色漆），运动部件应注意润滑，积灰需及时清除，并检查螺钉是否松动。配电间应做到防潮、防尘、防止小动物钻入。

3）观察开关柜的仪表、信号、指示灯等是否正常，高低压配电室的通风、照明及安全防火装置是否正常，变压器的响声、温度是否正常。

4）真空断路器的运行维护注意事项如下：

① 有条件时应进行工频耐压试验，可间接检查真空度。对于玻璃泡灭弧室，应观察其内部金属表面有无发乌，有无辉光放电等现象。

② 更换灭弧室时，应将导电杆卡住，不能让波纹管承受扭转力矩，导电夹与导电杆应夹紧连接。

③ 合闸失灵时电气方面原因可能是电源电压过低、合闸线圈受潮致使匝间短路熔丝熔断；机构方面原因可能是合闸锁扣扣接量过小、辅助开关调得角度不好、断电过早等。

④ 分闸失灵时电气方面原因可能是电源电压过低、转换开关接触不良、分闸回路断线；机构方面原因可能是分闸线圈行程未调好、铁心被卡滞、锁扣扣接量过大、螺钉松脱等。

⑤ 辅助开关触头转换时刻必须精心调整，切换过早可能不到底，切换过慢会使合闸线圈长时间带电而烧毁。正确位置是在低电压下合闸时刚好能合上。

5）隔离开关的运行维护注意事项如下：

① 注意触头、刀片有无扭歪，合闸时是否合闸到位和接触良好。

② 分闸时断口距离应该不小于150mm。

③ 操动机构与断路器的联锁装置是否正常、可靠。

6）电流互感器的运行维护注意事项如下：

① 检查接头有无过热、有无响声和异味，绝缘部分有无开裂或放电现象。

② 检查引线螺钉有无松动现象，决不能使之开路，以免产生感应高压，造成人员安全事故及设备损害事故。

6. 10kV 高压开关柜倒闸操作技术要求

1）高压断路器两侧的高压隔离开关的操作顺序为：停电时，先断开高压断路器，再拉开负荷侧隔离开关，最后拉开电源侧隔离开关；送电时，顺序与此相反。严禁带负荷拉、合隔离开关。

2）变压器两侧断路器的操作顺序规定如下：停电时，先拉开负荷断路器，后拉开电源侧断路器；送电时，顺序与此相反。

3）双母线接线的变电所，当出线开关由一条母线倒换至另一条母线供电时，应先合母线联络开关，然后再切换出线开关母线侧的隔离开关。

4）操作过程中操作者要穿绝缘鞋、戴绝缘手套，动作要迅速、果断，操作完毕检查机构分合是否正确、到位。

二、KYN28A-12 型金属铠装移开户内式高压开关柜

1. 实物介绍

图 4-3-2 为 KYN28A-12 型金属铠装移开户内式高压开关柜实物图和侧剖面图。

2. 结构特点

（1）外壳与隔板

开关柜的外壳和隔板材料为覆铝锌钢板，表面采用喷塑处理。柜体采用拉铆螺母和高强度螺栓连接的组装结构，并采取多重折边工艺。

（2）手推车

根据用途，手推车分为断路器手推车、互感器手推车、熔断器手推车等，各类手推车的外形规格相同，因此可以互换。手推车在柜内有试验和工作两个位置，每一位置均设有定位装置，以保证联锁可靠。各种手推车均采用螺母、丝杠摇动推进、退出，其操作灵活、轻便、可靠。当手推车需要移开柜体时，可用一台专用转运车来完成。图 4-3-3 为手推车实物图。

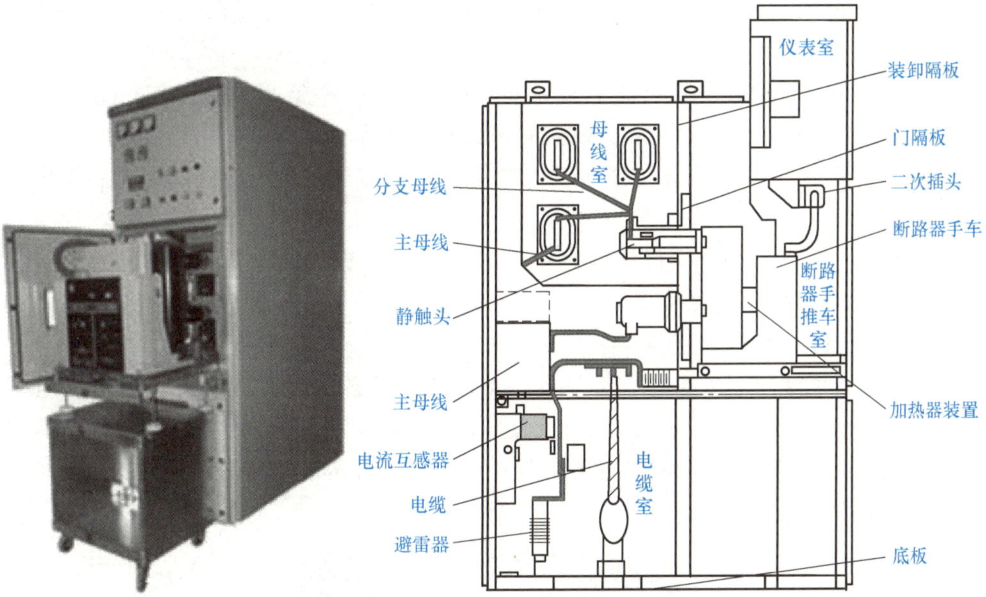

a)　　　　b)

图 4-3-2　KYN28A-12 型金属铠装移开户内式高压开关柜实物图和侧剖面图

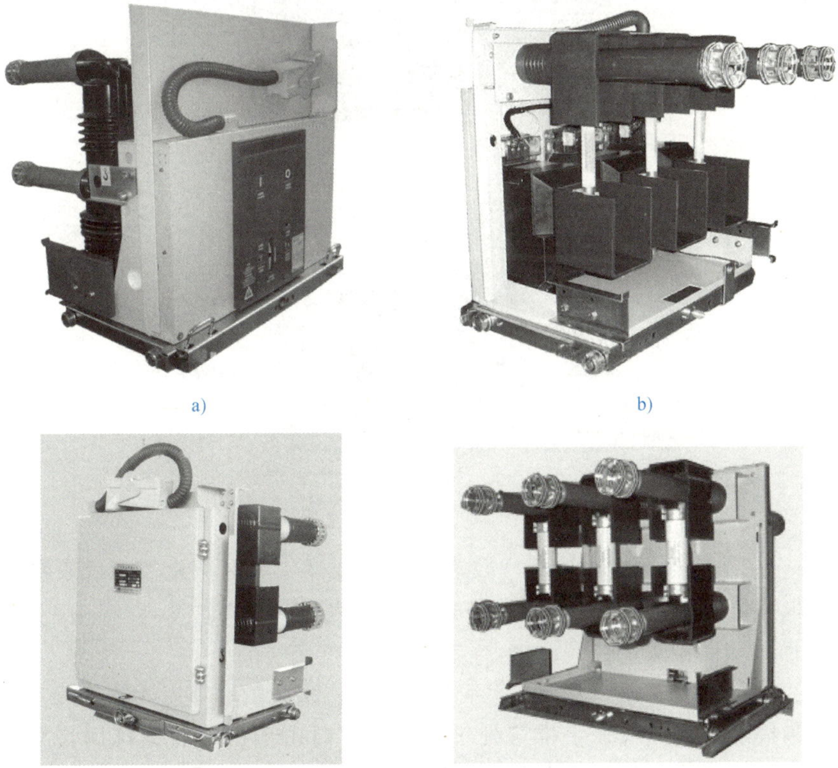

a)　　　　b)

c)　　　　d)

图 4-3-3　手推车实物图

a）断路器手推车　b）互感器手推车　c）隔离手推车　d）熔断器手推车

(3) 开关柜内的隔室

开关柜被分隔成手推车室、电缆室、母线室、低压室(继电器仪表室)等，每一隔室外壳均独立接地。

1) 断路器室。断路器室安装在手推车滑行的导轨上，手推车能在工作位置、试验位置之间移动。活动帘板由金属板制成，安装在手推车室的后壁上，其作用是将静触头盒封闭起来，保证操作人员不触及带电体。通过观察窗能看到手推车在柜内所处的位置和操作按钮的ON/OFF位置。

2) 母线室。主母线与分支母线均为矩形截面的扁平铜排，全部母线用热缩套管覆盖。母线穿越开关柜隔板处用绝缘套管支承，分支线母线与主母线相连时用螺栓紧固，图4-3-4为母线室后面正视图。

3) 电缆室。电缆室可安装电流互感器、电压互感器、接地开关、避雷器等。当手推车和水平隔板移开后，施工人员就可以从正面进入电缆室安装电缆。在电缆室内设有特定的电缆固定夹，可固定电缆。同时为方便现场施工，电缆室下部金属封板设计成可拆卸的。图4-3-5所示为电缆室俯视图。

图4-3-4 母线室后面正视图

图4-3-5 电缆室俯视图

4) 仪表室。仪表室内可装继电器、仪表、指示灯等二次保护元件。仪表室的侧板上还留有小母线穿越孔位，以便施工。图4-3-6所示为仪表室正视图。

(4) 二次插头与手推车的位置联锁

二次插头的作用是实现开关柜上二次线与手推车二次线的联络。手推车只有在试验位置时，才能插上和拔出二次插头，手推车处于工作位置时由于机械联锁作用，二次插头被锁定。二次插头未接通之前断路器无法合闸。图4-3-7所示为二次插头(航空插头)实物图。

(5) 防止误操作联锁装置

1) 手推车从工作位置移至试验位置后，活动帘板将静触头盒隔开，防止误入带电隔

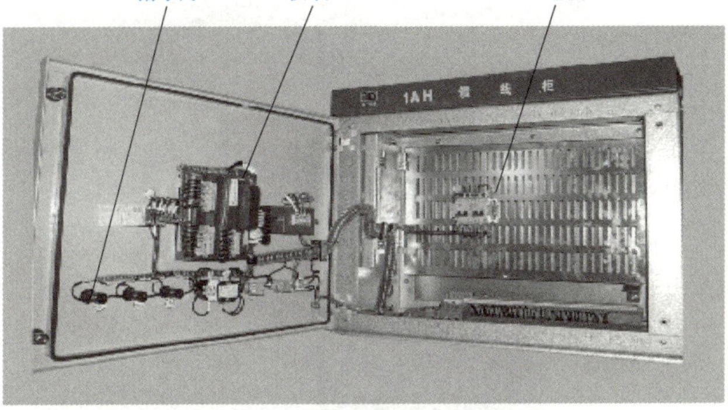

图 4-3-6　仪表室正视图

室。检修时可用挂锁将活动帘板锁定。

2）断路器处于合闸状态时，手推车不能从工作位置拉出或从试验位置推至工作位置。

3）接地开关处于合闸状态时，手推车不能从试验位置退至工作位置。

4）手推车在工作位置时，二次插头被锁定不能拔开。

（6）接地装置

在电缆室内单独设立有 $5\times40mm^2$ 的接地铜排，此铜排通过接地开关与柜体良好接触。图 4-3-8 所示为接地开关实物图，图中所示为合闸状态。

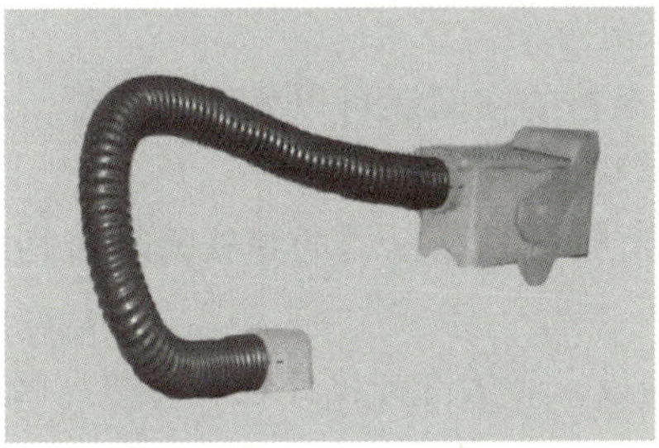

图 4-3-7　二次插头实物图

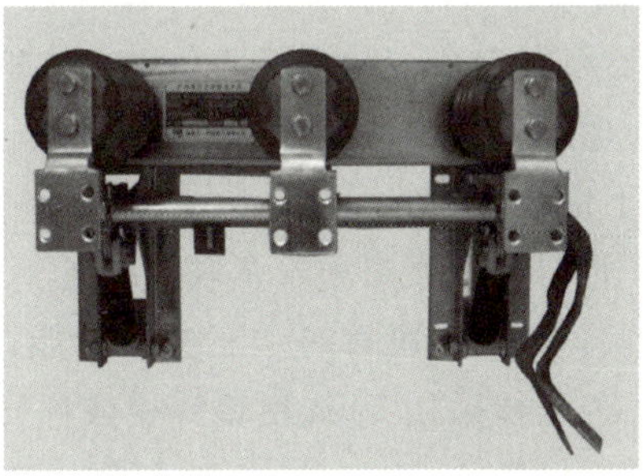

图 4-3-8　接地开关实物图

3. 适用范围

KYN28A-12 型户内金属铠装移开户内式高压开关柜，主要用于发电厂、工矿企事业配电以及电力系统的二次变电站的受电、送电及大型电动机的起动等，有完善的五防功能，用于线路或设备的控制、保护、实时监控和测量。

三、XGN15-12（F）箱型固定式户内交流金属封闭开关柜

1. 实物介绍

图 4-3-9 为 XGN15-12（F）箱型固定式户内交流金属封闭开关柜实物图。

2. 结构特点

1）开关柜可分成上下两个部分，柜的上部为母线室、负荷开关室、操动机构和低压室，柜的下部为电缆室。可以安全、方便地对单元内的设备进行检修及改造。

2）开关柜内装有外壳绝缘的 FLN36-12D 型六氟化硫负荷开关或 FLRN36-12D 型负荷开

图 4-3-9 XGN15-12（F）箱型固定式户内交流金属封闭开关柜实物图

关熔断器组合电器，结构紧凑合理，体积小，组合十分方便。

3）电缆室采用最简单的电缆头进行连接，同时充裕的空间还可以安装避雷器、电流互感器、下接地开关等元件。

4）柜门有观察窗和安全联锁装置，低压室内装有带位置指示器的弹簧操动机构和机械联锁装置，可实现可靠的“五防”功能。

5）外壳体采用 2mm 覆铝锌板或优质碳素冷轧钢板，经酸洗钝化处理后喷塑，因此抗腐蚀性强。

3. 适用范围

XGN15-12（F）箱型固定式户内交流金属封闭开关柜适用于额定电压 12kV、额定电流 630A 及以下的环网供电或辐射型供电系统中，用来通断负载电流、故障电流及控制和保护线路。

四、GG1A-10（F）高压开关柜

1. 实物介绍

图 4-3-10a 为 GG1A-10（F）固定式高压开关柜实物图。图 4-3-10b 为 GG1A-10（F）固定式高压开关柜结构示意图。

2. 结构特点

1）开关柜为金属封闭结构，框架由角钢焊接而成，面板及隔板均为薄钢板，一次元件和二次元件相互隔离各成系统。开关柜可装配 ZN28A-12 型、ZN28-12 型、ZN73-12 型等真空断路器，操动机构可配用 CD10、CD17、CT8、CT17、CT19 等。

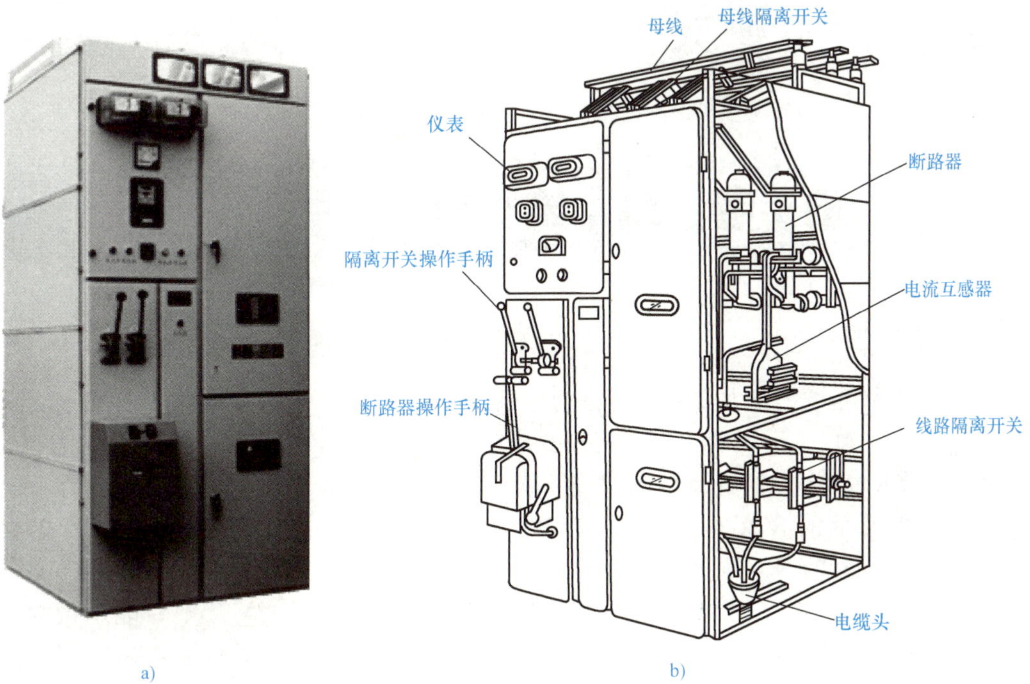

图 4-3-10 GG1A-10（F）固定式高压开关柜实物图和结构示意图
a）实物图 b）结构示意图

2）开关柜中间隔板将开关柜内部分为上下两部分。上部分有断路器室、继电器室、仪表盘，下部分是电缆室。隔离开关安装在柜体顶部，中间有隔板与断路器分开。为便于操作，真空断路器、隔离开关联锁装置等安装在柜体正面左下方。电流互感器安装在中间隔板上，二次仪表及器件安装在仪表盘上和继电器室内。

3）联锁装置采用机械联锁和程序锁来实现“五防功能”。程序锁控制上隔离开关的关合与上下门的开闭，当隔离开关关合时，上下门打不开；同样当上下门打开时，隔离开关也合不上，防止带负荷合分隔离开关。

4）开关柜的闭锁方案有Ⅰ型（采用一般闭锁方案）和Ⅱ型（采用简易闭锁方案）两种。Ⅰ型柜的隔离开关与接地开关采用共用的动触刀，当隔离开关分闸时，接地开关合闸；当接地开关分闸后，隔离开关合闸。Ⅱ型柜在柜体前左下角焊有接地桩，只有当母线侧隔离开关分闸后，前门才能打开，打开前门后方可挂接地线；当接地线未拆除时，前门无法关上，母线侧隔离开关不能被合闸，防止带电挂接地线。

5）电缆接线距地面 600mm，电缆室留有较大的空间，便于电缆线头的安装和维护。电缆室与电缆沟之间采用金属封板，可以防止潮气及小动物通过电缆沟进入柜内。

3. 适用范围

GG1A-10（F）固定式高压开关柜适用于 3～10kV 三相交流 50Hz 系统中作为接收与分配电能之用，并具有对电路进行控制、保护和监测等功能。适用于频繁操作的场所，其母线系统为单母线及单母线分段。

拓展阅读

AM4 系列微机保护装置

思考与练习

一、填空题

1. 高压开关柜按固定方式划分可分为________和________两种；按柜体结构特点划分可分为________和________两种，按母线套数划分可分为________和________两种。

2. 对于 KYN28A-12 型高压开关柜，K 表示的含义是________，Y 表示的含义是________，N 表示的含义是________，28 表示的含义是________，A 表示的含义是________，12 表示的含义是________。

3. 对于 XGN15-12（F）型高压开关柜，X 表示的含义是________，G 表示的含义是________，N 表示的含义是________，15 表示的含义是________，12 表示的含义是________。

4. 开关柜内的断路器手推车在试验位置合闸后，手推车断路器________进入工作位置；高压柜内的接地刀在合位时，手推车断路器________合闸；柜内的断路器在工作时合闸，接地开关________合闸。

5. 对于隔离开关分闸时，断口距离应该不小于________。

6. 高压断路器两侧的高压隔离开关的操作顺序为：停电时，先断开________，再拉开________隔离开关，最后拉开________隔离开关；送电时，顺序与此相反。

7. 变压器两侧断路器的操作顺序规定如下：停电时，先拉________断路器，后拉开________断路器；送电时，顺序与此相反。

二、思考题

1. 简要说明 KYN28A-12 型高压开关柜送电操作方法。

2. 简要说明 XGN15-12（F）型高压开关柜停电操作方法。

任务实施

高压开关柜的送电与停电操作

一、任务目的

1）掌握 KYN28A-12 型高压开关柜的送电与停电操作方法。

2）掌握 XGN15-12（F）型高压开关柜的送电与停电操作方法。

二、材料与工具

KYN28A-12 型高压开关柜 1 台，验电笔 1 个，组合工具包 1 套，实训时可安排 6~10 人为 1 组。

三、任务内容

1. KYN28A-12 型高压开关柜送电与停电操作步骤

操作人员对开关设备进行操作时，仍应严格按操作规程和相关要求进行，不应随意操作，否则容易造成设备损坏，甚至引起事故。

（1）送电操作

送电操作按以下步骤进行：

1）关闭开关柜的前后门，并锁好。将接地开关操作手柄插入开关柜中门右下侧六角孔内，按逆时针方向旋转约 90°，使接地开关分闸。取出操作手柄后，操作孔处联锁板将自动弹回，遮住操作孔，开关柜后门处于闭锁状态。

2）使用转运小车将断路器手推车（或 PT 手推车、隔离手推车、熔断器手推车）推入开关柜，并置于Ⅰ位置（试验位置）。

3）将手推车的二次插头插入开关柜的静插座内，并用扣件锁定，正常时保护装置的电源指示灯、断路器分闸指示灯、储能指示灯、手推车试验位置指示灯均亮。

4）打开手推车机构操作活门，顺时针转动摇把 20 圈左右，使手推车位置由Ⅰ转到Ⅱ，当达到Ⅱ位置时会发出“咔嗒”的扣锁响声，说明二次插头被锁定，手推车处于工作位置状态，断路器手推车主回路接通，此时工作位置指示器亮，试验位置指示器灭。

5）顺时针旋转断路器合、分转换开关至合闸位置，使断路器合闸送电。如果仪表门上红色合闸指示灯亮、绿色分闸指示灯灭，说明一切正常，送电成功。如果断路器合闸后自动分闸或运行中自动分闸，则需判断故障原因并排除后方可按上述程序重新送电。

（2）停电（检修）操作

停电操作按以下步骤进行：将断路器分闸→用手柄将手推车从工作位置（分闸状态）退出到试验位置→（工作位置指示器灭，试验位置指示器亮）→打开前中门→把二次插头拔出静插座→（试验位置指示器灭）→用转运小车将手推车（处于分闸状态）退出柜外→操作接地开关主轴并使之合闸→打开后封板和前下门。

2. XGN15-12（F）型高压开关柜送电与停电操作步骤

（1）送电操作

送电操作按以下步骤进行：

1）关闭上下门及封板。

2）操作接地开关手柄使接地开关处于合闸状态，此时可从电缆室观察孔或后封板的观察窗看到接地开关位置标识应处于分闸位置。

3）操作隔离开关手柄使隔离开关处于合闸状态。操作到位后，通过观察窗可以看到隔离开关的动触头处于闭合位置，同时门板上的指示标志处于闭合闸位置。

4）将断路器合闸。

（2）停电操作

停电操作按以下步骤进行：断路器分闸→隔离开关分闸→接地开关分闸→打开柜门。

四、任务评价

根据表 4-3-1 对学生们完成本次工作任务中的表现进行评价。

表 4-3-1 任务评价表

任务	评价标准		配分	得分
说明 KYN28A-12 型高压开关柜的功能特点	(1)型号解释不合理 (2)功能说明不合理	扣 1~5 分 扣 1~5 分	10	
KYN28A-12 型高压开关柜的送电操作	(1)操作内容不合理 (2)操作步骤不合理	扣 1~10 分 扣 1~10 分	20	
KYN28A-12 型高压开关柜的停电操作	(1)操作内容不合理 (2)操作步骤不合理	扣 1~10 分 扣 1~10 分	20	
说明 XGN15-12(F)箱型高压开关柜的功能特点	(1)型号解释不合理 (2)功能说明不合理	扣 1~5 分 扣 1~5 分	10	
XGN15-12(F)箱型高压开关柜的送电操作	(1)操作内容不合理 (2)操作步骤不合理	扣 1~10 分 扣 1~10 分	20	
XGN15-12(F)箱型高压开关柜的停电操作	(1)操作内容不合理 (2)操作步骤不合理	扣 1~10 分 扣 1~10 分	20	
合　计			100	

学生自评：

学生签字：　　　　年　月　日

教师评价：

教师签字：　　　　年　月　日

参考文献

[1] 刘介才. 工厂供电 [M]. 5版. 北京：机械工业出版社，2010.

[2] 沈柏民. 企业变配电系统运行与维护 [M]. 北京：高等教育出版社，2014.

[3] 黄雨鑫，戴明雪. 工厂变配电设备安装与调试 [M]. 北京：中国水利水电出版社，2014.

[4] 赵德申. 建筑电气照明技术 [M]. 北京：机械工业出版社，2003.

[5] 陈儒章. 电工仪表使用与安装 [M]. 沈阳：沈阳出版社，2014.

[6] 张玉龙. 维修电工 [M]. 北京：中国劳动社会保障出版社，2015.